INGLÊS

VOCABULÁRIO

PALAVRAS MAIS ÚTEIS

PORTUGUÊS
INGLÊS AMERICANO

Para alargar o seu léxico e apurar
as suas competências linguísticas

9000 palavras

Vocabulário Português-Inglês americano - 9000 palavras

Por Andrey Taranov

Os vocabulários da T&P Books destinam-se a ajudar a aprender, a memorizar, e a rever palavras estrangeiras. O dicionário é dividido em temas, cobrindo todas as principais esferas de atividades quotidianas, negócios, ciência, cultura, etc.

O processo de aprendizagem, utilizando os dicionários baseados em temáticas da T&P Books dá-lhe as seguintes vantagens:

- Informação de origem corretamente agrupada predetermina o sucesso em fases subsequentes da memorização de palavras
- Disponibilização de palavras derivadas da mesma raiz, o que permite a memorização de unidades de texto (em vez de palavras separadas)
- Pequenas unidades de palavras facilitam o processo de estabelecimento de vínculos associativos necessários para a consolidação do vocabulário
- O nível de conhecimento da língua pode ser estimado pelo número de palavras aprendidas

T&P Books Publishing
www.tpbooks.com

ISBN: 978-1-78400-842-0

Este livro também está disponível em formato E-book.
Por favor visite www.tpbooks.com ou as principais livrarias on-line.

VOCABULÁRIO INGLÊS AMERICANO
palavras mais úteis

Os vocabulários da T&P Books destinam-se a ajudar a aprender, a memorizar, e a rever palavras estrangeiras. O vocabulário contém mais de 9000 palavras de uso comum organizadas tematicamente.

O vocabulário contém as palavras mais comummente usadas
Recomendado como adicional para qualquer curso de línguas
Satisfaz as necessidades dos iniciados e dos alunos avançados de línguas estrangeiras
Conveniente para o uso diário, sessões de revisão e atividades de auto-teste
Permite avaliar o seu vocabulário

Características especias do vocabulário

- As palavras estão organizadas de acordo com o seu significado, e não por ordem alfabética
- As palavras são apresentadas em três colunas para facilitar os processos de revisão e auto-teste
- As palavras compostas são divididas em pequenos blocos para facilitar o processo de aprendizagem
- O vocabulário oferece uma transcrição simples e adequada de cada palavra estrangeira

O vocabulário contém 256 tópicos incluindo:

Conceitos básicos, Números, Cores, Meses, Estações do ano, Unidades de medida, Roupas & Acessórios, Alimentos & Nutrição, Restaurante, Membros da Família, Parentes, Caráter, Sentimentos, Emoções, Doenças, Cidade, Passeios, Compras, Dinheiro, Casa, Lar, Escritório, Trabalho no Escritório, Importação & Exportação, Marketing, Pesquisa de Emprego, Desportos, Educação, Computador, Internet, Ferramentas, Natureza, Países, Nacionalidades e muito mais ...

TABELA DE CONTEÚDOS

GUIA DE PRONUNCIAÇÃO

Letra	Exemplo Inglês americano	Alfabeto fonético T&P	Exemplo Português

Vogais

a	age	[eɪ]	seis
a	bag	[æ]	semana
a	car	[ɑː]	rapaz
a	care	[eə]	fêmea
e	meat	[iː]	cair
e	pen	[e]	metal
e	verb	[ɜ]	minhoca
e	here	[ɪə]	variedade
i	life	[aj]	baixar
i	sick	[ɪ]	sinónimo
i	girl	[ø]	orgulhoso
i	fire	[ajə]	flyer
o	rose	[əʊ]	réu
o	shop	[ɒ]	chamar
o	sport	[ɔː]	emboço
o	ore	[ɔː]	emboço
u	to include	[uː]	blusa
u	sun	[ʌ]	fax
u	church	[ɜ]	minhoca
u	pure	[ʊə]	adoecer
y	to cry	[aj]	baixar
y	system	[ɪ]	sinónimo
y	Lyre	[ajə]	flyer
y	party	[ɪ]	sinónimo

Consoantes

b	bar	[b]	barril
c	city	[s]	sanita
c	clay	[k]	kiwi
d	day	[d]	dentista
f	face	[f]	safári
g	geography	[dʒ]	adjetivo
g	glue	[g]	gosto
h	home	[h]	[h] aspirada
j	joke	[dʒ]	adjetivo
k	king	[k]	kiwi

Letra	Exemplo Inglês americano	Alfabeto fonético T&P	Exemplo Português
l	love	[l]	libra
m	milk	[m]	magnólia
n	nose	[n]	natureza
p	pencil	[p]	presente
q	queen	[k]	kiwi
r	rose	[r]	riscar
s	sleep	[s]	sanita
s	please	[z]	sésamo
s	pleasure	[ʒ]	talvez
t	table	[t]	tulipa
v	velvet	[v]	fava
w	winter	[w]	página web
x	ox	[ks]	perplexo
x	exam	[gz]	Yangtzé
z	azure	[ʒ]	talvez
z	zebra	[z]	sésamo

Combinações de letras

ch	China	[ʧ]	Tchau!
ch	chemistry	[k]	kiwi
ch	machine	[ʃ]	mês
sh	ship	[ʃ]	mês
th	weather	[ð]	[z] - fricativa dental sonora não-sibilante
th	tooth	[θ]	[s] - fricativa dental surda não-sibilante
ph	telephone	[f]	safári
ck	black	[k]	kiwi
ng	ring	[ŋ]	alcançar
ng	English	[ŋ]	alcançar
wh	white	[w]	página web
wh	whole	[h]	[h] aspirada
wr	wrong	[r]	riscar
gh	enough	[f]	safári
gh	sign	[n]	natureza
kn	knife	[n]	natureza
qu	question	[kv]	aquário
tch	catch	[ʧ]	Tchau!
oo+k	book	[ʊ]	bonita
oo+r	door	[ɔː]	emboço
ee	tree	[iː]	cair
ou	house	[aʊ]	produção
ou+r	our	[aʊə]	similar - Espanhol 'cacahuete'
ay	today	[eɪ]	seis
ey	they	[eɪ]	seis

ABREVIATURAS
usadas no vocabulário

Abreviaturas do Português

adj	-	adjetivo
adv	-	advérbio
anim.	-	animado
conj.	-	conjunção
desp.	-	desporto
etc.	-	etecetra
ex.	-	por exemplo
f	-	nome feminino
f pl	-	feminino plural
fem.	-	feminino
inanim.	-	inanimado
m	-	nome masculino
m pl	-	masculino plural
m, f	-	masculino, feminino
masc.	-	masculino
mat.	-	matemática
mil.	-	militar
pl	-	plural
prep.	-	preposição
pron.	-	pronome
sb.	-	sobre
sing.	-	singular
v aux	-	verbo auxiliar
vi	-	verbo intransitivo
vi, vt	-	verbo intransitivo, transitivo
vr	-	verbo reflexivo
vt	-	verbo transitivo

Abreviaturas do Inglês americano

v aux	-	verbo auxiliar
vi	-	verbo intransitivo
vi, vt	-	verbo intransitivo, transitivo
vt	-	verbo transitivo

CONCEITOS BÁSICOS

Conceitos básicos. Parte 1

1. Pronomes

eu	I, me	[aɪ], [miː]
tu	you	[juː]
ele	he	[hiː]
ela	she	[ʃiː]
ele, ela (neutro)	it	[ɪt]
nós	we	[wiː]
vocês	you	[juː]
eles, elas	they	[ðeɪ]

2. Cumprimentos. Saudações. Despedidas

Olá!	Hello!	[həˈləʊ]
Bom dia! (formal)	Hello!	[həˈləʊ]
Bom dia! (de manhã)	Good morning!	[gʊd ˈmɔːnɪŋ]
Boa tarde!	Good afternoon!	[gʊd ˌɑːftəˈnuːn]
Boa noite!	Good evening!	[gʊd ˈiːvnɪŋ]
cumprimentar (vt)	to say hello	[tə seɪ həˈləʊ]
Olá!	Hi!	[haɪ]
saudação (f)	greeting	[ˈgriːtɪŋ]
saudar (vt)	to greet (vt)	[tə griːt]
Como vai?	How are you?	[ˌhaʊ ə ˈjuː]
O que há de novo?	What's new?	[ˌwɒts ˈnjuː]
Até à vista!	Bye-Bye! Goodbye!	[baɪ-baɪ], [gʊdˈbaɪ]
Até breve!	See you soon!	[ˈsiː ju ˌsuːn]
Adeus!	Goodbye!	[gʊdˈbaɪ]
despedir-se (vr)	to say goodbye	[tə seɪ gʊdˈbaɪ]
Até logo!	So long!	[ˌsəʊ ˈlɒŋ]
Obrigado! -a!	Thank you!	[ˈθæŋk juː]
Muito obrigado! -a!	Thank you very much!	[ˈθæŋk ju ˈverɪ mʌtʃ]
De nada	You're welcome.	[jʊɑː ˈwelkəm]
Não tem de quê	Don't mention it!	[ˌdəʊnt ˈmenʃən ɪt]
Desculpa! -pe!	Excuse me!	[ɪkˈskjuːz miː]
desculpar (vt)	to excuse (vt)	[tə ɪkˈskjuːz]
desculpar-se (vr)	to apologize (vi)	[tə əˈpɒlədʒaɪz]
As minhas desculpas	My apologies.	[maɪ əˈpɒlədʒɪz]

Desculpe!	I'm sorry!	[aɪm 'sɒrɪ]
Não faz mal	It's okay!	[ɪts ˌəʊ'keɪ]
por favor	please	[pli:z]

Não se esqueça!	Don't forget!	[ˌdəʊnt fə'get]
Certamente! Claro!	Certainly!	['sɜːtənlɪ]
Claro que não!	Of course not!	[əv ˌkɔːs 'nɒt]
Está bem! De acordo!	Okay!	[ˌəʊ'keɪ]
Basta!	That's enough!	[ðæts ɪ'nʌf]

3. Como se dirigir a alguém

senhor	mister, sir	['mɪstə], [sɜː]
senhora	ma'am	[mæm]
rapariga	miss	[mɪs]
rapaz	young man	[jʌŋ mæn]
menino	young man	[jʌŋ mæn]
menina	miss	[mɪs]

4. Números cardinais. Parte 1

zero	zero	['zɪərəʊ]
um	one	[wʌn]
dois	two	[tu:]
três	three	[θri:]
quatro	four	[fɔː(r)]

cinco	five	[faɪv]
seis	six	[sɪks]
sete	seven	['sevən]
oito	eight	[eɪt]
nove	nine	[naɪn]

dez	ten	[ten]
onze	eleven	[ɪ'levən]
doze	twelve	[twelv]
treze	thirteen	[ˌθɜː'tiːn]
catorze	fourteen	[ˌfɔː'tiːn]

quinze	fifteen	[fɪf'tiːn]
dezasseis	sixteen	[sɪks'tiːn]
dezassete	seventeen	[ˌsevən'tiːn]
dezoito	eighteen	[ˌeɪ'tiːn]
dezanove	nineteen	[ˌnaɪn'tiːn]

vinte	twenty	['twentɪ]
vinte e um	twenty-one	['twentɪ ˌwʌn]
vinte e dois	twenty-two	['twentɪ ˌtu:]
vinte e três	twenty-three	['twentɪ ˌθri:]

| trinta | thirty | ['θɜːtɪ] |
| trinta e um | thirty-one | ['θɜːtɪ ˌwʌn] |

| trinta e dois | thirty-two | ['θɜːtɪ ˌtuː] |
| trinta e três | thirty-three | ['θɜːtɪ ˌθriː] |

quarenta	forty	['fɔːtɪ]
quarenta e um	forty-one	['fɔːtɪˌwʌn]
quarenta e dois	forty-two	['fɔːtɪˌtuː]
quarenta e três	forty-three	['fɔːtɪˌθriː]

cinquenta	fifty	['fɪftɪ]
cinquenta e um	fifty-one	['fɪftɪ ˌwʌn]
cinquenta e dois	fifty-two	['fɪftɪ ˌtuː]
cinquenta e três	fifty-three	['fɪftɪ ˌθriː]

sessenta	sixty	['sɪkstɪ]
sessenta e um	sixty-one	['sɪkstɪ ˌwʌn]
sessenta e dois	sixty-two	['sɪkstɪ ˌtuː]
sessenta e três	sixty-three	['sɪkstɪ ˌθriː]

setenta	seventy	['sevəntɪ]
setenta e um	seventy-one	['sevəntɪ ˌwʌn]
setenta e dois	seventy-two	['sevəntɪ ˌtuː]
setenta e três	seventy-three	['sevəntɪ ˌθriː]

oitenta	eighty	['eɪtɪ]
oitenta e um	eighty-one	['eɪtɪ ˌwʌn]
oitenta e dois	eighty-two	['eɪtɪ ˌtuː]
oitenta e três	eighty-three	['eɪtɪ ˌθriː]

noventa	ninety	['naɪntɪ]
noventa e um	ninety-one	['naɪntɪ ˌwʌn]
noventa e dois	ninety-two	['naɪntɪ ˌtuː]
noventa e três	ninety-three	['naɪntɪ ˌθriː]

5. Números cardinais. Parte 2

cem	one hundred	[ˌwʌn 'hʌndrəd]
duzentos	two hundred	[tu 'hʌndrəd]
trezentos	three hundred	[θri: 'hʌndrəd]
quatrocentos	four hundred	[ˌfɔ: 'hʌndrəd]
quinhentos	five hundred	[ˌfaɪv 'hʌndrəd]

seiscentos	six hundred	[sɪks 'hʌndrəd]
setecentos	seven hundred	['sevən 'hʌndrəd]
oitocentos	eight hundred	[eɪt 'hʌndrəd]
novecentos	nine hundred	[ˌnaɪn 'hʌndrəd]

mil	one thousand	[ˌwʌn 'θaʊzənd]
dois mil	two thousand	[tu 'θaʊzənd]
De quem são ...?	three thousand	[θri: 'θaʊzənd]
dez mil	ten thousand	[ten 'θaʊzənd]
cem mil	one hundred thousand	[ˌwʌn 'hʌndrəd 'θaʊzənd]

| um milhão | million | ['mɪljən] |
| mil milhões | billion | ['bɪljən] |

6. Números ordinais

primeiro	first	[fɜːst]
segundo	second	['sekənd]
terceiro	third	[θɜːd]
quarto	fourth	[fɔːθ]
quinto	fifth	[fɪfθ]

sexto	sixth	[sɪksθ]
sétimo	seventh	['sevənθ]
oitavo	eighth	[eɪtθ]
nono	ninth	[naɪnθ]
décimo	tenth	[tenθ]

7. Números. Frações

fração (f)	fraction	['frækʃən]
um meio	one half	[ˌwʌn 'hɑːf]
um terço	one third	[wʌn θɜːd]
um quarto	one quarter	[wʌn 'kwɔːtə(r)]

um oitavo	one eighth	[wʌn 'eɪtθ]
um décimo	one tenth	[wʌn tenθ]
dois terços	two thirds	[tu θɜːdz]
três quartos	three quarters	[θri: 'kwɔːtəz]

8. Números. Operações básicas

subtração (f)	subtraction	[səb'trækʃən]
subtrair (vi, vt)	to subtract (vi, vt)	[tə səb'trækt]
divisão (f)	division	[dɪ'vɪʒən]
dividir (vt)	to divide (vt)	[tə dɪ'vaɪd]

adição (f)	addition	[ə'dɪʃən]
somar (vt)	to add up (vt)	[tə æd 'ʌp]
adicionar (vt)	to add (vi, vt)	[tə æd]
multiplicação (f)	multiplication	[ˌmʌltɪplɪ'keɪʃən]
multiplicar (vt)	to multiply (vt)	[tə 'mʌltɪplaɪ]

9. Números. Diversos

algarismo, dígito (m)	figure	['fɪgjə]
número (m)	number	['nʌmbə(r)]
numeral (m)	numeral	['njuːmərəl]
menos (m)	minus sign	['maɪnəs saɪn]
mais (m)	plus sign	[plʌs saɪn]
fórmula (f)	formula	['fɔːmjʊlə]
cálculo (m)	calculation	[ˌkælkjʊ'leɪʃən]
contar (vt)	to count (vi, vt)	[tə kaʊnt]

17

comparar (vt)	to compare (vt)	[tə kəm'peə(r)]
Quanto?	How much?	[ˌhaʊ 'mʌtʃ]
Quantos? -as?	How many?	[ˌhaʊ 'menɪ]

soma (f)	sum, total	[sʌm], ['təʊtəl]
resultado (m)	result	[rɪ'zʌlt]
resto (m)	remainder	[rɪ'meɪndə(r)]

alguns, algumas ...	a few ...	[ə fju:]
um pouco de ...	little	['lɪtəl]
resto (m)	the rest	[ðə rest]
um e meio	one and a half	['wʌn ənd ə ˌhɑ:f]
dúzia (f)	dozen	['dʌzən]

ao meio	in half	[ɪn 'hɑ:f]
em partes iguais	equally	['i:kwəlɪ]
metade (f)	half	[hɑ:f]
vez (f)	time	[taɪm]

10. Os verbos mais importantes. Parte 1

abrir (vt)	to open (vt)	[tə 'əʊpən]
acabar, terminar (vt)	to finish (vt)	[tə 'fɪnɪʃ]
aconselhar (vt)	to advise (vt)	[tə əd'vaɪz]
adivinhar (vt)	to guess (vt)	[tə ges]
advertir (vt)	to warn (vt)	[tə wɔ:n]

ajudar (vt)	to help (vt)	[tə help]
almoçar (vi)	to have lunch	[tə hæv lʌntʃ]
alugar (~ um apartamento)	to rent (vt)	[tə rent]
amar (vt)	to love (vt)	[tə lʌv]
ameaçar (vt)	to threaten (vt)	[tə 'θretən]

anotar (escrever)	to write down	[tə ˌraɪt 'daʊn]
apanhar (vt)	to catch (vt)	[tə kætʃ]
apressar-se (vr)	to hurry (vi)	[tə 'hʌrɪ]
arrepender-se (vr)	to regret (vi)	[tə rɪ'gret]
assinar (vt)	to sign (vt)	[tə saɪn]

atirar, disparar (vi)	to shoot (vi)	[tə ʃu:t]
brincar (vi)	to joke (vi)	[tə dʒəʊk]
brincar, jogar (crianças)	to play (vi)	[tə pleɪ]
buscar (vt)	to look for ...	[tə lʊk fɔ:(r)]
caçar (vi)	to hunt (vi, vt)	[tə hʌnt]

cair (vi)	to fall (vi)	[tə fɔ:l]
cavar (vt)	to dig (vt)	[tə dɪg]
cessar (vt)	to stop (vt)	[tə stɒp]
chamar (~ por socorro)	to call (vt)	[tə kɔ:l]
chegar (vi)	to arrive (vi)	[tə ə'raɪv]
chorar (vi)	to cry (vi)	[tə kraɪ]

| começar (vt) | to begin (vt) | [tə bɪ'gɪn] |
| comparar (vt) | to compare (vt) | [tə kəm'peə(r)] |

compreender (vt)	to understand (vt)	[tə ˌʌndəˈstænd]
concordar (vi)	to agree (vi)	[tə əˈgriː]
confiar (vt)	to trust (vt)	[tə trʌst]

confundir (equivocar-se)	to confuse, to mix up (vt)	[tə kənˈfjuːz], [tə mɪks ʌp]
conhecer (vt)	to know (vt)	[tə nəʊ]
contar (fazer contas)	to count (vt)	[tə kaʊnt]
contar com (esperar)	to count on ...	[tə kaʊnt ɒn]
continuar (vt)	to continue (vt)	[tə kənˈtɪnjuː]

controlar (vt)	to control (vt)	[tə kənˈtrəʊl]
convidar (vt)	to invite (vt)	[tə ɪnˈvaɪt]
correr (vi)	to run (vi)	[tə rʌn]
criar (vt)	to create (vt)	[tə kriːˈeɪt]
custar (vt)	to cost (vt)	[tə kɒst]

11. Os verbos mais importantes. Parte 2

dar (vt)	to give (vt)	[tə gɪv]
dar uma dica	to give a hint	[tə gɪv ə hɪnt]
decorar (enfeitar)	to decorate (vt)	[tə ˈdekəreɪt]
defender (vt)	to defend (vt)	[tə dɪˈfend]
deixar cair (vt)	to drop (vt)	[tə drɒp]

descer (para baixo)	to come down	[tə kʌm daʊn]
desculpar (vt)	to excuse (vt)	[tə ɪkˈskjuːz]
dirigir (~ uma empresa)	to run, to manage	[tə rʌn], [tə ˈmænɪdʒ]
discutir (notícias, etc.)	to discuss (vt)	[tə dɪsˈkʌs]
dizer (vt)	to say (vt)	[tə seɪ]

duvidar (vt)	to doubt (vi)	[tə daʊt]
enganar (vt)	to deceive (vi, vt)	[tə dɪˈsiːv]
entrar (na sala, etc.)	to enter (vt)	[tə ˈentə(r)]
enviar (uma carta)	to send (vt)	[tə send]

errar (equivocar-se)	to make a mistake	[tə meɪk ə mɪˈsteɪk]
escolher (vt)	to choose (vt)	[tə ʧuːz]
esconder (vt)	to hide (vt)	[tə haɪd]
escrever (vt)	to write (vt)	[tə raɪt]
esperar (o autocarro, etc.)	to wait (vt)	[tə weɪt]

esperar (ter esperança)	to hope (vi, vt)	[tə həʊp]
esquecer (vt)	to forget (vi, vt)	[tə fəˈget]
estudar (vt)	to study (vt)	[tə ˈstʌdɪ]
exigir (vt)	to demand (vt)	[tə dɪˈmɑːnd]
existir (vi)	to exist (vi)	[tə ɪgˈzɪst]

explicar (vt)	to explain (vt)	[tə ɪkˈspleɪn]
falar (vi)	to speak (vi, vt)	[tə spiːk]
faltar (clases, etc.)	to miss (vt)	[tə mɪs]
fazer (vt)	to do (vt)	[tə duː]
ficar em silêncio	to keep silent	[tə kiːp ˈsaɪlənt]
gabar-se, jactar-se (vr)	to boast (vi)	[tə bəʊst]
gostar (apreciar)	to like (vt)	[tə laɪk]

gritar (vi)	to shout (vi)	[tə ʃaʊt]
guardar (cartas, etc.)	to keep (vt)	[tə kiːp]
informar (vt)	to inform (vt)	[tə ɪnˈfɔːm]

insultar (vt)	to insult (vt)	[tə ɪnˈsʌlt]
interessar-se (vr)	to be interested in ...	[tə bi ˈɪntrestɪd ɪn]
ir (a pé)	to go (vi)	[tə gəʊ]
ir nadar	to go for a swim	[tə gəʊ fɔrə swɪm]
jantar (vi)	to have dinner	[tə hæv ˈdɪnə(r)]

12. Os verbos mais importantes. Parte 3

ler (vt)	to read (vi, vt)	[tə riːd]
libertar (cidade, etc.)	to liberate (vt)	[tə ˈlɪbəreɪt]
matar (vt)	to kill (vt)	[tə kɪl]
mencionar (vt)	to mention (vt)	[tə ˈmenʃən]
mostrar (vt)	to show (vt)	[tə ʃəʊ]

mudar (modificar)	to change (vt)	[tə ʧeɪndʒ]
nadar (vi)	to swim (vi)	[tə swɪm]
negar-se a ...	to refuse (vi, vt)	[tə rɪˈfjuːz]
objetar (vt)	to object (vi, vt)	[tə əbˈdʒekt]

observar (vt)	to observe (vt)	[tə əbˈzɜːv]
ordenar (mil.)	to order (vi, vt)	[tə ˈɔːdə(r)]
ouvir (vt)	to hear (vt)	[tə hɪə(r)]
pagar (vt)	to pay (vi, vt)	[tə peɪ]
parar (vi)	to stop (vi)	[tə stɒp]

participar (vi)	to participate (vi)	[tə pɑːˈtɪsɪpeɪt]
pedir (comida)	to order (vt)	[tə ˈɔːdə(r)]
pedir (um favor, etc.)	to ask (vt)	[tə ɑːsk]
pegar (tomar)	to take (vt)	[tə teɪk]
pensar (vt)	to think (vi, vt)	[tə θɪŋk]

perceber (ver)	to notice (vt)	[tə ˈnəʊtɪs]
perdoar (vt)	to forgive (vt)	[tə fəˈgɪv]
perguntar (vt)	to ask (vt)	[tə ɑːsk]

| permitir (vt) | to permit (vt) | [tə pəˈmɪt] |
| pertencer a ... | to belong to ... | [tə bɪˈlɒŋ tuː] |

planear (vt)	to plan (vt)	[tə plæn]
poder (vi)	can (v aux)	[kæn]
possuir (vt)	to own (vt)	[tə əʊn]

| preferir (vt) | to prefer (vt) | [tə prɪˈfɜː(r)] |
| preparar (vt) | to cook (vt) | [tə kʊk] |

prever (vt)	to expect (vt)	[tə ɪkˈspekt]
prometer (vt)	to promise (vt)	[tə ˈprɒmɪs]
pronunciar (vt)	to pronounce (vt)	[tə prəˈnaʊns]
propor (vt)	to propose (vt)	[tə prəˈpəʊz]
punir (castigar)	to punish (vt)	[tə ˈpʌnɪʃ]

13. Os verbos mais importantes. Parte 4

quebrar (vt)	to break (vt)	[tə breɪk]
queixar-se (vr)	to complain (vi, vt)	[tə kəm'pleɪn]
querer (desejar)	to want (vt)	[tə wɒnt]
recomendar (vt)	to recommend (vt)	[tə ˌrekə'mend]
repetir (dizer outra vez)	to repeat (vt)	[tə rɪ'piːt]
repreender (vt)	to scold (vt)	[tə skəʊld]
reservar (~ um quarto)	to reserve, to book	[tə rɪ'zɜːv], [tə bʊk]
responder (vt)	to answer (vi, vt)	[tə 'ɑːnsə(r)]
rezar, orar (vi)	to pray (vi, vt)	[tə preɪ]
rir (vi)	to laugh (vi)	[tə lɑːf]
roubar (vt)	to steal (vt)	[tə stiːl]
saber (vt)	to know (vt)	[tə nəʊ]
sair (~ de casa)	to go out	[tə gəʊ aʊt]
salvar (vt)	to save, to rescue	[tə seɪv], [tə 'reskjuː]
seguir ...	to follow ...	[tə 'fɒləʊ]
sentar-se (vr)	to sit down (vi)	[tə sɪt daʊn]
ser necessário	to be needed	[tə bi 'niːdɪd]
ser, estar	to be (vi)	[tə biː]
significar (vt)	to mean (vt)	[tə miːn]
sorrir (vi)	to smile (vi)	[tə smaɪl]
subestimar (vt)	to underestimate (vt)	[tə ˌʌndə'restɪmeɪt]
surpreender-se (vr)	to be surprised	[tə bi sə'praɪzd]
tentar (vt)	to try (vt)	[tə traɪ]
ter (vt)	to have (vt)	[tə hæv]
ter fome	to be hungry	[tə bi 'hʌŋgrɪ]
ter medo	to be afraid	[tə bi ə'freɪd]
ter sede	to be thirsty	[tə bi 'θɜːstɪ]
tocar (com as mãos)	to touch (vt)	[tə tʌʧ]
tomar o pequeno-almoço	to have breakfast	[tə hæv 'brekfəst]
trabalhar (vi)	to work (vi)	[tə wɜːk]
traduzir (vt)	to translate (vt)	[tə træns'leɪt]
unir (vt)	to unite (vt)	[tə juː'naɪt]
vender (vt)	to sell (vt)	[tə sel]
ver (vt)	to see (vt)	[tə siː]
virar (ex. ~ à direita)	to turn (vi)	[tə tɜːn]
voar (vi)	to fly (vi)	[tə flaɪ]

14. Cores

cor (f)	color	['kʌlə(r)]
matiz (m)	shade	[ʃeɪd]
tom (m)	hue	[hjuː]
arco-íris (m)	rainbow	['reɪnbəʊ]
branco	white	[waɪt]

| preto | black | [blæk] |
| cinzento | gray | [greɪ] |

verde	green	[griːn]
amarelo	yellow	['jeləʊ]
vermelho	red	[red]

azul	blue	[bluː]
azul claro	light blue	[ˌlaɪt 'bluː]
rosa	pink	[pɪŋk]
laranja	orange	['ɒrɪndʒ]
violeta	violet	['vaɪələt]
castanho	brown	[braʊn]

| dourado | golden | ['gəʊldən] |
| prateado | silvery | ['sɪlvərɪ] |

bege	beige	[beɪʒ]
creme	cream	[kriːm]
turquesa	turquoise	['tɜːkwɔɪz]
vermelho cereja	cherry red	['tʃerɪ red]
lilás	lilac	['laɪlək]
carmesim	crimson	['krɪmzən]

claro	light	[laɪt]
escuro	dark	[dɑːk]
vivo	bright	[braɪt]

de cor	colored	['kʌləd]
a cores	color	['kʌlə(r)]
preto e branco	black-and-white	[blæk ən waɪt]
unicolor	plain, one-colored	[pleɪn], [ˌwʌn'kʌləd]
multicor	multicolored	['mʌltɪˌkʌləd]

15. Questões

Quem?	Who?	[huː]
Que?	What?	[wɒt]
Onde?	Where?	[weə]
Para onde?	Where?	[weə]
De onde?	From where?	[frɒm weə]
Quando?	When?	[wen]
Para quê?	Why?	[waɪ]
Para quê?	What for?	[wɒt fɔː(r)]
Como?	How?	[haʊ]
Qual? (entre dois ou mais)	Which?	[wɪtʃ]

A quem?	To whom?	[tə huːm]
Sobre quem?	About whom?	[ə'baʊt ˌhuːm]
Do quê?	About what?	[ə'baʊt ˌwɒt]
Com quem?	With whom?	[wɪð 'huːm]
Quantos? -as?	How many?	[ˌhaʊ 'menɪ]
Quanto?	How much?	[ˌhaʊ 'mʌtʃ]
De quem?	Whose?	[huːz]

16. Preposições

com (prep.)	with	[wɪð]
sem (prep.)	without	[wɪ'ðaʊt]
a, para (exprime lugar)	to	[tu:]
sobre (ex. falar ~)	about	[ə'baʊt]
antes de ...	before	[bɪ'fɔː(r)]
diante de ...	in front of ...	[ɪn 'frʌnt əv]
sob (debaixo de)	under	['ʌndə(r)]
sobre (em cima de)	above	[ə'bʌv]
sobre (~ a mesa)	on	[ɒn]
de (vir ~ Lisboa)	from	[frɒm]
de (feito ~ pedra)	of	[əv]
dentro de (~ dez minutos)	in	[ɪn]
por cima de ...	over	['əʊvə(r)]

17. Palavras funcionais. Advérbios. Parte 1

Onde?	Where?	[weə]
aqui	here	[hɪə(r)]
lá, ali	there	[ðeə(r)]
em algum lugar	somewhere	['sʌmweə(r)]
em lugar nenhum	nowhere	['nəʊweə(r)]
ao pé de ...	by	[baɪ]
ao pé da janela	by the window	[baɪ ðə 'wɪndəʊ]
Para onde?	Where?	[weə]
para cá	here	[hɪə(r)]
para lá	there	[ðeə(r)]
daqui	from here	[frɒm hɪə(r)]
de lá, dali	from there	[frɒm ðeə(r)]
perto	close	[kləʊs]
longe	far	[fɑː(r)]
perto, não fica longe	not far	[nɒt fɑː(r)]
esquerdo	left	[left]
à esquerda	on the left	[ɒn ðə left]
para esquerda	to the left	[tə ðə left]
direito	right	[raɪt]
à direita	on the right	[ɒn ðə raɪt]
para direita	to the right	[tə ðə raɪt]
à frente	in front	[ɪn frʌnt]
da frente	front	[frʌnt]
em frente (para a frente)	ahead	[ə'hed]
atrás de ...	behind	[bɪ'haɪnd]
por detrás (vir ~)	from behind	[frɒm bɪ'haɪnd]

para trás	back	[bæk]
meio (m), metade (f)	middle	['mɪdəl]
no meio	in the middle	[ɪn ðə 'mɪdəl]

de lado	at the side	[ət ðə saɪd]
em todo lugar	everywhere	['evrɪweə(r)]
ao redor (olhar ~)	around	[ə'raʊnd]

de dentro	from inside	[frɒm ɪn'saɪd]
para algum lugar	somewhere	['sʌmweə(r)]
diretamente	straight	[streɪt]
de volta	back	[bæk]

| de algum lugar | from anywhere | [frɒm 'enɪweə(r)] |
| de um lugar | from somewhere | [frɒm 'sʌmweə(r)] |

em primeiro lugar	firstly	['fɜ:stlɪ]
em segundo lugar	secondly	['sekəndlɪ]
em terceiro lugar	thirdly	['θɜ:dlɪ]

de repente	suddenly	['sʌdənlɪ]
no início	at first	[ət fɜ:st]
pela primeira vez	for the first time	[fɔ: ðə 'fɜ:st ˌtaɪm]
muito antes de ...	long before ...	[lɒŋ bɪ'fɔ:(r)]
para sempre	for good	[fɔ: 'gʊd]

nunca	never	['nevə(r)]
de novo	again	[ə'gen]
agora	now	[naʊ]
frequentemente	often	['ɒfən]
então	then	[ðen]
urgentemente	urgently	['ɜ:dʒəntlɪ]
usualmente	usually	['ju:ʒəlɪ]

a propósito, ...	by the way, ...	[baɪ ðə weɪ]
é possível	possibly	['pɒsəblɪ]
provavelmente	probably	['prɒbəblɪ]
talvez	maybe	['meɪbi:]
além disso, ...	besides ...	[bɪ'saɪdz]
por isso ...	that's why ...	[ðæts waɪ]
apesar de ...	in spite of ...	[ɪn 'spaɪt əv]
graças a ...	thanks to ...	['θæŋks tu:]

que (pron.)	what	[wɒt]
que (conj.)	that	[ðæt]
algo	something	['sʌmθɪŋ]
alguma coisa	anything, something	['enɪθɪŋ], ['sʌmθɪŋ]
nada	nothing	['nʌθɪŋ]

quem	who	[hu:]
alguém (~ teve uma ideia ...)	someone	['sʌmwʌn]
alguém	somebody	['sʌmbədɪ]

ninguém	nobody	['nəʊbədɪ]
para lugar nenhum	nowhere	['nəʊweə(r)]
de ninguém	nobody's	['nəʊbədɪz]

de alguém	somebody's	['sʌmbədɪz]
tão	so	[səʊ]
também (gostaria ~ de ...)	also	['ɔ:lsəʊ]
também (~ eu)	too	[tu:]

18. Palavras funcionais. Advérbios. Parte 2

Porquê?	Why?	[waɪ]
por alguma razão	for some reason	[fɔ: 'sʌm ˌri:zən]
porque ...	because ,,,	[bɪ'kɒz]

e (tu ~ eu)	and	[ænd]
ou (ser ~ não ser)	or	[ɔ:(r)]
mas (porém)	but	[bʌt]
para (~ a minha mãe)	for	[fɔ:r]

demasiado, muito	too	[tu:]
só, somente	only	['əʊnlɪ]
exatamente	exactly	[ɪg'zæktlɪ]
cerca de (~ 10 kg)	about	[ə'baʊt]

aproximadamente	approximately	[ə'prɒksɪmətlɪ]
aproximado	approximate	[ə'prɒksɪmət]
quase	almost	['ɔ:lməʊst]
resto (m)	the rest	[ðə rest]

o outro (segundo)	the other	[ðə ʌðə(r)]
outro	other	['ʌðə(r)]
cada	each	[i:tʃ]
qualquer	any	['enɪ]
muitos, muitas	many	['menɪ]
muito	much	[mʌtʃ]
muitas pessoas	many people	[ˌmenɪ 'pi:pəl]
todos	all	[ɔ:l]

em troca de ...	in return for ...	[ɪn rɪ'tɜ:n fɔ:]
em troca	in exchange	[ɪn ɪks'tʃeɪndʒ]
à mão	by hand	[baɪ hænd]
pouco provável	hardly	['hɑ:dlɪ]

provavelmente	probably	['prɒbəblɪ]
de propósito	on purpose	[ɒn 'pɜ:pəs]
por acidente	by accident	[baɪ 'æksɪdənt]

muito	very	['verɪ]
por exemplo	for example	[fɔ:r ɪg'zɑ:mpəl]
entre	between	[bɪ'twi:n]
entre (no meio de)	among	[ə'mʌŋ]
tanto	so much	[səʊ mʌtʃ]
especialmente	especially	[ɪ'speʃəlɪ]

Conceitos básicos. Parte 2

19. Opostos

rico	rich	[rɪtʃ]
pobre	poor	[pʊə(r)]
doente	ill, sick	[ɪl], [sɪk]
são	well	[wel]
grande	big	[bɪg]
pequeno	small	[smɔ:l]
rapidamente	quickly	['kwɪklɪ]
lentamente	slowly	['sləʊlɪ]
rápido	fast	[fɑ:st]
lento	slow	[sləʊ]
alegre	glad	[glæd]
triste	sad	[sæd]
juntos	together	[tə'geðə(r)]
separadamente	separately	['sepərətlɪ]
em voz alta (ler ~)	aloud	[ə'laʊd]
para si (em silêncio)	silently	['saɪləntlɪ]
alto	tall	[tɔ:l]
baixo	low	[ləʊ]
profundo	deep	[di:p]
pouco fundo	shallow	['ʃæləʊ]
sim	yes	[jes]
não	no	[nəʊ]
distante (no espaço)	distant	['dɪstənt]
próximo	nearby	['nɪəbaɪ]
longe	far	[fɑ:(r)]
perto	nearby	[ˌnɪə'baɪ]
longo	long	[lɒŋ]
curto	short	[ʃɔ:t]
bom, bondoso	good	[gʊd]
mau	evil	['i:vəl]
casado	married	['mærɪd]

26

solteiro	single	['sɪŋgəl]
proibir (vt)	to forbid (vt)	[tə fə'bɪd]
permitir (vt)	to permit (vt)	[tə pə'mɪt]
fim (m)	end	[end]
começo (m)	beginning	[bɪ'gɪnɪŋ]
esquerdo	left	[left]
direito	right	[raɪt]
primeiro	first	[fɜːst]
último	last	[lɑːst]
crime (m)	crime	[kraɪm]
castigo (m)	punishment	['pʌnɪʃmənt]
ordenar (vt)	to order (vt)	[tə 'ɔːdə(r)]
obedecer (vt)	to obey (vi, vt)	[tə ə'beɪ]
reto	straight	[streɪt]
curvo	curved	[kɜːvd]
paraíso (m)	paradise	['pærədaɪs]
inferno (m)	hell	[hel]
nascer (vi)	to be born	[tə bi bɔːn]
morrer (vi)	to die (vi)	[tə daɪ]
forte	strong	[strɒŋ]
fraco, débil	weak	[wiːk]
idoso	old	[əʊld]
jovem	young	[jʌŋ]
velho	old	[əʊld]
novo	new	[njuː]
duro	hard	[hɑːd]
mole	soft	[sɒft]
tépido	warm	[wɔːm]
frio	cold	[kəʊld]
gordo	fat	[fæt]
magro	thin	[θɪn]
estreito	narrow	['nærəʊ]
largo	wide	[waɪd]
bom	good	[gʊd]
mau	bad	[bæd]
valente	brave	[breɪv]
cobarde	cowardly	['kaʊədlɪ]

20. Dias da semana

segunda-feira (f)	Monday	['mʌndɪ]
terça-feira (f)	Tuesday	['tjuːzdɪ]
quarta-feira (f)	Wednesday	['wenzdɪ]
quinta-feira (f)	Thursday	['θɜːzdɪ]
sexta-feira (f)	Friday	['fraɪdɪ]
sábado (m)	Saturday	['sætədɪ]
domingo (m)	Sunday	['sʌndɪ]
hoje	today	[tə'deɪ]
amanhã	tomorrow	[tə'mɒrəʊ]
depois de amanhã	the day after tomorrow	[ðə deɪ 'ɑːftə tə'mɒrəʊ]
ontem	yesterday	['jestədɪ]
anteontem	the day before yesterday	[ðə deɪ bɪ'fɔː 'jestədɪ]
dia (m)	day	[deɪ]
dia (m) de trabalho	working day	['wɜːkɪŋ deɪ]
feriado (m)	public holiday	['pʌblɪk 'hɒlɪdeɪ]
dia (m) de folga	day off	[ˌdeɪ'ɒf]
fim (m) de semana	weekend	[ˌwiːk'end]
o dia todo	all day long	[ɔːl 'deɪ ˌlɒŋ]
no dia seguinte	the next day	[ðə nekst deɪ]
há dois dias	two days ago	[tu deɪz ə'gəʊ]
na véspera	the day before	[ðə deɪ bɪ'fɔː(r)]
diário	daily	['deɪlɪ]
todos os dias	every day	[ˌevrɪ 'deɪ]
semana (f)	week	[wiːk]
na semana passada	last week	[ˌlɑːst 'wiːk]
na próxima semana	next week	[ˌnekst 'wiːk]
semanal	weekly	['wiːklɪ]
cada semana	every week	[ˌevrɪ 'wiːk]
duas vezes por semana	twice a week	[ˌtwaɪs ə 'wiːk]
cada terça-feira	every Tuesday	['evrɪ 'tjuːzdɪ]

21. Horas. Dia e noite

manhã (f)	morning	['mɔːnɪŋ]
de manhã	in the morning	[ɪn ðə 'mɔːnɪŋ]
meio-dia (m)	noon, midday	[nuːn], ['mɪddeɪ]
à tarde	in the afternoon	[ɪn ðə ˌɑːftə'nuːn]
noite (f)	evening	['iːvnɪŋ]
à noite (noitinha)	in the evening	[ɪn ðɪ 'iːvnɪŋ]
noite (f)	night	[naɪt]
à noite	at night	[ət naɪt]
meia-noite (f)	midnight	['mɪdnaɪt]
segundo (m)	second	['sekənd]
minuto (m)	minute	['mɪnɪt]
hora (f)	hour	['aʊə(r)]

meia hora (f)	half an hour	[ˌhɑːf ən 'aʊə(r)]
quarto (m) de hora	a quarter-hour	[ə 'kwɔːtər'aʊə(r)]
quinze minutos	fifteen minutes	[fɪfˈtiːn 'mɪnɪts]
vinte e quatro horas	twenty four hours	['twentɪ fɔːr'aʊəz]

nascer (m) do sol	sunrise	['sʌnraɪz]
amanhecer (m)	dawn	[dɔːn]
madrugada (f)	early morning	['ɜːlɪ 'mɔːnɪŋ]
pôr do sol (m)	sunset	['sʌnset]

de madrugada	early in the morning	['ɜːlɪ ɪn ðə 'mɔːnɪŋ]
hoje de manhã	this morning	[ðɪs 'mɔːnɪŋ]
amanhã de manhã	tomorrow morning	[tə'mɒrəʊ 'mɔːnɪŋ]

hoje à tarde	this afternoon	[ðɪs ˌɑːftə'nuːn]
à tarde	in the afternoon	[ɪn ðə ˌɑːftə'nuːn]
amanhã à tarde	tomorrow afternoon	[tə'mɒrəʊ ˌɑːftə'nuːn]

| hoje à noite | tonight | [tə'naɪt] |
| amanhã à noite | tomorrow night | [tə'mɒrəʊ naɪt] |

às três horas em ponto	at 3 o'clock sharp	[ət θri: ə'klɒk ʃɑːp]
por volta das quatro	about 4 o'clock	[ə'baʊt ˌfɔːrə'klɒk]
às doze	by 12 o'clock	[baɪ twelv ə'klɒk]

dentro de vinte minutos	in 20 minutes	[ɪn 'twentɪ ˌmɪnɪts]
dentro duma hora	in an hour	[ɪn ən 'aʊə(r)]
a tempo	on time	[ɒn 'taɪm]

menos um quarto	a quarter to ...	[ə 'kwɔːtə tə]
durante uma hora	within an hour	[wɪ'ðɪn æn 'aʊə(r)]
a cada quinze minutos	every 15 minutes	['evrɪ fɪfˈtiːn 'mɪnɪts]
as vinte e quatro horas	round the clock	['raʊnd ðə ˌklɒk]

22. Meses. Estações

janeiro (m)	January	['dʒænjʊərɪ]
fevereiro (m)	February	['febrʊərɪ]
março (m)	March	[mɑːtʃ]
abril (m)	April	['eɪprəl]
maio (m)	May	[meɪ]
junho (m)	June	[dʒuːn]

julho (m)	July	[dʒuːˈlaɪ]
agosto (m)	August	['ɔːgəst]
setembro (m)	September	[sep'tembə(r)]
outubro (m)	October	[ɒk'təʊbə(r)]
novembro (m)	November	[nəʊ'vembə(r)]
dezembro (m)	December	[dɪ'sembə(r)]

primavera (f)	spring	[sprɪŋ]
na primavera	in (the) spring	[ɪn (ðə) sprɪŋ]
primaveril	spring	[sprɪŋ]
verão (m)	summer	['sʌmə(r)]

| no verão | in (the) summer | [ɪn (ðə) 'sʌmə(r)] |
| de verão | summer | ['sʌmə(r)] |

outono (m)	fall	[fɔːl]
no outono	in (the) fall	[ɪn (ðə) fɔːl]
outonal	fall	[fɔːl]

inverno (m)	winter	['wɪntə(r)]
no inverno	in (the) winter	[ɪn (ðə) 'wɪntə(r)]
de inverno	winter	['wɪntə(r)]

mês (m)	month	[mʌnθ]
este mês	this month	[ðɪs mʌnθ]
no próximo mês	next month	[ˌnekst 'mʌnθ]
no mês passado	last month	[ˌlɑːst 'mʌnθ]

há um mês	a month ago	[əˌmʌnθ ə'gəʊ]
dentro de um mês	in a month	[ɪn ə 'mʌnθ]
dentro de dois meses	in two months	[ɪn ˌtuː 'mʌnθs]
todo o mês	the whole month	[ðə ˌhəʊl 'mʌnθ]
um mês inteiro	all month long	[ɔːl 'mʌnθ ˌlɒŋ]
mensal	monthly	['mʌnθlɪ]
mensalmente	monthly	['mʌnθlɪ]
cada mês	every month	[ˌevrɪ 'mʌnθ]
duas vezes por mês	twice a month	[ˌtwaɪs ə 'mʌnθ]

ano (m)	year	[jɪə(r)]
este ano	this year	[ðɪs jɪə(r)]
no próximo ano	next year	[ˌnekst 'jɪə(r)]
no ano passado	last year	[ˌlɑːst 'jɪə(r)]

há um ano	a year ago	[ə jɪərə'gəʊ]
dentro dum ano	in a year	[ɪn ə 'jɪə(r)]
dentro de 2 anos	in two years	[ɪn ˌtuː 'jɪəz]
todo o ano	the whole year	[ðə ˌhəʊl 'jɪə(r)]
um ano inteiro	all year long	[ɔːl 'jɪə ˌlɒŋ]

cada ano	every year	[ˌevrɪ 'jɪə(r)]
anual	annual	['ænjʊəl]
anualmente	annually	['ænjʊəlɪ]
quatro vezes por ano	4 times a year	[fɔː taɪmz əjɪər]

data (~ de hoje)	date	[deɪt]
data (ex. ~ de nascimento)	date	[deɪt]
calendário (m)	calendar	['kælɪndə(r)]

meio ano	half a year	[ˌhɑːf ə 'jɪə(r)]
seis meses	six months	[sɪks mʌnθs]
estação (f)	season	['siːzən]

23. Tempo. Diversos

| tempo (m) | time | [taɪm] |
| momento (m) | moment | ['məʊmənt] |

instante (m)	instant	['ınstənt]
instantâneo	instant	['ınstənt]
lapso (m) de tempo	lapse	[læps]
vida (f)	life	[laıf]
eternidade (f)	eternity	[ı'tɜːnətı]

época (f)	epoch	['iːpɒk]
era (f)	era	['ıərə]
ciclo (m)	cycle	['saıkəl]
período (m)	period	['pıərıəd]
prazo (m)	term	[tɜːm]

futuro (m)	the future	[ðə 'fjuːʧə(r)]
futuro	future	['fjuːʧə(r)]
da próxima vez	next time	[ˌnekst 'taım]
passado (m)	the past	[ðə pɑːst]
passado	past	[pɑːst]
na vez passada	last time	[ˌlɑːst 'taım]
mais tarde	later	['leıtə(r)]
depois	after	['ɑːftə(r)]
atualmente	nowadays	['naʊədeız]
agora	now	[naʊ]
imediatamente	immediately	[ı'miːdjətlı]
em breve, brevemente	soon	[suːn]
de antemão	in advance	[ın əd'vɑːns]

há muito tempo	a long time ago	[əˌlɒŋ 'taım ə'gəʊ]
há pouco tempo	recently	['riːsəntlı]
destino (m)	destiny	['destını]
recordações (f pl)	recollections	[ˌrekə'lekʃənz]
arquivo (m)	archives	['ɑːkaıvz]
durante ...	during ...	['djʊərıŋ]
durante muito tempo	long, a long time	[lɒŋ], [ə lɒŋ taım]
pouco tempo	not long	[nɒt lɒŋ]
cedo (levantar-se ~)	early	['ɜːlı]
tarde (deitar-se ~)	late	[leıt]

para sempre	forever	[fə'revə(r)]
começar (vt)	to start (vt)	[tə stɑːt]
adiar (vt)	to postpone (vt)	[tə ˌpəʊst'pəʊn]

simultaneamente	at the same time	[ət ðə 'seım ˌtaım]
permanentemente	permanently	['pɜːmənəntlı]
constante (ruído, etc.)	constant	['kɒnstənt]
temporário	temporary	['tempərərı]

às vezes	sometimes	['sʌmtaımz]
raramente	rarely	['reəlı]
frequentemente	often	['ɒfən]

24. Linhas e formas

| quadrado (m) | square | [skweə(r)] |
| quadrado | square | [skweə(r)] |

círculo (m)	circle	['sɜːkəl]
redondo	round	[raʊnd]
triângulo (m)	triangle	['traɪæŋgəl]
triangular	triangular	[traɪ'æŋgjʊlə(r)]

oval (f)	oval	['əʊvəl]
oval	oval	['əʊvəl]
retângulo (m)	rectangle	['rek,tæŋgəl]
retangular	rectangular	[,rek'tæŋgjʊlə(r)]

pirâmide (f)	pyramid	['pɪrəmɪd]
rombo, losango (m)	rhombus	['rɒmbəs]
trapézio (m)	trapezoid	['træpɪzɔɪd]
cubo (m)	cube	[kjuːb]
prisma (m)	prism	['prɪzəm]

circunferência (f)	circumference	[sə'kʌmfərəns]
esfera (f)	sphere	[sfɪə(r)]
globo (m)	ball	[bɔːl]
diâmetro (m)	diameter	[daɪ'æmɪtə(r)]
raio (m)	radius	['reɪdɪəs]
perímetro (m)	perimeter	[pə'rɪmɪtə(r)]
centro (m)	center	['sentə(r)]

horizontal	horizontal	[,hɒrɪ'zɒntəl]
vertical	vertical	['vɜːtɪkəl]
paralela (f)	parallel	['pærəlel]
paralelo	parallel	['pærəlel]

linha (f)	line	[laɪn]
traço (m)	stroke	[strəʊk]
reta (f)	straight line	['streɪt ,laɪn]
curva (f)	curve	[kɜːv]
fino (linha ~a)	thin	[θɪn]
contorno (m)	contour	['kɒntʊə(r)]

interseção (f)	intersection	[,ɪntə'sekʃən]
ângulo (m) reto	right angle	[raɪt 'æŋgəl]
segmento (m)	segment	['segmənt]
setor (m)	sector	['sektə(r)]
lado (de um triângulo, etc.)	side	[saɪd]
ângulo (m)	angle	['æŋgəl]

25. Unidades de medida

peso (m)	weight	[weɪt]
comprimento (m)	length	[leŋθ]
largura (f)	width	[wɪdθ]
altura (f)	height	[haɪt]
profundidade (f)	depth	[depθ]
volume (m)	volume	['vɒljuːm]
área (f)	area	['eərɪə]
grama (m)	gram	[græm]
miligrama (m)	milligram	['mɪlɪgræm]

quilograma (m)	kilogram	['kɪləˌɡræm]
tonelada (f)	ton	[tʌn]
libra (453,6 gramas)	pound	[paʊnd]
onça (f)	ounce	[aʊns]

metro (m)	meter	['mi:tə(r)]
milímetro (m)	millimeter	['mɪlɪˌmi:tə(r)]
centímetro (m)	centimeter	['sentɪˌmi:tə(r)]
quilómetro (m)	kilometer	['kɪləˌmi:tə(r)]
milha (f)	mile	[maɪl]

polegada (f)	inch	[ɪntʃ]
pé (304,74 mm)	foot	[fʊt]
jarda (914,383 mm)	yard	[jɑ:d]

| metro (m) quadrado | square meter | [skweə 'mi:tə(r)] |
| hectare (m) | hectare | ['hekteə(r)] |

litro (m)	liter	['li:tə(r)]
grau (m)	degree	[dɪ'gri:]
volt (m)	volt	[vəʊlt]
ampere (m)	ampere	['æmpeə(r)]
cavalo-vapor (m)	horsepower	['hɔ:sˌpaʊə(r)]

quantidade (f)	quantity	['kwɒntɪtɪ]
um pouco de ...	a little bit of ...	[ə 'lɪtəl bɪt əv]
metade (f)	half	[hɑ:f]
dúzia (f)	dozen	['dʌzən]
peça (f)	piece	[pi:s]

| dimensão (f) | size | [saɪz] |
| escala (f) | scale | [skeɪl] |

mínimo	minimal	['mɪnɪməl]
menor, mais pequeno	the smallest	[ðə 'smɔ:ləst]
médio	medium	['mi:dɪəm]
máximo	maximal	['mæksɪməl]
maior, mais grande	the largest	[ðə 'lɑ:dʒɪst]

26. Recipientes

boião (m) de vidro	jar	[dʒɑ:(r)]
lata (~ de cerveja)	can	[kæn]
balde (m)	bucket	['bʌkɪt]
barril (m)	barrel	['bærəl]

bacia (~ de plástico)	basin	['beɪsən]
tanque (m)	tank	[tæŋk]
cantil (m) de bolso	hip flask	[hɪp flɑ:sk]
bidão (m) de gasolina	jerrycan	['dʒerɪkæn]
cisterna (f)	tank	[tæŋk]

| caneca (f) | mug | [mʌg] |
| chávena (f) | cup | [kʌp] |

pires (m)	saucer	['sɔ:sə(r)]
copo (m)	glass	[glɑ:s]
taça (f) de vinho	glass	[glɑ:s]
panela, caçarola (f)	stock pot	[stɒk pɒt]

garrafa (f)	bottle	['bɒtəl]
gargalo (m)	neck	[nek]

jarro, garrafa (f)	carafe	[kə'ræf]
jarro (m) de barro	pitcher	['pɪtʃə(r)]
recipiente (m)	vessel	['vesəl]
pote (m)	pot	[pɒt]
vaso (m)	vase	[veɪz]

frasco (~ de perfume)	bottle	['bɒtəl]
frasquinho (ex. ~ de iodo)	vial, small bottle	['vaɪəl], [smɔ:l 'bɒtəl]
tubo (~ de pasta dentífrica)	tube	[tju:b]

saca (ex. ~ de açúcar)	sack	[sæk]
saco (~ de plástico)	bag	[bæg]
maço (m)	pack	[pæk]

caixa (~ de sapatos, etc.)	box	[bɒks]
caixa (~ de madeira)	box	[bɒks]
cesta (f)	basket	['bɑ:skɪt]

27. Materiais

material (m)	material	[mə'tɪərɪəl]
madeira (f)	wood	[wʊd]
de madeira	wooden	['wʊdən]

vidro (m)	glass	[glɑ:s]
de vidro	glass	[glɑ:s]

pedra (f)	stone	[stəʊn]
de pedra	stone	[stəʊn]

plástico (m)	plastic	['plæstɪk]
de plástico	plastic	['plæstɪk]

borracha (f)	rubber	['rʌbə(r)]
de borracha	rubber	['rʌbə(r)]

tecido, pano (m)	material, fabric	[mə'tɪərɪəl], ['fæbrɪk]
de tecido	fabric	['fæbrɪk]

papel (m)	paper	['peɪpə(r)]
de papel	paper	['peɪpə(r)]

cartão (m)	cardboard	['kɑ:dbɔ:d]
de cartão	cardboard	['kɑ:dbɔ:d]
polietileno (m)	polyethylene	[ˌpɒlɪ'eθɪli:n]
celofane (m)	cellophane	['seləfeɪn]

| linóleo (m) | linoleum | [lɪˈnəʊljəm] |
| contraplacado (m) | plywood | [ˈplaɪwʊd] |

porcelana (f)	porcelain	[ˈpɔːsəlɪn]
de porcelana	porcelain	[ˈpɔːsəlɪn]
barro (f)	clay	[kleɪ]
de barro	clay	[kleɪ]
cerâmica (f)	ceramic	[sɪˈræmɪk]
de cerâmica	ceramic	[sɪˈræmɪk]

28. Metais

metal (m)	metal	[ˈmetəl]
metálico	metal	[ˈmetəl]
liga (f)	alloy	[ˈælɔɪ]

ouro (m)	gold	[gəʊld]
de ouro	gold, golden	[gəʊld], [ˈgəʊldən]
prata (f)	silver	[ˈsɪlvə(r)]
de prata	silver	[ˈsɪlvə(r)]

ferro (m)	iron	[ˈaɪrən]
de ferro	iron-, made of iron	[ˈaɪrən], [meɪd əv ˈaɪrən]
aço (m)	steel	[stiːl]
de aço	steel	[stiːl]
cobre (m)	copper	[ˈkɒpə(r)]
de cobre	copper	[ˈkɒpə(r)]

alumínio (m)	aluminum	[əˈluːmɪnəm]
de alumínio	aluminum	[əˈluːmɪnəm]
bronze (m)	bronze	[brɒnz]
de bronze	bronze	[brɒnz]

latão (m)	brass	[brɑːs]
níquel (m)	nickel	[ˈnɪkəl]
platina (f)	platinum	[ˈplætɪnəm]
mercúrio (m)	mercury	[ˈmɜːkjʊrɪ]
estanho (m)	tin	[tɪn]
chumbo (m)	lead	[led]
zinco (m)	zinc	[zɪŋk]

35

O SER HUMANO

O ser humano. O corpo

29. Humanos. Conceitos básicos

ser (m) humano	human being	['hju:mən 'bi:ɪŋ]
homem (m)	man	[mæn]
mulher (f)	woman	['wʊmən]
criança (f)	child	[ʧaɪld]
menina (f)	girl	[gɜ:l]
menino (m)	boy	[bɔɪ]
adolescente (m)	teenager	['ti:n,eɪʤə(r)]
velho (m)	old man	['əʊld ,mæn]
velha, anciã (f)	old woman	['əʊld ,wʊmən]

30. Anatomia humana

organismo (m)	organism	['ɔ:gənɪzəm]
coração (m)	heart	[hɑ:t]
sangue (m)	blood	[blʌd]
artéria (f)	artery	['ɑ:tərɪ]
veia (f)	vein	[veɪn]
cérebro (m)	brain	[breɪn]
nervo (m)	nerve	[nɜ:v]
nervos (m pl)	nerves	[nɜ:vz]
vértebra (f)	vertebra	['vɜ:tɪbrə]
coluna (f) vertebral	spine, backbone	[spaɪn], ['bækbəʊn]
estômago (m)	stomach	['stʌmək]
intestinos (m pl)	intestines, bowels	[ɪn'testɪnz], ['baʊəlz]
intestino (m)	intestine	[ɪn'testɪn]
fígado (m)	liver	['lɪvə(r)]
rim (m)	kidney	['kɪdnɪ]
osso (m)	bone	[bəʊn]
esqueleto (m)	skeleton	['skelɪtən]
costela (f)	rib	[rɪb]
crânio (m)	skull	[skʌl]
músculo (m)	muscle	['mʌsəl]
bíceps (m)	biceps	['baɪseps]
tríceps (m)	triceps	['traɪseps]
tendão (m)	tendon	['tendən]
articulação (f)	joint	[ʤɔɪnt]

pulmões (m pl)	lungs	[lʌŋz]
órgãos (m pl) genitais	genitals	['dʒenɪtəlz]
pele (f)	skin	[skɪn]

31. Cabeça

cabeça (f)	head	[hed]
cara (f)	face	[feɪs]
nariz (m)	nose	[nəʊz]
boca (f)	mouth	[maʊθ]

olho (m)	eye	[aɪ]
olhos (m pl)	eyes	[aɪz]
pupila (f)	pupil	['pjuːpəl]
sobrancelha (f)	eyebrow	['aɪbraʊ]
pestana (f)	eyelash	['aɪlæʃ]
pálpebra (f)	eyelid	['aɪlɪd]

língua (f)	tongue	[tʌŋ]
dente (m)	tooth	[tuːθ]
lábios (m pl)	lips	[lɪps]
maçãs (f pl) do rosto	cheekbones	['tʃiːkbəʊnz]
gengiva (f)	gum	[gʌm]
palato (m)	palate	['pælət]

narinas (f pl)	nostrils	['nɒstrɪlz]
queixo (m)	chin	[tʃɪn]
mandíbula (f)	jaw	[dʒɔː]
bochecha (f)	cheek	[tʃiːk]

testa (f)	forehead	['fɔːhed]
têmpora (f)	temple	['tempəl]
orelha (f)	ear	[ɪə(r)]
nuca (f)	back of the head	['bæk əv ðə ˌhed]
pescoço (m)	neck	[nek]
garganta (f)	throat	[θrəʊt]

cabelos (m pl)	hair	[heə(r)]
penteado (m)	hairstyle	['heəstaɪl]
corte (m) de cabelo	haircut	['heəkʌt]
peruca (f)	wig	[wɪg]

bigode (m)	mustache	['mʌstæʃ]
barba (f)	beard	[bɪəd]
usar, ter (~ barba, etc.)	to have (vt)	[tə hæv]
trança (f)	braid	[breɪd]
suíças (f pl)	sideburns	['saɪdbɜːnz]

ruivo	red-haired	['red ˌheəd]
grisalho	gray	[greɪ]
calvo	bald	[bɔːld]
calva (f)	bald patch	[bɔːld pætʃ]
rabo-de-cavalo (m)	ponytail	['pəʊnɪteɪl]
franja (f)	bangs	[bæŋz]

32. Corpo humano

mão (f)	hand	[hænd]
braço (m)	arm	[ɑːm]
dedo (m)	finger	['fɪŋgə(r)]
polegar (m)	thumb	[θʌm]
dedo (m) mindinho	little finger	[ˌlɪtəl 'fɪŋgə(r)]
unha (f)	nail	[neɪl]
punho (m)	fist	[fɪst]
palma (f) da mão	palm	[pɑːm]
pulso (m)	wrist	[rɪst]
antebraço (m)	forearm	['fɔːrˌɑːm]
cotovelo (m)	elbow	['elbəʊ]
ombro (m)	shoulder	['ʃəʊldə(r)]
perna (f)	leg	[leg]
pé (m)	foot	[fʊt]
joelho (m)	knee	[niː]
barriga (f) da perna	calf	[kɑːf]
anca (f)	hip	[hɪp]
calcanhar (m)	heel	[hiːl]
corpo (m)	body	['bɒdɪ]
barriga (f)	stomach	['stʌmək]
peito (m)	chest	[tʃest]
seio (m)	breast	[brest]
lado (m)	flank	[flæŋk]
costas (f pl)	back	[bæk]
região (f) lombar	lower back	['ləʊə bæk]
cintura (f)	waist	[weɪst]
umbigo (m)	navel, belly button	['neɪvəl], ['belɪ 'bʌtən]
nádegas (f pl)	buttocks	['bʌtəks]
traseiro (m)	bottom	['bɒtəm]
sinal (m)	beauty mark	['bjuːtɪ mɑːk]
tatuagem (f)	tattoo	[tə'tuː]
cicatriz (f)	scar	[skɑː(r)]

Vestuário & Acessórios

33. Roupa exterior. Casacos

roupa (f)	clothes	[kləʊðz]
roupa (f) exterior	outerwear	['aʊtəweə(r)]
roupa (f) de inverno	winter clothing	['wɪntə 'kləʊðɪŋ]
sobretudo (m)	coat, overcoat	[kəʊt], ['əʊvəkəʊt]
casaco (m) de peles	fur coat	['fɜː ˌkəʊt]
casaco curto (m) de peles	fur jacket	['fɜː 'dʒækɪt]
casaco (m) acolchoado	down coat	['daʊn ˌkəʊt]
casaco, blusão (m)	jacket	['dʒækɪt]
impermeável (m)	raincoat	['reɪnkəʊt]
impermeável	waterproof	['wɔːtəpruːf]

34. Vestuário de homem & mulher

camisa (f)	shirt	[ʃɜːt]
calças (f pl)	pants	[pænts]
calças (f pl) de ganga	jeans	[dʒiːnz]
casaco (m) de fato	jacket	['dʒækɪt]
fato (m)	suit	[suːt]
vestido (ex. ~ vermelho)	dress	[dres]
saia (f)	skirt	[skɜːt]
blusa (f)	blouse	[blaʊz]
casaco (m) de malha	knitted jacket	['nɪtɪd 'dʒækɪt]
casaco, blazer (m)	jacket	['dʒækɪt]
T-shirt, camiseta (f)	T-shirt	['tiː.ʃɜːt]
calções (Bermudas, etc.)	shorts	[ʃɔːts]
fato (m) de treino	tracksuit	['træksuːt]
roupão (m) de banho	bathrobe	['bɑːθrəʊb]
pijama (m)	pajamas	[pə'dʒɑːməz]
suéter (m)	sweater	['swetə(r)]
pulôver (m)	pullover	['pʊlˌəʊvə(r)]
colete (m)	vest	[vest]
fraque (m)	tailcoat	[ˌteɪl'kəʊt]
smoking (m)	tuxedo	[tʌk'siːdəʊ]
uniforme (m)	uniform	['juːnɪfɔːm]
roupa (f) de trabalho	workwear	[wɜːkweə(r)]
fato-macaco (m)	overalls	['əʊvərɔːlz]
bata (~ branca, etc.)	coat	[kəʊt]

35. Vestuário. Roupa interior

roupa (f) interior	underwear	['ʌndəweə(r)]
camisola (f) interior	undershirt	['ʌndəʃɜːt]
peúgas (f pl)	socks	[sɒks]
camisa (f) de noite	nightdress	['naɪtdres]
sutiã (m)	bra	[brɑː]
meias longas (f pl)	knee highs	['niː ˌhaɪs]
meia-calça (f)	pantyhose	['pæntɪhəʊz]
meias (f pl)	stockings	['stɒkɪŋz]
fato (m) de banho	bathing suit	['beɪðɪŋ suːt]

36. Adereços de cabeça

chapéu (m)	hat	[hæt]
chapéu (m) de feltro	fedora	[fɪ'dɔːrə]
boné (m) de beisebol	baseball cap	['beɪsbɔːl kæp]
boné (m)	flatcap	[flæt kæp]
boina (f)	beret	['bereɪ]
capuz (m)	hood	[hʊd]
panamá (m)	panama	['pænəmɑː]
gorro (m) de malha	knit cap, knitted hat	[nɪt kæp], ['nɪtɪdˌhæt]
lenço (m)	headscarf	['hedskɑːf]
chapéu (m) de mulher	women's hat	['wɪmɪns hæt]
capacete (m) de proteção	hard hat	[hɑːd hæt]
bibico (m)	garrison cap	['gærɪsən kæp]
capacete (m)	helmet	['helmɪt]
chapéu-coco (m)	derby	['dɜːbɪ]
chapéu (m) alto	top hat	[tɒp hæt]

37. Calçado

calçado (m)	footwear	['fʊtweə(r)]
botinas (f pl)	shoes	[ʃuːz]
sapatos (de salto alto, etc.)	shoes	[ʃuːz]
botas (f pl)	boots	[buːts]
pantufas (f pl)	slippers	['slɪpəz]
ténis (m pl)	tennis shoes	['tenɪsʃuːz]
sapatilhas (f pl)	sneakers	['sniːkəz]
sandálias (f pl)	sandals	['sændəlz]
sapateiro (m)	cobbler, shoe repairer	['kɒblə(r)], [ʃuː rɪ'peərə(r)]
salto (m)	heel	[hiːl]
par (m)	pair	[peə(r)]
atacador (m)	shoestring	['ʃuːstrɪŋ]

apertar os atacadores	to lace (vt)	[tə leɪs]
calçadeira (f)	shoehorn	[ˈʃuːhɔːn]
graxa (f) para calçado	shoe polish	[ʃuː ˈpɒlɪʃ]

38. Têxtil. Tecidos

| algodão (m) | cotton | [ˈkɒtən] |
| linho (m) | flax | [flæks] |

seda (f)	silk	[sɪlk]
de seda	silk	[sɪlk]
lã (f)	wool	[wʊl]
de lã	wool	[wʊl]

veludo (m)	velvet	[ˈvelvɪt]
camurça (f)	suede	[sweɪd]
bombazina (f)	corduroy	[ˈkɒːdərɔɪ]

náilon (m)	nylon	[ˈnaɪlɒn]
de náilon	nylon	[ˈnaɪlɒn]
poliéster (m)	polyester	[ˌpɒlɪˈestə(r)]
de poliéster	polyester	[ˌpɒlɪˈestə(r)]

couro (m)	leather	[ˈleðə(r)]
de couro	leather	[ˈleðə(r)]
pele (f)	fur	[fɜː(r)]
de peles, de pele	fur	[fɜː(r)]

39. Acessórios pessoais

luvas (f pl)	gloves	[glʌvz]
mitenes (f pl)	mittens	[ˈmɪtənz]
cachecol (m)	scarf	[skɑːf]

óculos (m pl)	glasses	[ˈɡlɑːsɪz]
armação (f) de óculos	frame	[freɪm]
guarda-chuva (m)	umbrella	[ʌmˈbrelə]
bengala (f)	walking stick	[ˈwɔːkɪŋ stɪk]
escova (f) para o cabelo	hairbrush	[ˈheəbrʌʃ]
leque (m)	fan	[fæn]

gravata (f)	tie	[taɪ]
gravata-borboleta (f)	bow tie	[bəʊ taɪ]
suspensórios (m pl)	suspenders	[səˈspendəz]
lenço (m)	handkerchief	[ˈhæŋkətʃɪf]

pente (m)	comb	[kəʊm]
travessão (m)	barrette	[bəˈret]
gancho (m) de cabelo	hairpin	[ˈheəpɪn]
fivela (f)	buckle	[ˈbʌkəl]
cinto (m)	belt	[belt]
correia (f)	shoulder strap	[ˈʃəʊldə stræp]

mala (f)	bag	[bæg]
mala (f) de senhora	purse	[pɜːs]
mochila (f)	backpack	['bækpæk]

40. Vestuário. Diversos

moda (f)	fashion	['fæʃən]
na moda	in vogue	[ɪn vəʊg]
estilista (m)	fashion designer	['fæʃən dɪ'zaɪnə(r)]

colarinho (m), gola (f)	collar	['kɒlə(r)]
bolso (m)	pocket	['pɒkɪt]
de bolso	pocket	['pɒkɪt]
manga (f)	sleeve	[sliːv]
alcinha (f)	hanging loop	['hæŋɪŋ luːp]
braguilha (f)	fly	[flaɪ]

fecho (m) de correr	zipper	['zɪpə(r)]
fecho (m), colchete (m)	fastener	['fɑːsənə(r)]
botão (m)	button	['bʌtən]
casa (f) de botão	buttonhole	['bʌtənhəʊl]
soltar-se (vr)	to come off	[tə kʌm ɒf]

coser, costurar (vi)	to sew (vi, vt)	[tə səʊ]
bordar (vt)	to embroider (vi, vt)	[tə ɪm'brɔɪdə(r)]
bordado (m)	embroidery	[ɪm'brɔɪdərɪ]
agulha (f)	sewing needle	['səʊɪŋ 'niːdəl]
fio (m)	thread	[θred]
costura (f)	seam	[siːm]

sujar-se (vr)	to get dirty (vi)	[tə get 'dɜːtɪ]
mancha (f)	stain	[steɪn]
engelhar-se (vr)	to crease, crumple (vi)	[tə kriːs], ['krʌmpəl]
rasgar (vt)	to tear, to rip (vt)	[tə teər], [tə rɪp]
traça (f)	clothes moth	[kləʊðz mɒθ]

41. Cuidados pessoais. Cosméticos

pasta (f) de dentes	toothpaste	['tuːθpeɪst]
escova (f) de dentes	toothbrush	['tuːθbrʌʃ]
escovar os dentes	to brush one's teeth	[tə brʌʃ wʌns 'tiːθ]

máquina (f) de barbear	razor	['reɪzə(r)]
creme (m) de barbear	shaving cream	['ʃeɪvɪŋ ˌkriːm]
barbear-se (vr)	to shave (vi)	[tə ʃeɪv]

| sabonete (m) | soap | [səʊp] |
| champô (m) | shampoo | [ʃæm'puː] |

tesoura (f)	scissors	['sɪzəz]
lima (f) de unhas	nail file	['neɪl ˌfaɪl]
corta-unhas (m)	nail clippers	[neɪl 'klɪpərz]

pinça (f)	tweezers	['twi:zəz]
cosméticos (m pl)	cosmetics	[kɒz'metɪks]
máscara (f) facial	facial mask	['feiʃəl mɑ:sk]
manicura (f)	manicure	['mænɪˌkjʊə(r)]
fazer a manicura	to have a manicure	[tə hævə 'mænɪˌkjʊə]
pedicure (f)	pedicure	['pedɪˌkjʊə(r)]

mala (f) de maquilhagem	make-up bag	['meɪk ʌp ˌbæg]
pó (m)	face powder	[feɪs 'paʊdə(r)]
caixa (f) de pó	powder compact	['paʊdə 'kɒmpækt]
blush (m)	blusher	['blʌʃə(r)]

perfume (m)	perfume	['pɜ:fju:m]
água (f) de toilette	toilet water	['tɔɪlɪt 'wɔ:tə(r)]
loção (f)	lotion	['ləʊʃən]
água-de-colónia (f)	cologne	[kə'ləʊn]

sombra (f) de olhos	eyeshadow	['aɪʃædəʊ]
lápis (m) delineador	eyeliner	['aɪˌlaɪnə(r)]
máscara (f), rímel (m)	mascara	[mæs'kɑ:rə]

batom (m)	lipstick	['lɪpstɪk]
verniz (m) de unhas	nail polish	['neɪl ˌpɒlɪʃ]
laca (f) para cabelos	hair spray	['heəspreɪ]
desodorizante (m)	deodorant	[di:'əʊdərənt]

creme (m)	cream	[kri:m]
creme (m) de rosto	face cream	['feɪs ˌkri:m]
creme (m) de mãos	hand cream	['hænd,kri:m]
creme (m) antirrugas	anti-wrinkle cream	['æntɪ 'rɪŋkəl kri:m]
creme (m) de dia	day cream	['deɪ ˌkri:m]
creme (m) de noite	night cream	['naɪt ˌkri:m]

tampão (m)	tampon	['tæmpɒn]
papel (m) higiénico	toilet paper	['tɔɪlɪt 'peɪpə(r)]
secador (m) elétrico	hair dryer	['heəˌdraɪə(r)]

42. Joalheria

joias (f pl)	jewelry	['dʒu:əlrɪ]
precioso	precious	['preʃəs]
marca (f) de contraste	hallmark stamp	['hɔ:lmɑ:k stæmp]

anel (m)	ring	[rɪŋ]
aliança (f)	wedding ring	['wedɪŋ rɪŋ]
pulseira (f)	bracelet	['breɪslɪt]

brincos (m pl)	earrings	['ɪərɪŋz]
colar (m)	necklace	['neklɪs]
coroa (f)	crown	[kraʊn]
colar (m) de contas	bead necklace	[bi:d 'neklɪs]

| diamante (m) | diamond | ['daɪəmənd] |
| esmeralda (f) | emerald | ['emərəld] |

rubi (m)	ruby	['ru:bɪ]
safira (f)	sapphire	['sæfaɪə(r)]
pérola (f)	pearl	[pɜ:l]
âmbar (m)	amber	['æmbə(r)]

43. Relógios de pulso. Relógios

relógio (m) de pulso	watch	[wɒʧ]
mostrador (m)	dial	['daɪəl]
ponteiro (m)	hand	[hænd]
bracelete (f) em aço	bracelet	['breɪslɪt]
bracelete (f) em couro	watch strap	[wɒʧ stræp]
pilha (f)	battery	['bætərɪ]
descarregar-se	to be dead	[tə bi ded]
trocar a pilha	to change a battery	[tə ʧeɪndʒ ə 'bætərɪ]
estar adiantado	to run fast	[tə rʌn fɑ:st]
estar atrasado	to run slow	[tə rʌn sləʊ]
relógio (m) de parede	wall clock	['wɔ:l ˌklɒk]
ampulheta (f)	hourglass	['aʊəglɑ:s]
relógio (m) de sol	sundial	['sʌndaɪəl]
despertador (m)	alarm clock	[ə'lɑ:m klɒk]
relojoeiro (m)	watchmaker	['wɒʧˌmeɪkə(r)]
reparar (vt)	to repair (vt)	[tə rɪ'peə(r)]

Alimentação. Nutrição

44. Comida

carne (f)	meat	[miːt]
galinha (f)	chicken	['tʃɪkɪn]
frango (m)	Rock Cornish hen	[rɒk 'kɔːnɪʃ hen]
pato (m)	duck	[dʌk]
ganso (m)	goose	[guːs]
caça (f)	game	[geɪm]
peru (m)	turkey	['tɜːkɪ]
carne (f) de porco	pork	[pɔːk]
carne (f) de vitela	veal	[viːl]
carne (f) de carneiro	lamb	[læm]
carne (f) de vaca	beef	[biːf]
carne (f) de coelho	rabbit	['ræbɪt]
chouriço, salsichão (m)	sausage	['sɒsɪdʒ]
salsicha (f)	vienna sausage	[vɪ'enə 'sɒsɪdʒ]
bacon (m)	bacon	['beɪkən]
fiambre (f)	ham	[hæm]
presunto (m)	gammon	['gæmən]
patê (m)	pâté	['pæteɪ]
fígado (m)	liver	['lɪvə(r)]
carne (f) moída	hamburger	['hæmbɜːgə(r)]
língua (f)	tongue	[tʌŋ]
ovo (m)	egg	[eg]
ovos (m pl)	eggs	[egz]
clara (f) do ovo	egg white	['eg ˌwaɪt]
gema (f) do ovo	egg yolk	['eg jəʊk]
peixe (m)	fish	[fɪʃ]
mariscos (m pl)	seafood	['siːfuːd]
crustáceos (m pl)	crustaceans	[krʌ'steɪʃənz]
caviar (m)	caviar	['kævɪɑː(r)]
caranguejo (m)	crab	[kræb]
camarão (m)	shrimp	[ʃrɪmp]
ostra (f)	oyster	['ɔɪstə(r)]
lagosta (f)	spiny lobster	['spaɪnɪ 'lɒbstə(r)]
polvo (m)	octopus	['ɒktəpəs]
lula (f)	squid	[skwɪd]
esturjão (m)	sturgeon	['stɜːdʒən]
salmão (m)	salmon	['sæmən]
halibute (m)	halibut	['hælɪbət]
bacalhau (m)	cod	[kɒd]

cavala, sarda (f)	mackerel	['mækərəl]
atum (m)	tuna	['tu:nə]
enguia (f)	eel	[i:l]

truta (f)	trout	[traʊt]
sardinha (f)	sardine	[sɑ:'di:n]
lúcio (m)	pike	[paɪk]
arenque (m)	herring	['herɪŋ]

pão (m)	bread	[bred]
queijo (m)	cheese	[ʧi:z]
açúcar (m)	sugar	['ʃʊgə(r)]
sal (m)	salt	[sɔ:lt]

arroz (m)	rice	[raɪs]
massas (f pl)	pasta	['pæstə]
talharim (m)	noodles	['nu:dəlz]

manteiga (f)	butter	['bʌtə(r)]
óleo (m) vegetal	vegetable oil	['vedʒtəbəl ɔɪl]
óleo (m) de girassol	sunflower oil	['sʌn,flaʊə ɔɪl]
margarina (f)	margarine	[ˌmɑ:dʒə'ri:n]

| azeitonas (f pl) | olives | ['ɒlɪvz] |
| azeite (m) | olive oil | ['ɒlɪv ˌɔɪl] |

leite (m)	milk	[mɪlk]
leite (m) condensado	condensed milk	[kən'denst mɪlk]
iogurte (m)	yogurt	['jəʊgərt]
nata (f) azeda	sour cream	['saʊə ˌkri:m]
nata (f) do leite	cream	[kri:m]

| maionese (f) | mayonnaise | [ˌmeɪə'neɪz] |
| creme (m) | buttercream | ['bʌtəˌkri:m] |

grãos (m pl) de cereais	groats	[grəʊts]
farinha (f)	flour	['flaʊə(r)]
enlatados (m pl)	canned food	[kænd fu:d]

flocos (m pl) de milho	cornflakes	['kɔ:nfleɪks]
mel (m)	honey	['hʌnɪ]
doce (m)	jam	[dʒæm]
pastilha (f) elástica	chewing gum	['ʧu:ɪŋ ˌgʌm]

45. Bebidas

água (f)	water	['wɔ:tə(r)]
água (f) potável	drinking water	['drɪŋkɪŋ 'wɔ:tə(r)]
água (f) mineral	mineral water	['mɪnərəl 'wɔ:tə(r)]

sem gás	still	[stɪl]
gaseificada	carbonated	['kɑ:bəneɪtɪd]
com gás	sparkling	['spɑ:klɪŋ]
gelo (m)	ice	[aɪs]

com gelo	with ice	[wɪð aɪs]
sem álcool	non-alcoholic	[nɒn ˌælkə'hɒlɪk]
bebida (f) sem álcool	soft drink	[sɒft drɪŋk]
refresco (m)	refreshing drink	[rɪ'freʃɪŋ drɪŋk]
limonada (f)	lemonade	[ˌlemə'neɪd]

bebidas (f pl) alcoólicas	liquors	['lɪkəz]
vinho (m)	wine	[waɪn]
vinho (m) branco	white wine	['waɪt ˌwaɪn]
vinho (m) tinto	red wine	['red ˌwaɪn]

licor (m)	liqueur	[lɪ'kjʊə(r)]
champanhe (m)	champagne	[ʃæm'peɪn]
vermute (m)	vermouth	[vɜː'muːθ]

uísque (m)	whiskey	['wɪskɪ]
vodka (f)	vodka	['vɒdkə]
gim (m)	gin	[dʒɪn]
conhaque (m)	cognac	['kɒnjæk]
rum (m)	rum	[rʌm]

café (m)	coffee	['kɒfɪ]
café (m) puro	black coffee	[blæk 'kɒfɪ]
café (m) com leite	coffee with milk	['kɒfɪ wɪð mɪlk]
cappuccino (m)	cappuccino	[ˌkæpʊ'tʃiːnəʊ]
café (m) solúvel	instant coffee	['ɪnstənt 'kɒfɪ]

leite (m)	milk	[mɪlk]
coquetel (m)	cocktail	['kɒkteɪl]
batido (m) de leite	milkshake	['mɪlk ʃeɪk]

sumo (m)	juice	[dʒuːs]
sumo (m) de tomate	tomato juice	[tə'meɪtəʊ dʒuːs]
sumo (m) de laranja	orange juice	['ɒrɪndʒ ˌdʒuːs]
sumo (m) fresco	freshly squeezed juice	['freʃlɪ skwiːzd dʒuːs]

cerveja (f)	beer	[bɪə(r)]
cerveja (f) clara	light beer	[ˌlaɪt 'bɪə(r)]
cerveja (f) preta	dark beer	['dɑːk ˌbɪə(r)]

chá (m)	tea	[tiː]
chá (m) preto	black tea	[blæk tiː]
chá (m) verde	green tea	['griːnˌtiː]

46. Vegetais

| legumes (m pl) | vegetables | ['vedʒtəbəlz] |
| verduras (f pl) | greens | [griːnz] |

tomate (m)	tomato	[tə'meɪtəʊ]
pepino (m)	cucumber	['kjuːkʌmbə(r)]
cenoura (f)	carrot	['kærət]
batata (f)	potato	[pə'teɪtəʊ]
cebola (f)	onion	['ʌnjən]

alho (m)	garlic	['gɑ:lɪk]
couve (f)	cabbage	['kæbɪdʒ]
couve-flor (f)	cauliflower	['kɒlɪ,flauə(r)]
couve-de-bruxelas (f)	Brussels sprouts	['brʌsəlz ,sprauts]
brócolos (m pl)	broccoli	['brɒkəlɪ]

beterraba (f)	beet	[bi:t]
beringela (f)	eggplant	['egplɑ:nt]
curgete (f)	zucchini	[zu:'ki:nɪ]
abóbora (f)	pumpkin	['pʌmpkɪn]
nabo (m)	turnip	['tɜ:nɪp]

salsa (f)	parsley	['pɑ:slɪ]
funcho, endro (m)	dill	[dɪl]
alface (f)	lettuce	['letɪs]
aipo (m)	celery	['selərɪ]
espargo (m)	asparagus	[ə'spærəgəs]
espinafre (m)	spinach	['spɪnɪdʒ]

ervilha (f)	pea	[pi:]
fava (f)	beans	[bi:nz]
milho (m)	corn	[kɔ:n]
feijão (m)	kidney bean	['kɪdnɪ bi:n]

pimentão (m)	bell pepper	[bel 'pepə(r)]
rabanete (m)	radish	['rædɪʃ]
alcachofra (f)	artichoke	['ɑ:tɪtʃəuk]

47. Frutos. Nozes

fruta (f)	fruit	[fru:t]
maçã (f)	apple	['æpəl]
pera (f)	pear	[peə(r)]
limão (m)	lemon	['lemən]
laranja (f)	orange	['ɒrɪndʒ]
morango (m)	strawberry	['strɔ:bərɪ]

tangerina (f)	mandarin	['mændərɪn]
ameixa (f)	plum	[plʌm]
pêssego (m)	peach	[pi:tʃ]
damasco (m)	apricot	['eɪprɪkɒt]
framboesa (f)	raspberry	['rɑ:zbərɪ]
ananás (m)	pineapple	['paɪn,æpəl]

banana (f)	banana	[bə'nɑ:nə]
melancia (f)	watermelon	['wɔ:tə,melən]
uva (f)	grape	[greɪp]
ginja (f)	sour cherry	['sauə 'tʃerɪ]
cereja (f)	sweet cherry	[swi:t 'tʃerɪ]
meloa (f)	melon	['melən]

toranja (f)	grapefruit	['greɪpfru:t]
abacate (m)	avocado	[,ævə'kɑ:dəu]
papaia (f)	papaya	[pə'paɪə]

| manga (f) | mango | ['mæŋgəʊ] |
| romã (f) | pomegranate | ['pɒmɪ,grænɪt] |

groselha (f) vermelha	redcurrant	['redkʌrənt]
groselha (f) preta	blackcurrant	[,blæk'kʌrənt]
groselha (f) espinhosa	gooseberry	['gʊzbərɪ]
mirtilo (m)	bilberry	['bɪlbərɪ]
amora silvestre (f)	blackberry	['blækbərɪ]

uvas (f pl) passas	raisin	['reɪzən]
figo (m)	fig	[fɪg]
tâmara (f)	date	[deɪt]

amendoim (m)	peanut	['piːnʌt]
amêndoa (f)	almond	['ɑːmənd]
noz (f)	walnut	['wɔːlnʌt]
avelã (f)	hazelnut	['heɪzəlnʌt]
coco (m)	coconut	['kəʊkənʌt]
pistáchios (m pl)	pistachios	[pɪ'stɑːʃɪəʊs]

48. Pão. Bolaria

pastelaria (f)	confectionery	[kən'fekʃənərɪ]
pão (m)	bread	[bred]
bolacha (f)	cookies	['kʊkɪz]

chocolate (m)	chocolate	['tʃɒkələt]
de chocolate	chocolate	['tʃɒkələt]
rebuçado (m)	candy	['kændɪ]
bolo (cupcake, etc.)	cake	[keɪk]
bolo (m) de aniversário	cake	[keɪk]

| tarte (~ de maçã) | pie | [paɪ] |
| recheio (m) | filling | ['fɪlɪŋ] |

doce (m)	jam	[dʒæm]
geleia (f) de frutas	marmalade	['mɑːməleɪd]
waffle (m)	wafers	['weɪfəz]
gelado (m)	ice-cream	[aɪs kriːm]
pudim (m)	pudding	['pʊdɪŋ]

49. Pratos cozinhados

prato (m)	course, dish	[kɔːs], [dɪʃ]
cozinha (~ portuguesa)	cuisine	[kwɪ'ziːn]
receita (f)	recipe	['resɪpɪ]
porção (f)	portion	['pɔːʃən]

salada (f)	salad	['sæləd]
sopa (f)	soup	[suːp]
caldo (m)	clear soup	[,klɪə 'suːp]
sandes (f)	sandwich	['sænwɪdʒ]

ovos (m pl) estrelados	fried eggs	['fraɪd ˌegz]
hambúrguer (m)	hamburger	['hæmbɜːgə(r)]
bife (m)	steak	[steɪk]

conduto (m)	side dish	[saɪd dɪʃ]
espaguete (m)	spaghetti	[spə'getɪ]
puré (m) de batata	mashed potatoes	[mæʃt pə'teɪtəuz]
pizza (f)	pizza	['piːtsə]
papa (f)	porridge	['pɒrɪdʒ]
omelete (f)	omelet	['ɒmlɪt]

cozido em água	boiled	['bɔɪld]
fumado	smoked	[sməukt]
frito	fried	[fraɪd]
seco	dried	[draɪd]
congelado	frozen	['frəuzən]
em conserva	pickled	['pɪkəld]

doce (açucarado)	sweet	[swiːt]
salgado	salty	['sɔːltɪ]
frio	cold	[kəuld]
quente	hot	[hɒt]
amargo	bitter	['bɪtə(r)]
gostoso	tasty	['teɪstɪ]

cozinhar (em água a ferver)	to cook in boiling water	[tə kuk in 'bɔɪlɪŋ 'wɔːtə]
fazer, preparar (vt)	to cook (vt)	[tə kuk]
fritar (vt)	to fry (vt)	[tə fraɪ]
aquecer (vt)	to heat up	[tə hiːt ʌp]

salgar (vt)	to salt (vt)	[tə sɔːlt]
apimentar (vt)	to pepper (vt)	[tə 'pepə(r)]
ralar (vt)	to grate (vt)	[tə greɪt]
casca (f)	peel	[piːl]
descascar (vt)	to peel (vt)	[tə piːl]

50. Especiarias

sal (m)	salt	[sɔːlt]
salgado	salty	['sɔːltɪ]
salgar (vt)	to salt (vt)	[tə sɔːlt]

pimenta (f) preta	black pepper	[blæk 'pepə(r)]
pimenta (f) vermelha	red pepper	[red 'pepə(r)]
mostarda (f)	mustard	['mʌstəd]
raiz-forte (f)	horseradish	['hɔːsˌrædɪʃ]

condimento (m)	condiment	['kɒndɪmənt]
especiaria (f)	spice	[spaɪs]
molho (m)	sauce	[sɔːs]
vinagre (m)	vinegar	['vɪnɪgə(r)]

| anis (m) | anise | ['ænɪs] |
| manjericão (m) | basil | ['beɪzəl] |

cravo (m)	cloves	[kləʊvz]
gengibre (m)	ginger	['ʤɪnʤə(r)]
coentro (m)	coriander	[ˌkɒrɪ'ændə(r)]
canela (f)	cinnamon	['sɪnəmən]
sésamo (m)	sesame	['sesəmɪ]
folhas (f pl) de louro	bay leaf	[beɪ liːf]
páprica (f)	paprika	['pæprɪkə]
cominho (m)	caraway	['kærəweɪ]
açafrão (m)	saffron	['sæfrən]

51. Refeições

comida (f)	food	[fuːd]
comer (vt)	to eat (vi, vt)	[tə iːt]
pequeno-almoço (m)	breakfast	['brekfəst]
tomar o pequeno-almoço	to have breakfast	[tə hæv 'brekfəst]
almoço (m)	lunch	[lʌnʧ]
almoçar (vi)	to have lunch	[tə hæv lʌnʧ]
jantar (m)	dinner	['dɪnə(r)]
jantar (vi)	to have dinner	[tə hæv 'dɪnə(r)]
apetite (m)	appetite	['æpɪtaɪt]
Bom apetite!	Enjoy your meal!	[ɪn'ʤɔɪ jɔː ˌmiːl]
abrir (~ uma lata, etc.)	to open (vt)	[tə 'əʊpən]
derramar (vt)	to spill (vt)	[tə spɪl]
derramar-se (vr)	to spill out (vi)	[tə spɪl aʊt]
ferver (vi)	to boil (vi)	[tə bɔɪl]
ferver (vt)	to boil (vt)	[tə bɔɪl]
fervido	boiled	['bɔɪld]
arrefecer (vt)	to chill, cool down (vt)	[tə ʧɪl], [kuːl daʊn]
arrefecer-se (vr)	to chill (vi)	[tə ʧɪl]
sabor, gosto (m)	taste, flavor	[teɪst], ['fleɪvə(r)]
gostinho (m)	aftertaste	['ɑːftəteɪst]
fazer dieta	to slim down	[tə slɪm daʊn]
dieta (f)	diet	['daɪət]
vitamina (f)	vitamin	['vaɪtəmɪn]
caloria (f)	calorie	['kælərɪ]
vegetariano (m)	vegetarian	[ˌveʤɪ'teərɪən]
vegetariano	vegetarian	[ˌveʤɪ'teərɪən]
gorduras (f pl)	fats	[fæts]
proteínas (f pl)	proteins	['prəʊtiːnz]
carboidratos (m pl)	carbohydrates	[ˌkɑːbəʊ'haɪdreɪts]
fatia (~ de limão, etc.)	slice	[slaɪs]
pedaço (~ de bolo)	piece	[piːs]
migalha (f)	crumb	[krʌm]

52. Por a mesa

colher (f)	spoon	[spu:n]
faca (f)	knife	[naɪf]
garfo (m)	fork	[fɔ:k]

chávena (f)	cup	[kʌp]
prato (m)	plate	[pleɪt]
pires (m)	saucer	['sɔ:sə(r)]
guardanapo (m)	napkin	['næpkɪn]
palito (m)	toothpick	['tu:θpɪk]

53. Restaurante

restaurante (m)	restaurant	['restrɒnt]
café (m)	coffee house	['kɒfɪ ˌhaʊs]
bar (m), cervejaria (f)	pub, bar	[pʌb], [bɑ:(r)]
salão (m) de chá	tearoom	['ti:rʊm]

empregado (m) de mesa	waiter	['weɪtə(r)]
empregada (f) de mesa	waitress	['weɪtrɪs]
barman (m)	bartender	['bɑ:rˌtendə(r)]

ementa (f)	menu	['menju:]
lista (f) de vinhos	wine list	['waɪn lɪst]
reservar uma mesa	to book a table	[tə bʊk ə 'teɪbəl]

prato (m)	course, dish	[kɔ:s], [dɪʃ]
pedir (vt)	to order (vi, vt)	[tə 'ɔ:də(r)]
fazer o pedido	to make an order	[tə meɪk ən 'ɔ:də(r)]

aperitivo (m)	aperitif	[əperə'ti:f]
entrada (f)	appetizer	['æpɪtaɪzə(r)]
sobremesa (f)	dessert	[dɪ'zɜ:t]

conta (f)	check	[tʃek]
pagar a conta	to pay the check	[tə peɪ ðə tʃek]
dar o troco	to give change	[tə gɪv 'tʃeɪndʒ]
gorjeta (f)	tip	[tɪp]

Família, parentes e amigos

54. Informação pessoal. Formulários

nome (m)	name, first name	[neɪm], [ˈfɜːstˌneɪm]
apelido (m)	surname, last name	[ˈsɜːneɪm], [ˌlɑːst neɪm]
data (f) de nascimento	date of birth	[deɪt əv bɜːθ]
local (m) de nascimento	place of birth	[ˌpleɪs əv ˈbɜːθ]
nacionalidade (f)	nationality	[ˌnæʃəˈnælətɪ]
lugar (m) de residência	place of residence	[ˌpleɪs əv ˈrezɪdəns]
país (m)	country	[ˈkʌntrɪ]
profissão (f)	profession	[prəˈfeʃən]
sexo (m)	gender, sex	[ˈdʒendə(r)], [seks]
estatura (f)	height	[haɪt]
peso (m)	weight	[weɪt]

55. Membros da família. Parentes

mãe (f)	mother	[ˈmʌðə(r)]
pai (m)	father	[ˈfɑːðə(r)]
filho (m)	son	[sʌn]
filha (f)	daughter	[ˈdɔːtə(r)]
filha (f) mais nova	younger daughter	[ˌjʌŋgə ˈdɔːtə(r)]
filho (m) mais novo	younger son	[ˌjʌŋgə ˈsʌn]
filha (f) mais velha	eldest daughter	[ˈeldɪst ˈdɔːtə(r)]
filho (m) mais velho	eldest son	[ˈeldɪst sʌn]
irmão (m)	brother	[ˈbrʌðə(r)]
irmã (f)	sister	[ˈsɪstə(r)]
primo (m)	cousin	[ˈkʌzən]
prima (f)	cousin	[ˈkʌzən]
mamã (f)	mom, mommy	[mɒm], [ˈmɒmɪ]
papá (m)	dad, daddy	[dæd], [ˈdædɪ]
pais (pl)	parents	[ˈpeərənts]
criança (f)	child	[tʃaɪld]
crianças (f pl)	children	[ˈtʃɪldrən]
avó (f)	grandmother	[ˈgrænˌmʌðə(r)]
avô (m)	grandfather	[ˈgrændˌfɑːðə(r)]
neto (m)	grandson	[ˈgrænsʌn]
neta (f)	granddaughter	[ˈgrænˌdɔːtə(r)]
netos (pl)	grandchildren	[ˈgrænˌtʃɪldrən]
tio (m)	uncle	[ˈʌŋkəl]
tia (f)	aunt	[ɑːnt]

| sobrinho (m) | nephew | ['nefjuː] |
| sobrinha (f) | niece | [niːs] |

sogra (f)	mother-in-law	['mʌðər ɪn 'lɔː]
sogro (m)	father-in-law	['fɑːðə ɪn ˌlɔː]
genro (m)	son-in-law	['sʌn ɪn ˌlɔː]
madrasta (f)	stepmother	['step‚mʌðə(r)]
padrasto (m)	stepfather	['step‚fɑːðə(r)]

criança (f) de colo	infant	['ɪnfənt]
bebé (m)	baby	['beɪbɪ]
menino (m)	little boy	['lɪtəl ‚bɔɪ]

| mulher (f) | wife | [waɪf] |
| marido (m) | husband | ['hʌzbənd] |

casado	married	['mærɪd]
casada	married	['mærɪd]
solteiro	single	['sɪŋgəl]
solteirão (m)	bachelor	['bætʃələ(r)]
divorciado	divorced	[dɪ'vɔːst]
viúva (f)	widow	['wɪdəʊ]
viúvo (m)	widower	['wɪdəʊə(r)]

parente (m)	relative	['relətɪv]
parente (m) próximo	close relative	[‚kləʊs 'relətɪv]
parente (m) distante	distant relative	['dɪstənt 'relətɪv]
parentes (m pl)	relatives	['relətɪvz]

órfão (m), órfã (f)	orphan	['ɔːfən]
tutor (m)	guardian	['gɑːdjən]
adotar (um filho)	to adopt (vt)	[tə ə'dɒpt]
adotar (uma filha)	to adopt (vt)	[tə ə'dɒpt]

56. Amigos. Colegas de trabalho

amigo (m)	friend	[frend]
amiga (f)	friend, girlfriend	[frend], ['gɜːlfrend]
amizade (f)	friendship	['frendʃɪp]
ser amigos	to be friends	[tə bi frendz]

amigo (m)	buddy	['bʌdɪ]
amiga (f)	buddy	['bʌdɪ]
parceiro (m)	partner	['pɑːtnə(r)]

chefe (m)	chief	[tʃiːf]
superior (m)	boss, superior	[bɒs], [suː'pɪərɪə(r)]
subordinado (m)	subordinate	[sə'bɔːdɪnət]
colega (m)	colleague	['kɒliːg]

conhecido (m)	acquaintance	[ə'kweɪntəns]
companheiro (m) de viagem	fellow traveler	['feləʊ 'trævələ(r)]
colega (m) de classe	classmate	['klɑːsmeɪt]
vizinho (m)	neighbor	['neɪbə(r)]

| vizinha (f) | neighbor | ['neɪbə(r)] |
| vizinhos (pl) | neighbors | ['neɪbəz] |

57. Homem. Mulher

mulher (f)	woman	['wʊmən]
rapariga (f)	girl, young woman	[gɜːl], [jʌŋ 'wʊmən]
noiva (f)	bride, fiancée	[braɪd], [fɪ'ɒnseɪ]

bonita	beautiful	['bjuːtɪfʊl]
alta	tall	[tɔːl]
esbelta	slender	['slendə(r)]
de estatura média	short	[ʃɔːt]

| loura (f) | blonde | [blɒnd] |
| morena (f) | brunette | [bruː'net] |

de senhora	ladies'	['leɪdɪz]
virgem (f)	virgin	['vɜːdʒɪn]
grávida	pregnant	['pregnənt]

homem (m)	man	[mæn]
louro (m)	blond	[blɒnd]
moreno (m)	brunet	[bruː'net]
alto	tall	[tɔːl]
de estatura média	short	[ʃɔːt]

rude	rude	[ruːd]
atarracado	stocky	['stɒkɪ]
robusto	robust	[rəʊ'bʌst]
forte	strong	[strɒŋ]
força (f)	strength	[streŋθ]

gordo	stout, fat	[staʊt], [fæt]
moreno	swarthy	['swɔːðɪ]
esbelto	slender	['slendə(r)]
elegante	elegant	['elɪgənt]

58. Idade

idade (f)	age	[eɪdʒ]
juventude (f)	youth	[juːθ]
jovem	young	[jʌŋ]

| mais novo | younger | ['jʌŋgə(r)] |
| mais velho | older | [əʊldə] |

| jovem (m) | young man | [jʌŋ mæn] |
| rapaz (m) | guy, fellow | [gaɪ], ['feləʊ] |

| velho (m) | old man | ['əʊld ˌmæn] |
| velhota (f) | old woman | ['əʊld ˌwʊmən] |

adulto	adult	[æd'ʌlt]
de meia-idade	middle-aged	[ˌmɪdl 'eɪdʒd]
idoso, de idade	elderly	['eldəlɪ]
velho	old	[əʊld]
reformar-se (vr)	to retire (vi)	[tə rɪ'taɪə(r)]
reformado (m)	retiree	[ˌrɪtaɪə'riː]

59. Crianças

criança (f)	child	[ʧaɪld]
crianças (f pl)	children	['ʧɪldrən]
gémeos (m pl)	twins	[twɪnz]
berço (m)	cradle	['kreɪdəl]
guizo (m)	rattle	['rætəl]
fralda (f)	diaper	['daɪəpə(r)]
chupeta (f)	pacifier	['pæsɪfaɪə(r)]
carrinho (m) de bebé	baby carriage	['beɪbɪ 'kærɪdʒ]
jardim (m) de infância	kindergarten	['kɪndəˌgɑːtən]
babysitter (f)	babysitter	['beɪbɪ 'sɪtə(r)]
infância (f)	childhood	['ʧaɪldhʊd]
boneca (f)	doll	[dɒl]
brinquedo (m)	toy	[tɔɪ]
jogo (m) de armar	construction set	[kən'strʌkʃən set]
bem-educado	well-bred	[wel bred]
mal-educado	ill-bred	['ɪlˌbred]
mimado	spoiled	[spɔɪlt]
ser travesso	to be naughty	[tə bi 'nɔːtɪ]
travesso, traquinas	mischievous	['mɪsʧɪvəs]
travessura (f)	mischievousness	['mɪsʧɪvəsnɪs]
criança (f) travessa	mischievous child	['mɪsʧɪvəs ʧaɪld]
obediente	obedient	[ə'biːdjənt]
desobediente	disobedient	[ˌdɪsə'biːdjənt]
dócil	docile	['dɒsəl]
inteligente	clever	['klevə(r)]
menino (m) prodígio	child prodigy	[ˌʧaɪld 'prɒdɪdʒɪ]

60. Casais. Vida de família

beijar (vt)	to kiss (vt)	[tə kɪs]
beijar-se (vr)	to kiss (vi)	[tə kɪs]
família (f)	family	['fæmlɪ]
familiar	family	['fæmlɪ]
casal (m)	couple	['kʌpəl]
matrimónio (m)	marriage	['mærɪdʒ]

lar (m)	**hearth**	[hɑːθ]
dinastia (f)	**dynasty**	['daɪnəstɪ]
encontro (m)	**date**	[deɪt]
beijo (m)	**kiss**	[kɪs]
amor (m)	**love**	[lʌv]
amar (vt)	**to love** (vt)	[tə lʌv]
amado, querido	**beloved**	[bɪ'lʌvd]
ternura (f)	**tenderness**	['tendənɪs]
terno, afetuoso	**tender**	['tendə(r)]
fidelidade (f)	**faithfulness**	['feɪθfʊlnɪs]
fiel	**faithful**	['feɪθfʊl]
recém-casados (m pl)	**newlyweds**	['njuːlɪwedz]
lua de mel (f)	**honeymoon**	['hʌnɪmuːn]
casar-se (com um homem)	**to get married**	[tə get 'mærɪd]
casar-se (com uma mulher)	**to get married**	[tə get 'mærɪd]
boda (f)	**wedding**	['wedɪŋ]
bodas (f pl) de ouro	**golden wedding**	['gəʊldən 'wedɪŋ]
aniversário (m)	**anniversary**	[ænɪ'vɜːsərɪ]
amante (m)	**lover**	['lʌvə(r)]
amante (f)	**mistress**	['mɪstrɪs]
adultério (m)	**adultery**	[ə'dʌltərɪ]
cometer adultério	**to cheat on ...**	[tə tʃiːt ɒn]
ciumento	**jealous**	['dʒeləs]
ser ciumento	**to be jealous**	[tə bi 'dʒeləs]
divórcio (m)	**divorce**	[dɪ'vɔːs]
divorciar-se (vr)	**to divorce** (vi)	[tə dɪ'vɔːs]
brigar (discutir)	**to quarrel** (vi)	[tə 'kwɒrəl]
fazer as pazes	**to be reconciled**	[tə biː 'rekənsaɪld]
juntos	**together**	[tə'geðə(r)]
sexo (m)	**sex**	[seks]
felicidade (f)	**happiness**	['hæpɪnɪs]
feliz	**happy**	['hæpɪ]
infelicidade (f)	**misfortune**	[ˌmɪs'fɔːtʃuːn]
infeliz	**unhappy**	[ʌn'hæpɪ]

Caráter. Sentimentos. Emoções

61. Sentimentos. Emoções

sentimento (m)	**feeling**	['fi:lıŋ]
sentimentos (m pl)	**feelings**	['fi:lıŋz]
sentir (vt)	**to feel** (vt)	[tə fi:l]
fome (f)	**hunger**	['hʌŋgə(r)]
ter fome	**to be hungry**	[tə bi 'hʌŋgrı]
sede (f)	**thirst**	[θɜ:st]
ter sede	**to be thirsty**	[tə bi 'θɜ:stı]
sonolência (f)	**sleepiness**	['sli:pınıs]
estar sonolento	**to feel sleepy**	[tə fi:l 'sli:pı]
cansaço (m)	**tiredness**	['taıədnıs]
cansado	**tired**	['taıəd]
ficar cansado	**to get tired**	[tə get 'taıəd]
humor (m)	**mood**	[mu:d]
tédio (m)	**boredom**	['bɔ:dəm]
aborrecer-se (vr)	**to be bored**	[tə bi bɔ:d]
isolamento (m)	**seclusion**	[sı'klu:ʒən]
isolar-se	**to seclude oneself**	[tə sı'klu:d wʌn'self]
preocupar (vt)	**to worry** (vt)	[tə 'wʌrı]
preocupar-se (vr)	**to be worried**	[tə bi 'wʌrıd]
preocupação (f)	**anxiety**	[æŋ'zaıətı]
entrar em pânico	**to panic** (vi)	[tə 'pænık]
esperança (f)	**hope**	[həup]
esperar (vt)	**to hope** (vi, vt)	[tə həup]
certeza (f)	**certainty**	['sɜ:təntı]
certo	**certain, sure**	['sɜ:tən], [ʃuə(r)]
indecisão (f)	**uncertainty**	[ˌʌn'sɜ:tənlı]
indeciso	**uncertain**	[ˌʌn'sɜ:tən]
ébrio, bêbado	**drunk**	[drʌŋk]
sóbrio	**sober**	['səubə(r)]
fraco	**weak**	[wi:k]
feliz	**happy**	['hæpı]
assustar (vt)	**to scare** (vt)	[tə skeə(r)]
ira, raiva (f)	**rage**	[reıʤ]
depressão (f)	**depression**	[dı'preʃən]
desconforto (m)	**discomfort**	[dıs'kʌmfət]
conforto (m)	**comfort**	['kʌmfət]
arrepender-se (vr)	**to regret** (vi)	[tə rı'gret]
arrependimento (m)	**regret**	[rı'gret]

| azar (m), má sorte (f) | bad luck | [bæd lʌk] |
| tristeza (f) | sadness | ['sædnɪs] |

vergonha (f)	shame	[ʃeɪm]
alegria (f)	gladness	['glædnɪs]
entusiasmo (m)	enthusiasm	[ɪn'θjuːzɪæzəm]
entusiasta (m)	enthusiast	[ɪn'θjuːzɪæst]
mostrar entusiasmo	to show enthusiasm	[tə ʃəʊ ɪn'θjuːzɪæzəm]

62. Caráter. Personalidade

caráter (m)	character	['kærəktə(r)]
falha (f) de caráter	character flaw	['kærəktə flɔː]
mente (f)	mind	[maɪnd]
razão (f)	reason	['riːzən]

consciência (f)	conscience	['kɒnʃəns]
hábito (m)	habit	['hæbɪt]
habilidade (f)	ability	[ə'bɪlətɪ]
saber (~ nadar, etc.)	can (v aux)	[kæn]

paciente	patient	['peɪʃənt]
impaciente	impatient	[ɪm'peɪʃənt]
curioso	curious	['kjʊərɪəs]
curiosidade (f)	curiosity	[kjʊərɪ'ɒsətɪ]

modéstia (f)	modesty	['mɒdɪstɪ]
modesto	modest	['mɒdɪst]
imodesto	immodest	[ɪ'mɒdɪst]

| preguiçoso | lazy | ['leɪzɪ] |
| preguiçoso (m) | lazy person | [ˌleɪzɪ 'pɜːsən] |

astúcia (f)	cunning	['kʌnɪŋ]
astuto	cunning	['kʌnɪŋ]
desconfiança (f)	distrust	[dɪs'trʌst]
desconfiado	distrustful	[dɪs'trʌstfʊl]

generosidade (f)	generosity	[dʒenə'rɒsətɪ]
generoso	generous	['dʒenərəs]
talentoso	talented	['tæləntɪd]
talento (m)	talent	['tælənt]

corajoso	courageous	[kə'reɪdʒəs]
coragem (f)	courage	['kʌrɪdʒ]
honesto	honest	['ɒnɪst]
honestidade (f)	honesty	['ɒnɪstɪ]

prudente	careful	['keəfʊl]
valente	courageous	[kə'reɪdʒəs]
sério	serious	['sɪərɪəs]
severo	strict	[strɪkt]
decidido	decisive	[dɪ'saɪsɪv]
indeciso	indecisive	[ˌɪndɪ'saɪsɪv]

| tímido | shy, timid | [ʃaɪ], [ˈtɪmɪd] |
| timidez (f) | shyness, timidity | [ˈʃaɪnɪs], [tɪˈmɪdətɪ] |

confiança (f)	confidence	[ˈkɒnfɪdəns]
confiar (vt)	to believe, to trust	[tə bɪˈliːv], [tə trʌst]
crédulo	trusting, naïve	[ˈtrʌstɪŋ], [naɪˈiːv]

sinceramente	sincerely	[sɪnˈsɪəlɪ]
sincero	sincere	[sɪnˈsɪə(r)]
sinceridade (f)	sincerity	[sɪnˈserətɪ]

calmo	calm	[kɑːm]
franco	frank	[fræŋk]
ingénuo	naïve, naive	[naɪˈiːv]
distraído	absent-minded	[ˈæbsənt ˈmaɪndɪd]
engraçado	funny	[ˈfʌnɪ]

ganância (f)	greed	[griːd]
ganancioso	greedy	[ˈgriːdɪ]
mau	evil	[ˈiːvəl]
teimoso	stubborn	[ˈstʌbən]
desagradável	unpleasant	[ʌnˈplezənt]

egoísta (m)	selfish person	[ˈselfɪʃ ˈpɜːsən]
egoísta	selfish	[ˈselfɪʃ]
cobarde (m)	coward	[ˈkaʊəd]
cobarde	cowardly	[ˈkaʊədlɪ]

63. O sono. Sonhos

dormir (vi)	to sleep (vi)	[tə sliːp]
sono (m)	sleep, sleeping	[sliːp], [ˈsliːpɪŋ]
sonho (m)	dream	[driːm]
sonhar (vi)	to dream (vi)	[tə driːm]
sonolento	sleepy	[ˈsliːpɪ]

cama (f)	bed	[bed]
colchão (m)	mattress	[ˈmætrɪs]
cobertor (m)	blanket	[ˈblæŋkɪt]
almofada (f)	pillow	[ˈpɪləʊ]
lençol (m)	sheet	[ʃiːt]

insónia (f)	insomnia	[ɪnˈsɒmnɪə]
insone	sleepless	[ˈsliːplɪs]
sonífero (m)	sleeping pill	[ˈsliːpɪŋ pɪl]
tomar um sonífero	to take a sleeping pill	[tə ˌteɪk ə ˈsliːpɪŋ pɪl]

estar sonolento	to feel sleepy	[tə fiːl ˈsliːpɪ]
bocejar (vi)	to yawn (vi)	[tə jɔːn]
ir para a cama	to go to bed	[tə gəʊ tə bed]
fazer a cama	to make up the bed	[tə ˈmeɪk ʌp ðə ˌbed]
adormecer (vi)	to fall asleep	[tə fɔːl əˈsliːp]
pesadelo (m)	nightmare	[ˈnaɪtmeə(r)]
ronco (m)	snore, snoring	[snɔː(r)], [ˈsnɔːrɪŋ]

roncar (vi)	to snore (vi)	[tə snɔː(r)]
despertador (m)	alarm clock	[əˈlɑːm klɒk]
acordar, despertar (vt)	to wake (vt)	[tə weɪk]
acordar (vi)	to wake up	[tə weɪk ʌp]
levantar-se (vr)	to get up	[tə get ʌp]
lavar-se (vr)	to wash up	[tə wɒʃ ʌp]

64. Humor. Riso. Alegria

humor (m)	humor	[ˈhjuːmə(r)]
sentido (m) de humor	sense of humor	[sens əv ˈhjuːmə(r)]
divertir-se (vr)	to enjoy oneself	[tə ɪnˈdʒɔɪ wʌnˈself]
alegre	cheerful	[ˈtʃɪəfʊl]
alegria (f)	merriment, gaiety	[ˈmerɪmənt], [ˈgeɪətɪ]

sorriso (m)	smile	[smaɪl]
sorrir (vi)	to smile (vi)	[tə smaɪl]
começar a rir	to start laughing	[tə stɑːt ˈlɑːfɪŋ]
rir (vi)	to laugh (vi)	[tə lɑːf]
riso (m)	laugh, laughter	[lɑːf], [ˈlɑːftə]

anedota (f)	anecdote	[ˈænɪkdəʊt]
engraçado	funny	[ˈfʌnɪ]
ridículo	funny	[ˈfʌnɪ]

brincar, fazer piadas	to joke (vi)	[tə dʒəʊk]
piada (f)	joke	[dʒəʊk]
alegria (f)	joy	[dʒɔɪ]
regozijar-se (vr)	to rejoice (vi)	[tə rɪˈdʒɔɪs]
alegre	joyful	[ˈdʒɔɪfʊl]

65. Discussão, conversação. Parte 1

| comunicação (f) | communication | [kəˌmjuːnɪˈkeɪʃən] |
| comunicar-se (vr) | to communicate (vi) | [tə kəˈmjuːnɪkeɪt] |

conversa (f)	conversation	[ˌkɒnvəˈseɪʃən]
diálogo (m)	dialog	[ˈdaɪəlɒg]
discussão (f)	discussion	[dɪsˈkʌʃən]
debate (m)	dispute	[dɪˈspjuːt]
debater (vt)	to dispute	[tə dɪˈspjuːt]

interlocutor (m)	interlocutor	[ˌɪntəˈlɒkjʊtə(r)]
tema (m)	topic	[ˈtɒpɪk]
ponto (m) de vista	point of view	[ˈpɔɪnt əv ˌvjuː]
opinião (f)	opinion	[əˈpɪnjən]
discurso (m)	speech	[spiːtʃ]

discussão (f)	discussion	[dɪsˈkʌʃən]
discutir (vt)	to discuss (vt)	[tə dɪsˈkʌs]
conversa (f)	talk	[tɔːk]
conversar (vi)	to talk (vi)	[tə ˈtɔːk]

| encontro (m) | meeting | ['mi:tɪŋ] |
| encontrar-se (vr) | to meet (vi, vt) | [tə mi:t] |

provérbio (m)	proverb	['prɒvɜ:b]
ditado (m)	saying	['seɪɪŋ]
adivinha (f)	riddle	['rɪdəl]
dizer uma adivinha	to pose a riddle	[tə pəʊz ə 'rɪdəl]
senha (f)	password	['pɑ:swɜ:d]
segredo (m)	secret	['si:krɪt]

juramento (m)	oath	[əʊθ]
jurar (vi)	to swear (vi, vt)	[tə sweə(r)]
promessa (f)	promise	['prɒmɪs]
prometer (vt)	to promise (vt)	[tə 'prɒmɪs]

conselho (m)	advice	[əd'vaɪs]
aconselhar (vt)	to advise (vt)	[tə əd'vaɪz]
seguir o conselho	to follow one's advice	[tə 'fɒləʊ wʌns əd'vaɪs]

novidade, notícia (f)	news	[nju:z]
sensação (f)	sensation	[sen'seɪʃən]
informação (f)	information	[ˌɪnfə'meɪʃən]
conclusão (f)	conclusion	[kən'klu:ʒən]
voz (f)	voice	[vɔɪs]
elogio (m)	compliment	['kɒmplɪmənt]
amável	kind	[kaɪnd]

palavra (f)	word	[wɜ:d]
frase (f)	phrase	[freɪz]
resposta (f)	answer	['ɑ:nsə(r)]

| verdade (f) | truth | [tru:θ] |
| mentira (f) | lie | [laɪ] |

pensamento (m)	thought	[θɔ:t]
ideia (f)	idea	[aɪ'dɪə]
fantasia (f)	fantasy	['fæntəsɪ]

66. Discussão, conversação. Parte 2

estimado	respected	[rɪ'spektɪd]
respeitar (vt)	to respect (vt)	[tə rɪ'spekt]
respeito (m)	respect	[rɪ'spekt]
Estimado ..., Caro ...	Dear ...	[dɪə(r)]

| apresentar (vt) | to introduce (vt) | [tə ˌɪntrə'dju:s] |
| travar conhecimento | to make acquaintance | [tə meɪk ə'kweɪntəns] |

intenção (f)	intention	[ɪn'tenʃən]
tencionar (vt)	to intend (vi)	[tu ɪn'tend]
desejo (m)	wish	[wɪʃ]
desejar (ex. ~ boa sorte)	to wish (vt)	[tə wɪʃ]
surpresa (f)	surprise	[sə'praɪz]
surpreender (vt)	to surprise (vt)	[tə sə'praɪz]

surpreender-se (vr)	to be surprised	[tə bi sə'praɪzd]
dar (vt)	to give (vt)	[tə gɪv]
pegar (tomar)	to take (vt)	[tə teɪk]
devolver (vt)	to give back	[tə͵gɪv bæk]
retornar (vt)	to return (vt)	[tə rɪ'tɜːn]

desculpar-se (vr)	to apologize (vi)	[tə ə'pɒlədʒaɪz]
desculpa (f)	apology	[ə'pɒlədʒɪ]
perdoar (vt)	to forgive (vt)	[tə fə'gɪv]

falar (vi)	to talk (vi)	[tə 'tɔːk]
escutar (vt)	to listen (vi)	[tə 'lɪsən]
ouvir até o fim	to hear … out	[tə hɪə … aʊt]
compreender (vt)	to understand (vt)	[tə͵ʌndə'stænd]

mostrar (vt)	to show (vt)	[tə ʃəʊ]
olhar para …	to look at …	[tə lʊk æt]
chamar (dizer em voz alta o nome)	to call (vt)	[tə kɔːl]
distrair (vt)	to distract (vt)	[tə dɪ'strækt]
perturbar (vt)	to disturb (vt)	[tə dɪ'stɜːb]
entregar (~ em mãos)	to pass (vt)	[tə pɑːs]
pedido (m)	demand	[dɪ'mɑːnd]
pedir (ex. ~ ajuda)	to request (vt)	[tə rɪ'kwest]
exigência (f)	demand	[dɪ'mɑːnd]
exigir (vt)	to demand (vt)	[tə dɪ'mɑːnd]

chamar nomes (vt)	to tease (vt)	[tə tiːz]
zombar (vt)	to mock (vi, vt)	[tə mɒk]
zombaria (f)	mockery, derision	['mɒkərɪ], [dɪ'rɪʒən]
alcunha (f)	nickname	['nɪkneɪm]

insinuação (f)	insinuation	[ɪn͵sɪnjʊ'eɪʃən]
insinuar (vt)	to insinuate (vt)	[tə ɪn'sɪnjʊeɪt]
subentender (vt)	to mean (vt)	[tə miːn]

descrição (f)	description	[dɪ'skrɪpʃən]
descrever (vt)	to describe (vt)	[tə dɪ'skraɪb]
elogio (m)	praise	[preɪz]
elogiar (vt)	to praise (vt)	[tə preɪz]

desapontamento (m)	disappointment	[͵dɪsə'pɔɪntmənt]
desapontar (vt)	to disappoint (vt)	[tə ͵dɪsə'pɔɪnt]
desapontar-se (vr)	to be disappointed	[tə bi ͵dɪsə'pɔɪntɪd]

suposição (f)	supposition	[͵sʌpə'zɪʃən]
supor (vt)	to suppose (vt)	[tə sə'pəʊz]
advertência (f)	warning, caution	['wɔːnɪŋ], ['kɔːʃən]
advertir (vt)	to warn (vt)	[tə wɔːn]

67. Discussão, conversação. Parte 3

| convencer (vt) | to talk into | [tə 'tɔːk 'ɪntʊ] |
| acalmar (vt) | to calm down (vt) | [tə kɑːm daʊn] |

silêncio (o ~ é de ouro)	silence	['saɪləns]
ficar em silêncio	to be silent	[tə bi 'saɪlənt]
sussurrar (vt)	to whisper (vi, vt)	[tə 'wɪspə(r)]
sussurro (m)	whisper	['wɪspə(r)]

| francamente | frankly | ['fræŋklɪ] |
| a meu ver ... | in my opinion ... | [ɪn 'maɪ ə,pɪnjən] |

detalhe (~ da história)	detail	[dɪ'teɪl]
detalhado	detailed	[dɪ'teɪld]
detalhadamente	in detail	[ɪn dɪ'teɪl]

| dica (f) | hint, clue | [hɪnt], [klu:] |
| dar uma dica | to give a hint | [tə gɪv ə hɪnt] |

olhar (m)	look	[lʊk]
dar uma vista de olhos	to have a look	[tə ˌhæv ə 'lʊk]
fixo (olhar ~)	fixed	[fɪkst]
piscar (vi)	to blink (vi)	[tə blɪŋk]
pestanejar (vt)	to wink (vi)	[tə wɪŋk]
acenar (com a cabeça)	to nod (vi)	[tə nɒd]

suspiro (m)	sigh	[saɪ]
suspirar (vi)	to sigh (vi)	[tə saɪ]
estremecer (vi)	to shudder (vi)	[tə 'ʃʌdə(r)]
gesto (m)	gesture	['dʒestʃə(r)]
tocar (com as mãos)	to touch (vt)	[tə tʌtʃ]
agarrar (~ pelo braço)	to seize (vt)	[tə si:z]
bater de leve	to tap (vt)	[tə tæp]

Cuidado!	Look out!	[lʊk 'aʊt]
A sério?	Really?	['rɪəlɪ]
Boa sorte!	Good luck!	[ˌgʊd 'lʌk]
Compreendi!	I see!	[aɪ si:]
Que pena!	What a pity!	[wɒt ə 'pɪtɪ]

68. Acordo. Recusa

consentimento (~ mútuo)	consent	[kən'sent]
consentir (vi)	to consent (vi)	[tə kən'sent]
aprovação (f)	approval	[ə'pru:vəl]
aprovar (vt)	to approve (vt)	[tə ə'pru:v]
recusa (f)	refusal	[rɪ'fju:zəl]
negar-se (vt)	to refuse (vi, vt)	[tə rɪ'fju:z]

Está ótimo!	Great!	[greɪt]
Muito bem!	All right!	[ˌɔ:l 'raɪt]
Está bem! De acordo!	Okay!	[ˌəʊ'keɪ]

proibido	forbidden	[fə'bɪdən]
é proibido	it's forbidden	[ɪts fə'bɪdən]
incorreto	incorrect	[ˌɪnkə'rekt]
rejeitar (~ um pedido)	to reject (vt)	[tə rɪ'dʒekt]
apoiar (vt)	to support (vt)	[tə sə'pɔ:t]

aceitar (desculpas, etc.)	to accept (vt)	[tə ək'sept]
confirmar (vt)	to confirm (vt)	[tə kən'fɜ:m]
confirmação (f)	confirmation	[ˌkɒnfə'meɪʃən]
permissão (f)	permission	[pə'mɪʃən]
permitir (vt)	to permit (vt)	[tə pə'mɪt]
decisão (f)	decision	[dɪ'sɪʒən]
não dizer nada	to say nothing	[tə seɪ 'nʌθɪŋ]
condição (com uma ~)	condition	[kən'dɪʃən]
pretexto (m)	excuse	[ɪk'skju:s]
elogio (m)	praise	[preɪz]
elogiar (vt)	to praise (vt)	[tə preɪz]

69. Sucesso. Boa sorte. Insucesso

êxito, sucesso (m)	success	[sək'ses]
com êxito	successfully	[sək'sesfʊlɪ]
bem sucedido	successful	[sək'sesfʊl]
sorte (fortuna)	good luck	[ˌgʊd 'lʌk]
Boa sorte!	Good luck!	[ˌgʊd 'lʌk]
de sorte	lucky	['lʌkɪ]
sortudo, felizardo	lucky	['lʌkɪ]
fracasso (m)	failure	['feɪljə(r)]
pouca sorte (f)	misfortune	[ˌmɪs'fɔ:ʧu:n]
azar (m), má sorte (f)	bad luck	[bæd lʌk]
mal sucedido	unsuccessful	[ˌʌnsək'sesfʊl]
catástrofe (f)	catastrophe	[kə'tæstrəfɪ]
orgulho (m)	pride	[praɪd]
orgulhoso	proud	[praʊd]
estar orgulhoso	to be proud	[tə bi praʊd]
vencedor (m)	winner	['wɪnə(r)]
vencer (vi)	to win (vi)	[tə wɪn]
perder (vt)	to lose (vi)	[tə lu:z]
tentativa (f)	try	[traɪ]
tentar (vt)	to try (vi)	[tə traɪ]
chance (m)	chance	[ʧɑ:ns]

70. Conflitos. Emoções negativas

grito (m)	shout	[ʃaʊt]
gritar (vi)	to shout (vi)	[tə ʃaʊt]
começar a gritar	to start to cry out	[tə stɑ:t tə kraɪ aʊt]
discussão (f)	quarrel	['kwɒrəl]
discutir (vt)	to quarrel (vi)	[tə 'kwɒrəl]
escândalo (m)	fight	[faɪt]
criar escândalo	to make a scene	[tə meɪk ə 'si:n]
conflito (m)	conflict	['kɒnflɪkt]

mal-entendido (m)	misunderstanding	[ˌmɪsʌndə'stændɪŋ]
insulto (m)	insult	['ɪnsʌlt]
insultar (vt)	to insult (vt)	[tə ɪn'sʌlt]
insultado	insulted	[ɪn'sʌltɪd]
ofensa (f)	resentment	[rɪ'zentmənt]
ofender (vt)	to offend (vt)	[tə ə'fend]
ofender-se (vr)	to take offense	[tə ˌteɪk ə'fens]

indignação (f)	indignation	[ˌɪndɪg'neɪʃən]
indignar-se (vr)	to be indignant	[tə bi ɪn'dɪgnənt]
queixa (f)	complaint	[kəm'pleɪnt]
queixar-se (vr)	to complain (vi, vt)	[tə kəm'pleɪn]

desculpa (f)	apology	[ə'pɒlədʒɪ]
desculpar-se (vr)	to apologize (vi)	[tə ə'pɒlədʒaɪz]
pedir perdão	to beg pardon	[tə beg 'pɑːdən]

crítica (f)	criticism	['krɪtɪsɪzəm]
criticar (vt)	to criticize (vt)	[tə 'krɪtɪsaɪz]
acusação (f)	accusation	[ˌækjuː'zeɪʃən]
acusar (vt)	to accuse (vt)	[tə ə'kjuːz]

| vingança (f) | revenge | [rɪ'vendʒ] |
| vingar (vt) | to avenge (vt) | [tə ə'vendʒ] |

desprezo (m)	disdain	[dɪs'deɪn]
desprezar (vt)	to despise (vt)	[tə dɪ'spaɪz]
ódio (m)	hatred, hate	['heɪtrɪd], [heɪt]
odiar (vt)	to hate (vt)	[tə heɪt]

nervoso	nervous	['nɜːvəs]
estar nervoso	to be nervous	[tə bi 'nɜːvəs]
zangado	angry	['æŋgrɪ]
zangar (vt)	to make angry	[tə meɪk 'æŋgrɪ]

humilhação (f)	humiliation	[hjuːˌmɪlɪ'eɪʃən]
humilhar (vt)	to humiliate (vt)	[tə hjuː'mɪlɪeɪt]
humilhar-se (vr)	to humiliate oneself	[tə hjuː'mɪlɪeɪt wʌn'self]

| choque (m) | shock | [ʃɒk] |
| chocar (vt) | to shock (vt) | [tə ʃɒk] |

| aborrecimento (m) | trouble | ['trʌbəl] |
| desagradável | unpleasant | [ʌn'plezənt] |

medo (m)	fear	[fɪə(r)]
terrível (tempestade, etc.)	terrible	['terəbəl]
assustador (ex. história ~a)	scary	['skeərɪ]
horror (m)	horror	['hɒrə(r)]
horrível (crime, etc.)	awful	['ɔːful]

começar a tremer	to begin to tremble	[tə bɪ'gɪn tə 'trembəl]
chorar (vi)	to cry (vi)	[tə kraɪ]
começar a chorar	to start crying	[tə stɑːt 'kraɪɪŋ]
lágrima (f)	tear	[tɪə(r)]
falta (f)	fault	['fɔːlt]

culpa (f)	guilt	[gɪlt]
desonra (f)	dishonor	[dɪsˈɒnə(r)]
protesto (m)	protest	[ˈprəʊtest]
stresse (m)	stress	[stres]

perturbar (vt)	to disturb (vt)	[tə dɪˈstɜːb]
zangar-se com ...	to be furious	[tə bi ˈfjʊərɪəs]
zangado	mad, angry	[mæd], [ˈæŋgrɪ]
terminar (vt)	to end (vt)	[tə end]

assustar-se	to scare (vi)	[tə skeə(r)]
golpear (vt)	to hit (vt)	[tə hɪt]
brigar (na rua, etc.)	to fight (vi)	[tə faɪt]

resolver (o conflito)	to settle (vt)	[tə ˈsetəl]
descontente	discontented	[ˌdɪskənˈtentɪd]
furioso	furious	[ˈfjʊərɪəs]

| Não está bem! | It's not good! | [ɪts ˈnɒt ˌgʊd] |
| É mau! | It's bad! | [ɪts bæd] |

Medicina

71. Doenças

doença (f)	sickness	['sıknıs]
estar doente	to be sick	[tə bi 'sık]
saúde (f)	health	[helθ]
nariz (m) a escorrer	runny nose	[ˌrʌni 'nəʊz]
amigdalite (f)	tonsillitis	[ˌtɒnsı'laıtıs]
constipação (f)	cold	[kəʊld]
constipar-se (vr)	to catch a cold	[tə kætʃ ə 'kəʊld]
bronquite (f)	bronchitis	[brɒŋ'kaıtıs]
pneumonia (f)	pneumonia	[nju:'məʊnıə]
gripe (f)	flu	[flu:]
míope	nearsighted	[ˌnıə'saıtıd]
presbita	farsighted	['fɑ: ˌsaıtıd]
estrabismo (m)	strabismus	[strə'bızməs]
estrábico	cross-eyed	[krɒs 'aıd]
catarata (f)	cataract	['kætərækt]
glaucoma (m)	glaucoma	[glɔ:'kəʊmə]
AVC (m), apoplexia (f)	stroke	[strəʊk]
ataque (m) cardíaco	heart attack	['hɑ:t əˌtæk]
enfarte (m) do miocárdio	myocardial infarction	[ˌmaıəʊ'kɑ:dıəl ın'fɑ:kʃən]
paralisia (f)	paralysis	[pə'rælısıs]
paralisar (vt)	to paralyze (vt)	[tə 'pærəlaız]
alergia (f)	allergy	['ælədʒı]
asma (f)	asthma	['æsmə]
diabetes (f)	diabetes	[ˌdaıə'bi:ti:z]
dor (f) de dentes	toothache	['tu:θeık]
cárie (f)	caries	['keəri:z]
diarreia (f)	diarrhea	[ˌdaıə'rıə]
prisão (f) de ventre	constipation	[ˌkɒnstı'peıʃən]
desarranjo (m) intestinal	stomach upset	['stʌmək 'ʌpset]
intoxicação (f) alimentar	food poisoning	[fu:d 'pɔızənıŋ]
artrite (f)	arthritis	[ɑ:'θraıtıs]
raquitismo (m)	rickets	['rıkıts]
reumatismo (m)	rheumatism	['ru:mətızəm]
arteriosclerose (f)	atherosclerosis	[ˌæθərəʊsklı'rəʊsıs]
gastrite (f)	gastritis	[gæs'traıtıs]
apendicite (f)	appendicitis	[əˌpendı'saıtıs]
colecistite (f)	cholecystitis	[ˌkɒlısıs'taıtıs]

úlcera (f)	ulcer	['ʌlsə(r)]
sarampo (m)	measles	['mi:zəlz]
rubéola (f)	rubella	[ru:'belə]
icterícia (f)	jaundice	['dʒɔ:ndɪs]
hepatite (f)	hepatitis	[ˌhepə'taɪtɪs]

esquizofrenia (f)	schizophrenia	[ˌskɪtsə'fri:nɪə]
raiva (f)	rabies	['reɪbi:z]
neurose (f)	neurosis	[ˌnjʊə'rəʊsɪs]
comoção (f) cerebral	concussion	[kən'kʌʃən]

cancro (m)	cancer	['kænsə(r)]
esclerose (f)	sclerosis	[sklə'rəʊsɪs]
esclerose (f) múltipla	multiple sclerosis	['mʌltɪpəl sklə'rəʊsɪs]

alcoolismo (m)	alcoholism	['ælkəhɒlɪzəm]
alcoólico (m)	alcoholic	[ˌælkə'hɒlɪk]
sífilis (f)	syphilis	['sɪfɪlɪs]
SIDA (f)	AIDS	[eɪdz]

tumor (m)	tumor	['tju:mə(r)]
febre (f)	fever	['fi:və(r)]
malária (f)	malaria	[mə'leərɪə]
gangrena (f)	gangrene	['gæŋgri:n]
enjoo (m)	seasickness	['si:sɪknɪs]
epilepsia (f)	epilepsy	['epɪlepsɪ]

epidemia (f)	epidemic	[ˌepɪ'demɪk]
tifo (m)	typhus	['taɪfəs]
tuberculose (f)	tuberculosis	[tju:ˌbɜ:kjʊ'ləʊsɪs]
cólera (f)	cholera	['kɒlərə]
peste (f)	plague	[pleɪg]

72. Sintomas. Tratamentos. Parte 1

sintoma (m)	symptom	['sɪmptəm]
temperatura (f)	temperature	['temprətʃə(r)]
febre (f)	high temperature, fever	[haɪ 'temprətʃə(r)], ['fi:və(r)]
pulso (m)	pulse, heartbeat	[pʌls], ['hɑ:tbi:t]

vertigem (f)	dizziness	['dɪzɪnɪs]
quente (testa, etc.)	hot	[hɒt]
calafrio (m)	shivering	['ʃɪvərɪŋ]
pálido	pale	[peɪl]

tosse (f)	cough	[kɒf]
tossir (vi)	to cough (vi)	[tə kɒf]
espirrar (vi)	to sneeze (vi)	[tə sni:z]
desmaio (m)	faint	[feɪnt]
desmaiar (vi)	to faint (vi)	[tə feɪnt]

nódoa (f) negra	bruise	[bru:z]
galo (m)	bump	[bʌmp]
magoar-se (vr)	to bang (vi)	[tə bæŋ]

| pisadura (f) | bruise | [bru:z] |
| aleijar-se (vr) | to get a bruise | [tə get ə bru:z] |

coxear (vi)	to limp (vi)	[tə lɪmp]
deslocação (f)	dislocation	[ˌdɪslə'keɪʃən]
deslocar (vt)	to dislocate (vt)	[tə 'dɪsləkeɪt]
fratura (f)	fracture	['fræktʃə(r)]
fraturar (vt)	to have a fracture	[tə hæv ə 'fræktʃə(r)]

corte (m)	cut	[kʌt]
cortar-se (vr)	to cut oneself	[tə kʌt wʌn'self]
hemorragia (f)	bleeding	['bli:dɪŋ]

| queimadura (f) | burn | [bɜ:n] |
| queimar-se (vr) | to get burned | [tə get 'bɜ:nd] |

picar (vt)	to prick (vt)	[tə prɪk]
picar-se (vr)	to prick oneself	[tə prɪk wʌn'self]
lesionar (vt)	to injure (vt)	[tə 'ɪndʒə(r)]
lesão (m)	injury	['ɪndʒərɪ]
ferida (f), ferimento (m)	wound	[wu:nd]
trauma (m)	trauma	['traʊmə]

delirar (vi)	to be delirious	[tə bi dɪ'lɪrɪəs]
gaguejar (vi)	to stutter (vi)	[tə 'stʌtə(r)]
insolação (f)	sunstroke	['sʌnstrəʊk]

73. Sintomas. Tratamentos. Parte 2

| dor (f) | pain, ache | [peɪn], [eɪk] |
| farpa (no dedo) | splinter | ['splɪntə(r)] |

suor (m)	sweat	[swet]
suar (vi)	to sweat (vi)	[tə swet]
vómito (m)	vomiting	['vɒmɪtɪŋ]
convulsões (f pl)	convulsions	[kən'vʌlʃənz]

grávida	pregnant	['pregnənt]
nascer (vi)	to be born	[tə bi bɔ:n]
parto (m)	delivery, labor	[dɪ'lɪvərɪ], ['leɪbə(r)]
dar à luz	to deliver (vt)	[tə dɪ'lɪvə(r)]
aborto (m)	abortion	[ə'bɔ:ʃən]

respiração (f)	breathing, respiration	['bri:ðɪŋ], [ˌrespə'reɪʃən]
inspiração (f)	in-breath, inhalation	['ɪnbreθ], [ˌɪnhə'leɪʃən]
expiração (f)	out-breath, exhalation	['aʊtbreθ],[ˌeksə'leɪʃən]
expirar (vi)	to exhale (vi)	[tə eks'heɪl]
inspirar (vi)	to inhale (vi)	[tə ɪn'heɪl]

inválido (m)	disabled person	[dɪs'eɪbəld 'pɜ:sən]
aleijado (m)	cripple	['krɪpəl]
toxicodependente (m)	drug addict	['drʌgˌædɪkt]
surdo	deaf	[def]
mudo	mute	[mju:t]

surdo-mudo	deaf mute	[def mju:t]
louco (adj.)	mad, insane	[mæd], [ɪn'seɪn]
louco (m)	madman	['mædmən]
louca (f)	madwoman	['mædˌwumən]
ficar louco	to go insane	[tə gəʊ ɪn'seɪn]

gene (m)	gene	[dʒi:n]
imunidade (f)	immunity	[ɪ'mju:nətɪ]
hereditário	hereditary	[hɪ'redɪtərɪ]
congénito	congenital	[kən'dʒenɪtəl]

vírus (m)	virus	['vaɪrəs]
micróbio (m)	microbe	['maɪkrəʊb]
bactéria (f)	bacterium	[bæk'tɪərɪəm]
infeção (f)	infection	[ɪn'fekʃən]

74. Sintomas. Tratamentos. Parte 3

| hospital (m) | hospital | ['hɒspɪtəl] |
| paciente (m) | patient | ['peɪʃənt] |

diagnóstico (m)	diagnosis	[ˌdaɪəg'nəʊsɪs]
cura (f)	cure	[kjʊə]
tratamento (m) médico	treatment	['tri:tmənt]
curar-se (vr)	to get treatment	[tə get 'tri:tmənt]
tratar (vt)	to treat (vt)	[tə tri:t]
cuidar (pessoa)	to nurse (vt)	[tə nɜ:s]
cuidados (m pl)	care	[keə(r)]

operação (f)	operation, surgery	[ˌɒpə'reɪʃən], ['sɜ:dʒərɪ]
enfaixar (vt)	to bandage (vt)	[tə 'bændɪdʒ]
enfaixamento (m)	bandaging	['bændɪdʒɪŋ]
vacinação (f)	vaccination	[ˌvæksɪ'neɪʃən]
vacinar (vt)	to vaccinate (vt)	[tə 'væksɪneɪt]
injeção (f)	injection, shot	[ɪn'dʒekʃən], [ʃɒt]
dar uma injeção	to give an injection	[təˌgɪv ən ɪn'dʒekʃən]

ataque (~ de asma, etc.)	attack	[ə'tæk]
amputação (f)	amputation	[ˌæmpjʊ'teɪʃən]
amputar (vt)	to amputate (vt)	[tə 'æmpjʊteɪt]
coma (f)	coma	['kəʊmə]
estar em coma	to be in a coma	[tə bi ɪn ə 'kəʊmə]
reanimação (f)	intensive care	[ɪn'tensɪv ˌkeə(r)]

recuperar-se (vr)	to recover (vi)	[tə rɪ'kʌvə(r)]
estado (~ de saúde)	condition	[kən'dɪʃən]
consciência (f)	consciousness	['kɒnʃəsnɪs]
memória (f)	memory	['memərɪ]

tirar (vt)	to pull out	[tə ˌpʊl 'aʊt]
chumbo (m), obturação (f)	filling	['fɪlɪŋ]
chumbar, obturar (vt)	to fill (vt)	[tə fɪl]
hipnose (f)	hypnosis	[hɪp'nəʊsɪs]
hipnotizar (vt)	to hypnotize (vt)	[tə 'hɪpnətaɪz]

75. Médicos

médico (m)	doctor	['dɒktə(r)]
enfermeira (f)	nurse	[nɜ:s]
médico (m) pessoal	personal doctor	['pɜ:sənəl 'dɒktə(r)]

dentista (m)	dentist	['dentɪst]
oculista (m)	eye doctor	[aɪ 'dɒktə(r)]
terapeuta (m)	internist	[ɪn'tɜ:nɪst]
cirurgião (m)	surgeon	['sɜ:dʒən]

psiquiatra (m)	psychiatrist	[saɪ'kaɪətrɪst]
pediatra (m)	pediatrician	[ˌpi:dɪə'trɪʃən]
psicólogo (m)	psychologist	[saɪ'kɒlədʒɪst]
ginecologista (m)	gynecologist	[ˌgaɪnɪ'kɒlədʒɪst]
cardiologista (m)	cardiologist	[ˌkɑ:dɪ'ɒlədʒɪst]

76. Medicina. Drogas. Acessórios

| medicamento (m) | medicine, drug | ['medsɪn], [drʌg] |
| remédio (m) | remedy | ['remədɪ] |

| receitar (vt) | to prescribe (vt) | [tə prɪ'skraɪb] |
| receita (f) | prescription | [prɪ'skrɪpʃən] |

comprimido (m)	tablet, pill	['tæblɪt], [pɪl]
pomada (f)	ointment	['ɔɪntmənt]
ampola (f)	ampule	['æmpu:l]
preparado (m)	mixture	['mɪkstʃə(r)]
xarope (m)	syrup	['sɪrəp]

| cápsula (f) | capsule | ['kæpsju:l] |
| remédio (m) em pó | powder | ['paʊdə(r)] |

ligadura (f)	bandage	['bændɪdʒ]
algodão (m)	cotton wool	['kɒtən ˌwʊl]
iodo (m)	iodine	['aɪədaɪn]

| penso (m) rápido | Band-Aid | ['bændˌeɪd] |
| conta-gotas (m) | eyedropper | [aɪ 'drɒpə(r)] |

| termómetro (m) | thermometer | [θə'mɒmɪtə(r)] |
| seringa (f) | syringe | [sɪ'rɪndʒ] |

| cadeira (f) de rodas | wheelchair | ['wi:lˌtʃeə(r)] |
| muletas (f pl) | crutches | [krʌtʃɪz] |

| analgésico (m) | painkiller | ['peɪnˌkɪlə(r)] |
| laxante (m) | laxative | ['læksətɪv] |

álcool (m) etílico	spirits (ethanol)	['spɪrɪts], ['eθənɒl]
ervas (f pl) medicinais	medicinal herbs	[mə'dɪsɪnəl ɜ:rbz]
de ervas (chá ~)	herbal	['ɜ:rbəl]

77. Fumar. Produtos tabágicos

tabaco (m)	tobacco	[tə'bækəʊ]
cigarro (m)	cigarette	[ˌsɪɡə'ret]
charuto (m)	cigar	[sɪ'ɡɑː(r)]
cachimbo (m)	pipe	[paɪp]
maço (~ de cigarros)	pack	[pæk]
fósforos (m pl)	matches	[mætʃɪz]
caixa (f) de fósforos	matchbox	['mætʃbɒks]
isqueiro (m)	lighter	['laɪtə(r)]
cinzeiro (m)	ashtray	['æʃtreɪ]
cigarreira (f)	cigarette case	[ˌsɪɡə'ret keɪs]
boquilha (f)	cigarette holder	[ˌsɪɡə'ret 'həʊldə(r)]
filtro (m)	filter	['fɪltə(r)]
fumar (vi, vt)	to smoke (vi, vt)	[tə sməʊk]
acender um cigarro	to light a cigarette	[tə ˌlaɪt ə ˌsɪɡə'ret]
tabagismo (m)	smoking	['sməʊkɪŋ]
fumador (m)	smoker	['sməʊkə(r)]
beata (f)	stub, butt	[stʌb], [bʌt]
fumo (m)	smoke	[sməʊk]
cinza (f)	ash	[æʃ]

HABITAT HUMANO

Cidade

78. Cidade. Vida na cidade

cidade (f)	city, town	['sɪtɪ], [taʊn]
capital (f)	capital	['kæpɪtəl]
aldeia (f)	village	['vɪlɪʤ]
mapa (m) da cidade	city map	['sɪtɪˌmæp]
centro (m) da cidade	downtown	['daʊnˌtaʊn]
subúrbio (m)	suburb	['sʌbɜ:b]
suburbano	suburban	[sə'bɜ:bən]
periferia (f)	outskirts	['aʊtskɜ:ts]
arredores (m pl)	environs	[ɪn'vaɪərənz]
quarteirão (m)	city block	['sɪtɪ blɒk]
quarteirão (m) residencial	residential block	[ˌrezɪ'denʃəl blɒk]
tráfego (m)	traffic	['træfɪk]
semáforo (m)	traffic lights	['træfɪk laɪts]
transporte (m) público	public transportation	['pʌblɪk ˌtrænspɔː'teɪʃən]
cruzamento (m)	intersection	[ˌɪntə'sekʃən]
passadeira (f)	crosswalk	['krɒswɔːk]
passagem (f) subterrânea	pedestrian underpass	[pɪ'destrɪən 'ʌndəpɑːs]
cruzar, atravessar (vt)	to cross (vt)	[tə krɒs]
peão (m)	pedestrian	[pɪ'destrɪən]
passeio (m)	sidewalk	['saɪdwɔːk]
ponte (f)	bridge	[brɪʤ]
margem (f) do rio	embankment	[ɪm'bæŋkmənt]
alameda (f)	allée	[ale]
parque (m)	park	[pɑːk]
bulevar (m)	boulevard	['buːləvɑːd]
praça (f)	square	[skweə(r)]
avenida (f)	avenue	['ævənjuː]
rua (f)	street	[striːt]
travessa (f)	side street	[saɪd striːt]
beco (m) sem saída	dead end	[ˌded 'end]
casa (f)	house	[haʊs]
edifício, prédio (m)	building	['bɪldɪŋ]
arranha-céus (m)	skyscraper	['skaɪˌskreɪpə(r)]
fachada (f)	facade	[fə'sɑːd]
telhado (m)	roof	[ruːf]

janela (f)	window	['wɪndəʊ]
arco (m)	arch	[ɑːtʃ]
coluna (f)	column	['kɒləm]
esquina (f)	corner	['kɔːnə(r)]

montra (f)	store window	['stɔː ˌwɪndəʊ]
letreiro (m)	signboard	['saɪnbɔːd]
cartaz (m)	poster	['pəʊstə(r)]
cartaz (m) publicitário	advertising poster	['ædvətaɪzɪŋ 'pəʊstə(r)]
painel (m) publicitário	billboard	['bɪlbɔːd]

lixo (m)	garbage, trash	['gɑːbɪdʒ], [træʃ]
cesta (f) do lixo	trash can	['træʃkæn]
jogar lixo na rua	to litter (vi)	[tə 'lɪtə(r)]
aterro (m) sanitário	garbage dump	['gɑːbɪdʒ dʌmp]

cabine (f) telefónica	phone booth	['fəʊn ˌbuːð]
candeeiro (m) de rua	street light	['striːt laɪt]
banco (m)	bench	[bentʃ]

polícia (m)	police officer	[pə'liːs 'ɒfɪsə(r)]
polícia (instituição)	police	[pə'liːs]
mendigo (m)	beggar	['begə(r)]
sem-abrigo (m)	homeless	['həʊmlɪs]

79. Instituições urbanas

loja (f)	store	[stɔː(r)]
farmácia (f)	drugstore, pharmacy	['drʌgstɔː(r)], ['fɑːməsɪ]
ótica (f)	eyeglass store	['aɪglɑːs stɔː(r)]
centro (m) comercial	shopping mall	['ʃɒpɪŋ mɔːl]
supermercado (m)	supermarket	['suːpəˌmɑːkɪt]

padaria (f)	bakery	['beɪkərɪ]
padeiro (m)	baker	['beɪkə(r)]
pastelaria (f)	pastry shop	['peɪstrɪ ʃɒp]
mercearia (f)	grocery store	['grəʊsərɪ stɔː(r)]
talho (m)	butcher shop	['bʊtʃəzʃɒp]

loja (f) de legumes	produce store	['prɒdjuːs stɔː]
mercado (m)	market	['mɑːkɪt]

café (m)	coffee house	['kɒfɪ ˌhaʊs]
restaurante (m)	restaurant	['restrɒnt]
bar (m), cervejaria (f)	pub, bar	[pʌb], [bɑː(r)]
pizzaria (f)	pizzeria	[ˌpiːtsə'rɪə]

salão (m) de cabeleireiro	hair salon	['heə 'sælɒn]
correios (m pl)	post office	[pəʊst 'ɒfɪs]
lavandaria (f)	dry cleaners	[ˌdraɪ 'kliːnəz]
estúdio (m) fotográfico	photo studio	['fəʊtəʊ 'stjuːdɪəʊ]

sapataria (f)	shoe store	['ʃuː stɔː(r)]
livraria (f)	bookstore	['bʊkstɔː(r)]

loja (f) de artigos de desporto	sporting goods store	['spɔːtɪŋ gʊdz stɔː(r)]
reparação (f) de roupa	clothes repair shop	[kləʊðz rɪ'peə(r) ʃɒp]
aluguer (m) de roupa	formal wear rental	['fɔːməl weə 'rentəl]
aluguer (m) de filmes	video rental store	['vɪdɪəʊ 'rentəl stɔː]

circo (m)	circus	['sɜːkəs]
jardim (m) zoológico	zoo	[zuː]
cinema (m)	movie theater	['muːvɪ 'θɪətə(r)]
museu (m)	museum	[mjuːˈziːəm]
biblioteca (f)	library	['laɪbrərɪ]

teatro (m)	theater	['θɪətə(r)]
ópera (f)	opera	['ɒpərə]
clube (m) noturno	nightclub	[naɪt klʌb]
casino (m)	casino	[kə'siːnəʊ]

mesquita (f)	mosque	[mɒsk]
sinagoga (f)	synagogue	['sɪnəgɒg]
catedral (f)	cathedral	[kə'θiːdrəl]
templo (m)	temple	['tempəl]
igreja (f)	church	[tʃɜːtʃ]

instituto (m)	college	['kɒlɪdʒ]
universidade (f)	university	[juːnɪ'vɜːsətɪ]
escola (f)	school	[skuːl]

prefeitura (f)	prefecture	['priːfek,tjʊə(r)]
câmara (f) municipal	city hall	['sɪtɪ ,hɔːl]
hotel (m)	hotel	[həʊ'tel]
banco (m)	bank	[bæŋk]

embaixada (f)	embassy	['embəsɪ]
agência (f) de viagens	travel agency	['trævəl 'eɪdʒənsɪ]
agência (f) de informações	information office	[ˌɪnfə'meɪʃən 'ɒfɪs]
casa (f) de câmbio	currency exchange	['kʌrənsɪ ɪks'tʃeɪndʒ]

| metro (m) | subway | ['sʌbweɪ] |
| hospital (m) | hospital | ['hɒspɪtəl] |

| posto (m) de gasolina | gas station | [gæs 'steɪʃən] |
| parque (m) de estacionamento | parking lot | ['pɑːkɪŋ lɒt] |

80. Sinais

letreiro (m)	signboard	['saɪnbɔːd]
inscrição (f)	notice	['nəʊtɪs]
cartaz, póster (m)	poster	['pəʊstə(r)]
sinal (m) informativo	direction sign	[dɪ'rekʃen saɪn]
seta (f)	arrow	['ærəʊ]

aviso (advertência)	caution	['kɔːʃən]
sinal (m) de aviso	warning sign	['wɔːnɪŋ saɪn]
avisar, advertir (vt)	to warn (vt)	[tə wɔːn]
dia (m) de folga	rest day	[rest deɪ]

| horário (m) | timetable | ['taɪmˌteɪbəl] |
| horário (m) de funcionamento | opening hours | ['əʊpənɪŋ ˌaʊəz] |

BEM-VINDOS!	WELCOME!	['welkəm]
ENTRADA	ENTRANCE	['entrəns]
SAÍDA	EXIT	['eksɪt]

EMPURRE	PUSH	[pʊʃ]
PUXE	PULL	[pʊl]
ABERTO	OPEN	['əʊpən]
FECHADO	CLOSED	[kləʊzd]

| MULHER | WOMEN | ['wɪmɪn] |
| HOMEM | MEN | ['men] |

DESCONTOS	DISCOUNTS	['dɪskaʊnts]
SALDOS	SALE	[seɪl]
NOVIDADE!	NEW!	[nju:]
GRÁTIS	FREE	[fri:]

ATENÇÃO!	ATTENTION!	[ə'tenʃən]
NÃO HÁ VAGAS	NO VACANCIES	[nəʊ 'veɪkənsɪz]
RESERVADO	RESERVED	[rɪ'zɜ:vd]

| ADMINISTRAÇÃO | ADMINISTRATION | [ədˌmɪnɪ'streɪʃən] |
| SOMENTE PESSOAL AUTORIZADO | STAFF ONLY | [stɑ:f 'əʊnlɪ] |

CUIDADO CÃO FEROZ	BEWARE OF THE DOG!	[bɪ'weə əv ðə ˌdɒg]
PROIBIDO FUMAR!	NO SMOKING	[nəʊ 'sməʊkɪŋ]
NÃO TOCAR	DO NOT TOUCH!	[də nɒt 'tʌtʃ]

PERIGOSO	DANGEROUS	['deɪndʒərəs]
PERIGO	DANGER	['deɪndʒə(r)]
ALTA TENSÃO	HIGH VOLTAGE	[haɪ 'vəʊltɪdʒ]
PROIBIDO NADAR	NO SWIMMING!	[nəʊ 'swɪmɪŋ]
AVARIADO	OUT OF ORDER	[ˌaʊt əv 'ɔ:də(r)]

INFLAMÁVEL	FLAMMABLE	['flæməbəl]
PROIBIDO	FORBIDDEN	[fə'bɪdən]
ENTRADA PROIBIDA	NO TRESPASSING!	[nəʊ 'trespəsɪŋ]
CUIDADO TINTA FRESCA	WET PAINT	[wet peɪnt]

81. Transportes urbanos

autocarro (m)	bus	[bʌs]
elétrico (m)	streetcar	['stri:tkɑ:(r)]
troleicarro (m)	trolley bus	['trɒlɪbʌs]
itinerário (m)	route	[raʊt]
número (m)	number	['nʌmbə(r)]

ir de ... (carro, etc.)	to go by ...	[tə gəʊ baɪ]
entrar (~ no autocarro)	to get on	[tə get ɒn]
descer de ...	to get off ...	[tə get ɒf]

paragem (f)	stop	[stɒp]
próxima paragem (f)	next stop	[ˌnekst 'stɒp]
ponto (m) final	terminus	['tɜ:mɪnəs]
horário (m)	schedule	['skedʒʊl]
esperar (vt)	to wait (vi)	[tə weɪt]

| bilhete (m) | ticket | ['tɪkɪt] |
| custo (m) do bilhete | fare | [feə(r)] |

bilheteiro (m)	cashier	[kæ'ʃɪə(r)]
controlo (m) dos bilhetes	ticket inspection	['tɪkɪt ɪn'spekʃən]
revisor (m)	ticket inspector	['tɪkɪt ɪn'spektə(r)]

| atrasar-se (vr) | to be late | [tə bi 'leɪt] |
| estar com pressa | to be in a hurry | [tə bi ɪn ə 'hʌrɪ] |

táxi (m)	taxi, cab	['tæksɪ], [kæb]
taxista (m)	taxi driver	['tæksɪ 'draɪvə(r)]
de táxi (ir ~)	by taxi	[baɪ 'tæksɪ]
praça (f) de táxis	taxi stand	['tæksɪ stænd]
chamar um táxi	to call a taxi	[tə kɔ:l ə 'tæksɪ]
apanhar um táxi	to take a taxi	[tə ˌteɪk ə 'tæksɪ]

tráfego (m)	traffic	['træfɪk]
engarrafamento (m)	traffic jam	['træfɪk dʒæm]
horas (f pl) de ponta	rush hour	['rʌʃ ˌaʊə(r)]
estacionar (vi)	to park (vi)	[tə pɑ:k]
estacionar (vt)	to park (vt)	[tə pɑ:k]
parque (m) de estacionamento	parking lot	['pɑ:kɪŋ lɒt]

metro (m)	subway	['sʌbweɪ]
estação (f)	station	['steɪʃən]
ir de metro	to take the subway	[tə ˌteɪk ðə 'sʌbweɪ]
comboio (m)	train	[treɪn]
estação (f)	train station	[treɪn 'steɪʃən]

82. Turismo

monumento (m)	monument	['mɒnjʊmənt]
fortaleza (f)	fortress	['fɔ:trɪs]
palácio (m)	palace	['pælɪs]
castelo (m)	castle	['kɑ:səl]
torre (f)	tower	['taʊə(r)]
mausoléu (m)	mausoleum	[ˌmɔ:zə'lɪəm]

arquitetura (f)	architecture	['ɑ:kɪtektʃə(r)]
medieval	medieval	[ˌmedi'i:vəl]
antigo	ancient	['eɪnʃənt]
nacional	national	['næʃənəl]
conhecido	famous	['feɪməs]

turista (m)	tourist	['tʊərɪst]
guia (pessoa)	guide	[gaɪd]
excursão (f)	excursion	[ɪk'skɜ:ʃən]

| mostrar (vt) | to show (vt) | [tə ʃəʊ] |
| contar (vt) | to tell (vt) | [tə tel] |

encontrar (vt)	to find (vt)	[tə faɪnd]
perder-se (vr)	to get lost	[tə get lɒst]
mapa (~ do metrô)	map	[mæp]
mapa (~ da cidade)	map	[mæp]

lembrança (f), presente (m)	souvenir, gift	[ˌsuːvəˈnɪə], [gɪft]
loja (f) de presentes	gift shop	[ˈgɪftʃɒp]
fotografar (vt)	to take pictures	[tə ˌteɪk ˈpɪktʃəz]

83. Compras

comprar (vt)	to buy (vt)	[tə baɪ]
compra (f)	purchase	[ˈpɜːtʃəs]
fazer compras	to go shopping	[tə gəʊ ˈʃɒpɪŋ]
compras (f pl)	shopping	[ˈʃɒpɪŋ]

| estar aberta (loja, etc.) | to be open | [tə bi ˈəʊpən] |
| estar fechada | to be closed | [tə bi kləʊzd] |

calçado (m)	footwear, shoes	[ˈfʊtweə(r)], [ʃuːz]
roupa (f)	clothes, clothing	[kləʊðz], [ˈkləʊðɪŋ]
cosméticos (m pl)	cosmetics	[kɒzˈmetɪks]
alimentos (m pl)	food products	[fuːd ˈprɒdʌkts]
presente (m)	gift, present	[gɪft], [ˈprezənt]

vendedor (m)	salesman	[ˈseɪlzmən]
vendedora (f)	saleswoman	[ˈseɪlzˌwʊmən]
caixa (f)	check out, cash desk	[tʃek aʊt], [kæʃ desk]
espelho (m)	mirror	[ˈmɪrə(r)]
balcão (m)	counter	[ˈkaʊntə(r)]
cabine (f) de provas	fitting room	[ˈfɪtɪŋ ˌrum]

provar (vt)	to try on (vt)	[tə ˌtraɪ ˈɒn]
servir (vi)	to fit (vt)	[tə fɪt]
gostar (apreciar)	to like (vt)	[tə laɪk]

preço (m)	price	[praɪs]
etiqueta (f) de preço	price tag	[ˈpraɪs tæg]
custar (vt)	to cost (vt)	[tə kɒst]
Quanto?	How much?	[ˌhaʊ ˈmʌtʃ]
desconto (m)	discount	[ˈdɪskaʊnt]

não caro	inexpensive	[ˌɪnɪkˈspensɪv]
barato	cheap	[tʃiːp]
caro	expensive	[ɪkˈspensɪv]
É caro	It's expensive	[ɪts ɪkˈspensɪv]

aluguer (m)	rental	[ˈrentəl]
alugar (vestidos, etc.)	to rent (vt)	[tə rent]
crédito (m)	credit	[ˈkredɪt]
a crédito	on credit	[ɒn ˈkredɪt]

84. Dinheiro

dinheiro (m)	money	['mʌnɪ]
câmbio (m)	currency exchange	['kʌrənsɪ ɪks'ʧeɪndʒ]
taxa (f) de câmbio	exchange rate	[ɪks'ʧeɪndʒ reɪt]
Caixa Multibanco (m)	ATM	[ˌeɪtiː'em]
moeda (f)	coin	[kɔɪn]

dólar (m)	dollar	['dɒlə(r)]
euro (m)	euro	['juərəu]

lira (f)	lira	['lɪərə]
marco (m)	Deutschmark	['dɔɪʧmɑːk]
franco (m)	franc	[fræŋk]
libra (f) esterlina	pound sterling	[paund 'stɜːlɪŋ]
iene (m)	yen	[jen]

dívida (f)	debt	[det]
devedor (m)	debtor	['detə(r)]
emprestar (vt)	to lend (vt)	[tə lend]
pedir emprestado	to borrow (vt)	[tə 'bɒrəu]

banco (m)	bank	[bæŋk]
conta (f)	account	[ə'kaunt]
depositar (vt)	to deposit (vt)	[tə dɪ'pɒzɪt]

cartão (m) de crédito	credit card	['kredɪt kɑːd]
dinheiro (m) vivo	cash	[kæʃ]
cheque (m)	check	[ʧek]
passar um cheque	to write a check	[tə ˌraɪt ə 'ʧek]
livro (m) de cheques	checkbook	['ʧek.buk]

carteira (f)	wallet	['wɒlɪt]
porta-moedas (m)	change purse	[ʧeɪndʒ pɜːs]
cofre (m)	safe	[seɪf]

herdeiro (m)	heir	[eə(r)]
herança (f)	inheritance	[ɪn'herɪtəns]
fortuna (riqueza)	fortune	['fɔːʧuːn]

arrendamento (m)	lease	[liːs]
renda (f) de casa	rent	[rent]
alugar (vt)	to rent (vt)	[tə rent]

preço (m)	price	[praɪs]
custo (m)	cost	[kɒst]
soma (f)	sum	[sʌm]

gastos (m pl)	expenses	[ɪk'spensɪz]
economizar (vi)	to economize (vi, vt)	[tə ɪ'kɒnəmaɪz]
económico	economical	[ˌiːkə'nɒmɪkəl]

pagar (vt)	to pay (vi, vt)	[tə peɪ]
pagamento (m)	payment	['peɪmənt]
troco (m)	change	[ʧeɪndʒ]

imposto (m)	tax	[tæks]
multa (f)	fine	[faɪn]
multar (vt)	to fine (vt)	[tə faɪn]

85. Correios. Serviço postal

correios (m pl)	post office	[pəʊst 'ɒfɪs]
correio (m)	mail	[meɪl]
carteiro (m)	mailman	['meɪlmən]
horário (m)	opening hours	['əʊpənɪŋ ˌaʊəz]

carta (f)	letter	['letə(r)]
carta (f) registada	registered letter	['redʒɪstəd 'letə(r)]
postal (m)	postcard	['pəʊstkɑːd]
telegrama (m)	telegram	['telɪɡræm]
encomenda (f) postal	package, parcel	['pækɪdʒ], ['pɑːsəl]
remessa (f) de dinheiro	money transfer	['mʌnɪ træns'fɜː(r)]

receber (vt)	to receive (vt)	[tə rɪ'siːv]
enviar (vt)	to send (vt)	[tə send]
envio (m)	sending	['sendɪŋ]

endereço (m)	address	[ə'dres]
código (m) postal	ZIP code	['zɪp ˌkəʊd]
remetente (m)	sender	['sendə(r)]
destinatário (m)	receiver	[rɪ'siːvə(r)]

| nome (m) | first name | [fɜːst neɪm] |
| apelido (m) | surname, last name | ['sɜːneɪm], [lɑːst neɪm] |

tarifa (f)	rate	[reɪt]
ordinário	standard	['stændəd]
económico	economical	[ˌiːkə'nɒmɪkəl]

peso (m)	weight	[weɪt]
pesar (estabelecer o peso)	to weigh (vt)	[tə weɪ]
envelope (m)	envelope	['enveləʊp]
selo (m)	postage stamp	['pəʊstɪdʒ ˌstæmp]
colar o selo	to stamp an envelope	[tə stæmp ən 'enveləʊp]

Moradia. Casa. Lar

86. Casa. Habitação

casa (f)	house	[haʊs]
em casa	at home	[ət həʊm]
pátio (m)	yard	[jɑːd]
cerca (f)	fence	[fens]

tijolo (m)	brick	[brɪk]
de tijolos	brick	[brɪk]
pedra (f)	stone	[stəʊn]
de pedra	stone	[stəʊn]
betão (m)	concrete	['kɒŋkriːt]
de betão	concrete	['kɒŋkriːt]

novo	new	[njuː]
velho	old	[əʊld]
decrépito	ramshackle	['ræmʃækəl]
moderno	modern	['mɒdən]
de muitos andares	multistory	[ˌmʌltɪ'stɔːrɪ]
alto	tall	[tɔːl]

andar (m)	floor, story	[flɔː(r)], ['stɔːrɪ]
de um andar	single-story	['sɪŋɡəl 'stɔːrɪ]

andar (m) de baixo	first floor	[fɜːst flɔː(r)]
andar (m) de cima	top floor	[tɒp flɔː(r)]

telhado (m)	roof	[ruːf]
chaminé (f)	chimney	['ʧɪmnɪ]

telha (f)	roof tiles	[ruːf taɪlz]
de telha	tiled	[taɪld]
sótão (m)	attic	['ætɪk]

janela (f)	window	['wɪndəʊ]
vidro (m)	glass	[glɑːs]

parapeito (m)	window ledge	['wɪndəʊ ledʒ]
portadas (f pl)	shutters	['ʃʌtəz]

parede (f)	wall	[wɔːl]
varanda (f)	balcony	['bælkənɪ]
tubo (m) de queda	downspout	['daʊnspaʊt]

em cima	upstairs	[ˌʌp'steəz]
subir (~ as escadas)	to go upstairs	[tə gəʊ ˌʌp'steəz]
descer (vi)	to come down	[tə kʌm daʊn]
mudar-se (vr)	to move (vi)	[tə muːv]

87. Casa. Entrada. Elevador

entrada (f)	entrance	['entrəns]
escada (f)	stairs	[steəz]
degraus (m pl)	steps	[steps]
corrimão (m)	banister	['bænɪstə(r)]
hall (m) de entrada	lobby	['lɒbɪ]
caixa (f) de correio	mailbox	['meɪlbɒks]
caixote (m) do lixo	garbage can	['gɑ:bɪdʒ kæn]
conduta (f) do lixo	trash chute	['træʃʃu:t]
elevador (m)	elevator	['elɪveɪtə(r)]
elevador (m) de carga	freight elevator	[freɪt 'elɪveɪtə(r)]
cabine (f)	elevator cage	['elɪveɪtə keɪdʒ]
pegar o elevador	to take the elevator	[tə teɪk ðɪ 'elɪveɪtə(r)]
apartamento (m)	apartment	[ə'pɑ:tmənt]
moradores (m pl)	residents	['rezɪdənts]
vizinhos (pl)	neighbors	['neɪbəz]

88. Casa. Eletricidade

eletricidade (f)	electricity	[ˌɪlek'trɪsətɪ]
lâmpada (f)	light bulb	['laɪt ˌbʌlb]
interruptor (m)	switch	[swɪtʃ]
fusível (m)	fuze, fuse	[fju:z]
fio, cabo (m)	cable, wire	['keɪbəl], ['waɪə]
instalação (f) elétrica	wiring	['waɪərɪŋ]
contador (m) de eletricidade	electricity meter	[ˌɪlek'trɪsətɪ 'mi:tə(r)]
indicação (f), registo (m)	readings	['ri:dɪŋz]

89. Casa. Portas. Fechaduras

porta (f)	door	[dɔ:(r)]
portão (m)	gate	['geɪt]
maçaneta (f)	handle	['hændəl]
destrancar (vt)	to unlock (vt)	[tə ˌʌn'lɒk]
abrir (vt)	to open (vt)	[tə 'əʊpən]
fechar (vt)	to close (vt)	[tə kləʊz]
chave (f)	key	[ki:]
molho (m)	bunch	[bʌntʃ]
ranger (vi)	to creak (vi)	[tə kri:k]
rangido (m)	creak	[kri:k]
dobradiça (f)	hinge	[hɪndʒ]
tapete (m) de entrada	doormat	['dɔ:mæt]
fechadura (f)	lock	[lɒk]
buraco (m) da fechadura	keyhole	['ki:həʊl]

ferrolho (m)	crossbar	['krɒsbɑ:(r)]
fecho (ferrolho pequeno)	latch	[lætʃ]
cadeado (m)	padlock	['pædlɒk]

tocar (vt)	to ring (vt)	[tə rɪŋ]
toque (m)	ringing	['rɪŋɪŋ]
campainha (f)	doorbell	['dɔːbel]
botão (m)	bell-button	[bel 'bʌtən]
batida (f)	knock	[nɒk]
bater (vi)	to knock (vi)	[tə nɒk]

código (m)	code	[kəʊd]
fechadura (f) de código	code lock	[kəʊd ˌlɒk]
telefone (m) de porta	intercom	['ɪntəkɒm]
número (m)	number	['nʌmbə(r)]
placa (f) de porta	doorplate	['dɔːpleɪt]
vigia (f), olho (m) mágico	peephole	['piːphəʊl]

90. Casa de campo

aldeia (f)	village	['vɪlɪdʒ]
horta (f)	vegetable garden	['vedʒtəbəl 'gɑːdən]
cerca (f)	fence	[fens]
paliçada (f)	picket fence	['pɪkɪt fens]
cancela (f) do jardim	wicket gate	['wɪkɪt geɪt]

celeiro (m)	granary	['grænərɪ]
adega (f)	root cellar	[ruːt 'selə(r)]
galpão, barracão (m)	shed	[ʃed]
poço (m)	water well	['wɔːtə wel]

fogão (m)	stove	[stəʊv]
atiçar o fogo	to heat the stove	[tə hiːt ðə stəʊv]
lenha (carvão ou ~)	firewood	['faɪəwʊd]
acha (lenha)	log	[lɒg]

varanda (f)	veranda	[və'rændə]
alpendre (m)	deck, terrace	[dek], ['terəs]
degraus (m pl) de entrada	front steps	['frʌnt ˌsteps]
balouço (m)	swing	[swɪŋ]

91. Moradia. Mansão

casa (f) de campo	country house	['kʌntrɪ haʊs]
vila (f)	villa	['vɪlə]
ala (~ do edifício)	wing	[wɪŋ]

jardim (m)	garden	['gɑːdən]
parque (m)	park	[pɑːk]
estufa (f)	conservatory	[kən'sɜːvətrɪ]
cuidar de ...	to look after	[tə ˌlʊk 'ɑːftə(r)]
piscina (f)	swimming pool	['swɪmɪŋ puːl]

ginásio (m)	gym	[ʤɪm]
campo (m) de ténis	tennis court	['tenɪs kɔːt]
cinema (m)	home theater room	[həʊm 'θɪətə rʊm]
garagem (f)	garage	[gə'rɑːʒ]

| propriedade (f) privada | private property | ['praɪvɪt 'prɒpətɪ] |
| terreno (m) privado | private land | ['praɪvɪt lænd] |

| advertência (f) | warning | ['wɔːnɪŋ] |
| sinal (m) de aviso | warning sign | ['wɔːnɪŋ saɪn] |

guarda (f)	security	[sɪ'kjʊərətɪ]
guarda (m)	security guard	[sɪ'kjʊərətɪ gɑːd]
alarme (m)	burglar alarm	['bɜːglə ə'lɑːm]

92. Castelo. Palácio

castelo (m)	castle	['kɑːsəl]
palácio (m)	palace	['pælɪs]
fortaleza (f)	fortress	['fɔːtrɪs]

muralha (f)	wall	[wɔːl]
torre (f)	tower	['taʊə(r)]
calabouço (m)	keep, donjon	[kiːp], ['dɒnʤən]

grade (f) levadiça	portcullis	[ˌpɔː't'kʌlɪs]
passagem (f) subterrânea	underground passage	['ʌndəgraʊnd 'pæsɪʤ]
fosso (m)	moat	[məʊt]
corrente, cadeia (f)	chain	[ʧeɪn]
seteira (f)	arrow loop	['ærəʊ luːp]

magnífico	magnificent	[mæg'nɪfɪsənt]
majestoso	majestic	[mə'ʤestɪk]
inexpugnável	impregnable	[ɪm'pregnəbəl]
medieval	medieval	[ˌmedɪ'iːvəl]

93. Apartamento

apartamento (m)	apartment	[ə'pɑːtmənt]
quarto (m)	room	[rʊm]
quarto (m) de dormir	bedroom	['bedrʊm]
sala (f) de jantar	dining room	['daɪnɪŋ rʊm]
sala (f) de estar	living room	['lɪvɪŋ ruːm]
escritório (m)	study	['stʌdɪ]

antessala (f)	entry room	['entrɪ ruːm]
quarto (m) de banho	bathroom	['bɑːθrʊm]
toilette (lavabo)	half bath	[hɑːf bɑːθ]

teto (m)	ceiling	['siːlɪŋ]
chão, soalho (m)	floor	[flɔː(r)]
canto (m)	corner	['kɔːnə(r)]

94. Apartamento. Limpeza

arrumar, limpar (vt)	to clean (vi, vt)	[tə kli:n]
pó (m)	dust	[dʌst]
empoeirado	dusty	['dʌstɪ]
limpar o pó	to dust (vt)	[tə dʌst]
aspirador (m)	vacuum cleaner	['vækjuəm 'kli:nə(r)]
aspirar (vt)	to vacuum (vt)	[tə 'vækjuəm]

varrer (vt)	to sweep (vi, vt)	[tə swi:p]
sujeira (f)	sweepings	['swi:pɪŋz]
arrumação (f), ordem (f)	order	['ɔ:də(r)]
desordem (f)	disorder	[dɪs'ɔ:də(r)]

esfregão (m)	mop	[mɒp]
pano (m), trapo (m)	dust cloth	[dʌst klɒθ]
vassoura (f)	broom	[bru:m]
pá (f) de lixo	dustpan	['dʌstpæn]

95. Mobiliário. Interior

mobiliário (m)	furniture	['fɜ:nɪʧə(r)]
mesa (f)	table	['teɪbəl]
cadeira (f)	chair	[ʧeə(r)]
cama (f)	bed	[bed]
divã (m)	couch, sofa	[kauʧ], ['səufə]
cadeirão (m)	armchair	['ɑ:mʧeə(r)]

estante (f)	bookcase	['bukkeɪs]
prateleira (f)	shelf	[ʃelf]

guarda-vestidos (m)	wardrobe	['wɔ:drəub]
cabide (m) de parede	coat rack	['kəut ˌræk]
cabide (m) de pé	coat stand	['kəut stænd]

cómoda (f)	bureau, dresser	['bjuərəu], ['dresə(r)]
mesinha (f) de centro	coffee table	['kɒfɪ 'teɪbəl]

espelho (m)	mirror	['mɪrə(r)]
tapete (m)	carpet	['kɑ:pɪt]
tapete (m) pequeno	rug, small carpet	[rʌg], [smɔ:l 'kɑ:pɪt]

lareira (f)	fireplace	['faɪəpleɪs]
vela (f)	candle	['kændəl]
castiçal (m)	candlestick	['kændəlstɪk]

cortinas (f pl)	drapes	[dreɪps]
papel (m) de parede	wallpaper	['wɔ:lˌpeɪpə(r)]
estores (f pl)	blinds	[blaɪndz]

candeeiro (m) de mesa	table lamp	['teɪbəl læmp]
candeeiro (m) de pé	floor lamp	[flɔ: læmp]
lustre (m)	chandelier	[ʃændə'lɪə(r)]

pé (de mesa, etc.)	leg	[leg]
braço (m)	armrest	['ɑ:mrest]
costas (f pl)	back	[bæk]
gaveta (f)	drawer	[drɔ:(r)]

96. Quarto de dormir

roupa (f) de cama	bedclothes	['bedkləʊðz]
almofada (f)	pillow	['pɪləʊ]
fronha (f)	pillowcase	['pɪləʊkeɪs]
cobertor (m)	duvet, comforter	['du:veɪ], ['kʌmfətə(r)]
lençol (m)	sheet	[ʃi:t]
colcha (f)	bedspread	['bedspred]

97. Cozinha

cozinha (f)	kitchen	['kɪtʃɪn]
gás (m)	gas	[gæs]
fogão (m) a gás	gas stove	['gæs stəʊv]
fogão (m) elétrico	electric stove	[ɪ'lektrɪk stəʊv]
forno (m)	oven	['ʌvən]
forno (m) de micro-ondas	microwave oven	['maɪkrəweɪv 'ʌvən]

frigorífico (m)	fridge	[frɪdʒ]
congelador (m)	freezer	['fri:zə(r)]
máquina (f) de lavar louça	dishwasher	['dɪʃˌwɒʃə(r)]

moedor (m) de carne	meat grinder	[mi:t 'graɪndə(r)]
espremedor (m)	juicer	['dʒu:sə]
torradeira (f)	toaster	['təʊstə(r)]
batedeira (f)	mixer	['mɪksə(r)]

máquina (f) de café	coffee machine	['kɒfɪ mə'ʃi:n]
cafeteira (f)	coffee pot	['kɒfɪ pɒt]
moinho (m) de café	coffee grinder	['kɒfɪ 'graɪndə(r)]

chaleira (f)	kettle	['ketəl]
bule (m)	teapot	['ti:pɒt]
tampa (f)	lid	[lɪd]
coador (m) de chá	tea strainer	[ti: 'streɪnə(r)]

colher (f)	spoon	[spu:n]
colher (f) de chá	teaspoon	['ti:spu:n]
colher (f) de sopa	soup spoon	[su:p spu:n]
garfo (m)	fork	[fɔ:k]
faca (f)	knife	[naɪf]

louça (f)	tableware	['teɪbəlweə(r)]
prato (m)	plate	[pleɪt]
pires (m)	saucer	['sɔ:sə(r)]
cálice (m)	shot glass	[ʃɒt glɑ:s]
copo (m)	glass	[glɑ:s]

chávena (f)	cup	[kʌp]
açucareiro (m)	sugar bowl	[ˈʃʊɡə ˌbəʊl]
saleiro (m)	salt shaker	[sɒlt ˈʃeɪkə]
pimenteiro (m)	pepper shaker	[ˈpepə ˈʃeɪkə]
manteigueira (f)	butter dish	[ˈbʌtə dɪʃ]

panela, caçarola (f)	stock pot	[stɒk pɒt]
frigideira (f)	frying pan	[ˈfraɪɪŋ pæn]
concha (f)	ladle	[ˈleɪdəl]
passador (m)	colander	[ˈkʌləndə(r)]
bandeja (f)	tray	[treɪ]

garrafa (f)	bottle	[ˈbɒtəl]
boião (m) de vidro	jar	[dʒɑː(r)]
lata (f)	can	[kæn]

abre-garrafas (m)	bottle opener	[ˈbɒtəl ˈəʊpənə(r)]
abre-latas (m)	can opener	[kæn ˈəʊpənə(r)]
saca-rolhas (m)	corkscrew	[ˈkɔːkskruː]
filtro (m)	filter	[ˈfɪltə(r)]
filtrar (vt)	to filter (vt)	[tə ˈfɪltə(r)]

| lixo (m) | trash | [træʃ] |
| balde (m) do lixo | trash can | [ˈtræʃkæn] |

98. Casa de banho

quarto (m) de banho	bathroom	[ˈbɑːθrʊm]
água (f)	water	[ˈwɔːtə(r)]
torneira (f)	faucet	[ˈfɔːsɪt]
água (f) quente	hot water	[hɒt ˈwɔːtə(r)]
água (f) fria	cold water	[ˌkəʊld ˈwɔːtə(r)]

| pasta (f) de dentes | toothpaste | [ˈtuːθpeɪst] |
| escovar os dentes | to brush one's teeth | [tə brʌʃ wʌns ˈtiːθ] |

barbear-se (vr)	to shave (vi)	[tə ʃeɪv]
espuma (f) de barbear	shaving foam	[ˈʃeɪvɪŋ fəʊm]
máquina (f) de barbear	razor	[ˈreɪzə(r)]

lavar (vt)	to wash (vt)	[tə wɒʃ]
lavar-se (vr)	to take a bath	[tə teɪk ə bɑːθ]
duche (m)	shower	[ˈʃaʊə(r)]
tomar um duche	to take a shower	[tə teɪk ə ˈʃaʊə(r)]

banheira (f)	bathtub	[ˈbɑːθtʌb]
sanita (f)	toilet	[ˈtɔɪlɪt]
lavatório (m)	sink, washbasin	[sɪŋk], [ˈwɒʃˌbeɪsən]

| sabonete (m) | soap | [səʊp] |
| saboneteira (f) | soap dish | [ˈsəʊpdɪʃ] |

| esponja (f) | sponge | [spʌndʒ] |
| champô (m) | shampoo | [ʃæmˈpuː] |

| toalha (f) | towel | ['tauəl] |
| roupão (m) de banho | bathrobe | ['bɑ:θrəub] |

lavagem (f)	laundry	['lɔ:ndrɪ]
máquina (f) de lavar	washing machine	['wɒʃɪŋ mə'ʃi:n]
lavar a roupa	to do the laundry	[tə du: ðə 'lɔ:ndrɪ]
detergente (m)	laundry detergent	['lɔ:ndrɪ dɪ'tɜ:dʒənt]

99. Eletrodomésticos

televisor (m)	TV set	[ˌti:'vi: set]
gravador (m)	tape recorder	[teɪp rɪ'kɔ:də(r)]
videogravador (m)	video, VCR	['vɪdɪəu], [ˌvi:si:'ɑ:(r)]
rádio (m)	radio	['reɪdɪəu]
leitor (m)	player	['pleɪə(r)]

projetor (m)	video projector	['vɪdɪəu prə'dʒektə(r)]
cinema (m) em casa	home movie theater	[həum 'mu:vɪ 'θɪətə(r)]
leitor (m) de DVD	DVD player	[ˌdi:vi:'di: 'pleɪə(r)]
amplificador (m)	amplifier	['æmplɪfaɪə]
console (f) de jogos	video game console	['vɪdɪəu geɪm 'kɒnsəul]

câmara (f) de vídeo	video camera	['vɪdɪəu 'kæmərə]
máquina (f) fotográfica	camera	['kæmərə]
câmara (f) digital	digital camera	['dɪdʒɪtəl 'kæmərə]

aspirador (m)	vacuum cleaner	['vækjuəm 'kli:nə(r)]
ferro (m) de engomar	iron	['aɪrən]
tábua (f) de engomar	ironing board	['aɪrənɪŋ bɔ:d]

telefone (m)	telephone	['telɪfəun]
telemóvel (m)	cell phone	['selfəun]
máquina (f) de escrever	typewriter	['taɪpˌraɪtə(r)]
máquina (f) de costura	sewing machine	['səuɪŋ mə'ʃi:n]

microfone (m)	microphone	['maɪkrəfəun]
auscultadores (m pl)	headphones	['hedfəunz]
controlo remoto (m)	remote control	[rɪ'məut kən'trəul]

CD (m)	CD, compact disc	[ˌsi:'di:], [kəm'pækt dɪsk]
cassete (f)	cassette, tape	[kæ'set], [teɪp]
disco (m) de vinil	vinyl record	['vaɪnɪl 'rekɔ:d]

100. Reparações. Renovação

renovação (f)	renovations	[ˌrenə'veɪʃənz]
renovar (vt), fazer obras	to renovate (vt)	[tə 'renəveɪt]
reparar (vt)	to repair (vt)	[tə rɪ'peə(r)]
consertar (vt)	to put in order	[tə put ɪn 'ɔ:də(r)]
refazer (vt)	to redo (vt)	[tə ˌri:'du:]
tinta (f)	paint	[peɪnt]
pintar (vt)	to paint (vt)	[tə peɪnt]

| pintor (m) | house painter | [haʊs 'peɪntə(r)] |
| pincel (m) | brush | [brʌʃ] |

| cal (f) | whitewash | ['waɪtwɒʃ] |
| caiar (vt) | to whitewash (vt) | [tə 'waɪtwɒʃ] |

papel (m) de parede	wallpaper	['wɔːlˌpeɪpə(r)]
colocar papel de parede	to wallpaper (vt)	[tə 'wɔːlˌpeɪpə]
verniz (m)	varnish	['vɑːnɪʃ]
envernizar (vt)	to varnish (vt)	[tə 'vɑːnɪʃ]

101. Canalizações

água (f)	water	['wɔːtə(r)]
água (f) quente	hot water	[hɒt 'wɔːtə(r)]
água (f) fria	cold water	[ˌkəʊld 'wɔːtə(r)]
torneira (f)	faucet	['fɔːsɪt]

gota (f)	drop	[drɒp]
gotejar (vi)	to drip (vi)	[tə drɪp]
vazar (vt)	to leak (vi)	[tə liːk]
vazamento (m)	leak	[liːk]
poça (f)	puddle	['pʌdəl]

tubo (m)	pipe	[paɪp]
válvula (f)	valve	[vælv]
entupir-se (vr)	to be clogged up	[tə biː ˌklɒgd 'ʌp]

ferramentas (f pl)	tools	[tuːlz]
chave (f) inglesa	adjustable wrench	[ə'dʒʌstəbəl rentʃ]
desenroscar (vt)	to unscrew (vt)	[tə ˌʌn'skruː]
enroscar (vt)	to screw (vt)	[tə skruː]

desentupir (vt)	to unclog (vt)	[tə ˌʌn'klɒg]
canalizador (m)	plumber	['plʌmə(r)]
cave (f)	basement	['beɪsmənt]
sistema (m) de esgotos	sewerage	['suərɪdʒ]

102. Fogo. Deflagração

incêndio (m)	fire	['faɪə(r)]
chama (f)	flame	[fleɪm]
faísca (f)	spark	[spɑːk]
fumo (m)	smoke	[sməʊk]
tocha (f)	torch	[tɔːtʃ]
fogueira (f)	campfire	['kæmpˌfaɪə(r)]

gasolina (f)	gas, gasoline	[gæs], ['gæsəliːn]
querosene (m)	kerosene	['kerəsiːn]
inflamável	flammable	['flæməbəl]
explosivo	explosive	[ɪk'spləʊsɪv]
PROIBIDO FUMAR!	NO SMOKING	[nəʊ 'sməʊkɪŋ]

segurança (f)	**safety**	['seɪftɪ]
perigo (m)	**danger**	['deɪndʒə(r)]
perigoso	**dangerous**	['deɪndʒərəs]
incendiar-se (vr)	**to catch fire**	[tə kætʃ 'faɪə(r)]
explosão (f)	**explosion**	[ɪk'spləʊʒən]
incendiar (vt)	**to set fire**	[tə set 'faɪə(r)]
incendiário (m)	**arsonist**	['ɑːsənɪst]
incêndio (m) criminoso	**arson**	['ɑːsən]
arder (vi)	**to blaze** (vi)	[tə bleɪz]
queimar (vi)	**to burn** (vi)	[tə bɜːn]
queimar tudo (vi)	**to burn down** (vi)	[tə bɜːn daʊn]
chamar os bombeiros	**to call the fire department**	[tə kɔːl ðə 'faɪə dɪ'pɑːtmənt]
bombeiro (m)	**fireman**	['faɪəmən]
carro (m) de bombeiros	**fire truck**	['faɪər trʌk]
corpo (m) de bombeiros	**fire department**	['faɪə dɪ'pɑːtmənt]
escada (f) extensível	**fire truck ladder**	['faɪər trʌk 'lædə]
mangueira (f)	**fire hose**	[ˌfaɪə 'həʊz]
extintor (m)	**fire extinguisher**	['faɪər ɪk'stɪŋgwɪʃə(r)]
capacete (m)	**helmet**	['helmɪt]
sirene (f)	**siren**	['saɪərən]
gritar (vi)	**to cry** (vi)	[tə kraɪ]
chamar por socorro	**to call for help**	[tə kɔːl fɔː help]
salvador (m)	**rescuer**	['reskjʊə(r)]
salvar, resgatar (vt)	**to rescue** (vt)	[tə 'reskjuː]
chegar (vi)	**to arrive** (vi)	[tə ə'raɪv]
apagar (vt)	**to extinguish** (vt)	[tə ɪk'stɪŋgwɪʃ]
água (f)	**water**	['wɔːtə(r)]
areia (f)	**sand**	[sænd]
ruínas (f pl)	**ruins**	['ruːɪnz]
ruir (vi)	**to collapse** (vi)	[tə kə'læps]
desmoronar (vi)	**to fall down** (vi)	[tə fɔːl daʊn]
desabar (vi)	**to cave in**	[tə keɪv ɪn]
fragmento (m)	**piece of debris**	[piːs əv 'deɪbriː]
cinza (f)	**ash**	[æʃ]
sufocar (vi)	**to suffocate** (vi)	[tə 'sʌfəkeɪt]
perecer (vi)	**to be killed**	[tə biː 'kɪld]

ATIVIDADES HUMANAS

Emprego. Negócios. Parte 1

103. Escritório. O trabalho no escritório

escritório (~ de advogados)	office	['ɒfɪs]
escritório (do diretor, etc.)	office	['ɒfɪs]
secretário (m)	secretary	['sekrətərɪ]
secretária (f)	secretary	['sekrətərɪ]
diretor (m)	director	[dɪ'rektə(r)]
gerente (m)	manager	['mænɪdʒə(r)]
contabilista (m)	accountant	[ə'kaʊntənt]
empregado (m)	employee	[ɪm'plɔɪi:]
mobiliário (m)	furniture	['fɜːnɪʧə(r)]
mesa (f)	desk	[desk]
cadeira (f)	desk chair	[desk ʃeə(r)]
bloco (m) de gavetas	drawer unit	[drɔːr 'juːnɪt]
cabide (m) de pé	coat stand	['kəʊt stænd]
computador (m)	computer	[kəm'pjuːtə(r)]
impressora (f)	printer	['prɪntə(r)]
fax (m)	fax machine	[fæks mə'ʃiːn]
fotocopiadora (f)	photocopier	['fəʊtəʊˌkɒpɪə]
papel (m)	paper	['peɪpə(r)]
artigos (m pl) de escritório	office supplies	['ɒfɪs sə'plaɪs]
tapete (m) de rato	mouse pad	[maʊs pæd]
folha (f) de papel	sheet of paper	[ʃiːt əv 'peɪpə]
catálogo (m)	catalog	['kætəlɒg]
diretório (f) telefónico	phone directory	['fəʊn dɪ'rektərɪ]
documentação (f)	documentation	[ˌdɒkjʊmen'teɪʃən]
brochura (f)	brochure	[brəʊ'ʃʊr]
flyer (m)	leaflet	['liːflɪt]
amostra (f)	sample	['sɑːmpəl]
formação (f)	training meeting	['treɪnɪŋ 'miːtɪŋ]
reunião (f)	meeting	['miːtɪŋ]
hora (f) de almoço	lunch time	['lʌnʧ ˌtaɪm]
fazer uma cópia	to make a copy	[tə meɪk ə 'kɒpɪ]
tirar cópias	to make multiple copies	[tə meɪk 'mʌltɪpəl 'kɒpɪs]
receber um fax	to receive a fax	[tə rɪ'siːv ə 'fæks]
enviar um fax	to send a fax	[tə ˌsend ə 'fæks]
fazer uma chamada	to call (vi, vt)	[tə kɔːl]
responder (vt)	to answer (vi, vt)	[tə 'ɑːnsə(r)]

passar (vt)	to put through	[tə pʊt θru:]
marcar (vt)	to arrange (vt)	[tə ə'reɪndʒ]
demonstrar (vt)	to demonstrate (vt)	[tə 'demənstreɪt]
estar ausente	to be absent	[tə bi 'æbsənt]
ausência (f)	absence	['æbsəns]

104. Processos negociais. Parte 1

negócio (m)	business	['bɪznɪs]
firma, empresa (f)	firm	[fɜ:m]
companhia (f)	company	['kʌmpənɪ]
corporação (f)	corporation	[ˌkɔ:pə'reɪʃən]
empresa (f)	enterprise	['entəpraɪz]
agência (f)	agency	['eɪdʒənsɪ]

acordo (documento)	agreement	[ə'gri:mənt]
contrato (m)	contract	['kɒntrækt]
acordo (transação)	deal	[di:l]
encomenda (f)	order, command	['ɔ:də(r)], [kə'mɑ:nd]
cláusulas (f pl), termos (m pl)	terms	[tɜ:mz]

por grosso (adv)	wholesale	['həʊlseɪl]
por grosso (adj)	wholesale	['həʊlseɪl]
venda (f) por grosso	wholesale	['həʊlseɪl]
a retalho	retail	['ri:teɪl]
venda (f) a retalho	retail	['ri:teɪl]

concorrente (m)	competitor	[kəm'petɪtə(r)]
concorrência (f)	competition	[ˌkɒmpɪ'tɪʃən]
competir (vi)	to compete (vi)	[tə kəm'pi:t]

| sócio (m) | partner, associate | ['pɑ:tnə(r)], [ə'səʊʃɪət] |
| parceria (f) | partnership | ['pɑ:tnəʃɪp] |

crise (f)	crisis	['kraɪsɪs]
bancarrota (f)	bankruptcy	['bæŋkrʌptsɪ]
entrar em falência	to go bankrupt	[tə gəʊ 'bæŋkrʌpt]
dificuldade (f)	difficulty	['dɪfɪkəltɪ]
problema (m)	problem	['prɒbləm]
catástrofe (f)	catastrophe	[kə'tæstrəfɪ]

economia (f)	economy	[ɪ'kɒnəmɪ]
económico	economic	[ˌi:kə'nɒmɪk]
recessão (f) económica	economic recession	[ˌi:kə'nɒmɪk rɪ'seʃən]

| objetivo (m) | goal | [gəʊl] |
| tarefa (f) | task | [tɑ:sk] |

comerciar (vi, vt)	to trade (vi)	[tə treɪd]
rede (de distribuição)	network	['netwɜ:k]
estoque (m)	inventory, stock	['ɪnvəntərɪ], [stɒk]
sortimento (m)	range, assortment	[reɪndʒ], [ə'sɔ:tmənt]
líder (m)	leader	['li:də(r)]
grande (~ empresa)	big, large	[bɪg], [lɑ:dʒ]

monopólio (m)	monopoly	[mə'nɒpəlɪ]
teoria (f)	theory	['θɪərɪ]
prática (f)	practice	['præktɪs]
experiência (falar por ~)	experience	[ɪk'spɪərɪəns]
tendência (f)	trend	[trend]
desenvolvimento (m)	development	[dɪ'veləpmənt]

105. Processos negociais. Parte 2

| rentabilidade (f) | profit | ['prɒfɪt] |
| rentável | profitable | ['prɒfɪtəbəl] |

delegação (f)	delegation	[‚delɪ'geɪʃən]
salário, ordenado (m)	salary	['sælərɪ]
corrigir (um erro)	to correct (vt)	[tə kə'rekt]
viagem (f) de negócios	business trip	['bɪznɪs trɪp]
comissão (f)	commission	[kə'mɪʃən]

controlar (vt)	to control (vt)	[tə kən'trəʊl]
conferência (f)	conference	['kɒnfərəns]
licença (f)	license	['laɪsəns]
confiável	reliable	[rɪ'laɪəbəl]

empreendimento (m)	initiative	[ɪ'nɪʃətɪv]
norma (f)	norm	[nɔːm]
circunstância (f)	circumstance	['sɜːkəmstəns]
dever (m)	duty	['djuːtɪ]

empresa (f)	organization	[‚ɔːɡənaɪ'zeɪʃən]
organização (f)	organization	[‚ɔːɡənaɪ'zeɪʃən]
organizado	organized	['ɔːɡənaɪzd]
anulação (f)	cancellation	[‚kænsə'leɪʃən]
anular, cancelar (vt)	to cancel (vt)	[tə 'kænsəl]
relatório (m)	report	[rɪ'pɔːt]

patente (f)	patent	['pætənt]
patentear (vt)	to patent (vt)	[tə 'pætənt]
planear (vt)	to plan (vt)	[tə plæn]

prémio (m)	bonus	['bəʊnəs]
profissional	professional	[prə'feʃənəl]
procedimento (m)	procedure	[prə'siːdʒə(r)]

examinar (a questão)	to examine (vt)	[tə ɪɡ'zæmɪn]
cálculo (m)	calculation	[‚kælkjʊ'leɪʃən]
reputação (f)	reputation	[‚repjʊ'teɪʃən]
risco (m)	risk	[rɪsk]

dirigir (~ uma empresa)	to manage (vt)	[tə 'mænɪdʒ]
informação (f)	information	[‚ɪnfə'meɪʃən]
propriedade (f)	property	['prɒpətɪ]
união (f)	union	['juːnɪən]
seguro (m) de vida	life insurance	[laɪf ɪn'ʃʊə:rəns]
fazer um seguro	to insure (vt)	[tu ɪn'ʃʊə:(r)]

seguro (m)	insurance	[ɪnˈʃʊəːrəns]
leilão (m)	auction	[ˈɔːkʃən]
notificar (vt)	to notify (vt)	[tə ˈnəʊtɪfaɪ]
gestão (f)	management	[ˈmænɪdʒmənt]
serviço (indústria de ~s)	service	[ˈsɜːvɪs]

fórum (m)	forum	[ˈfɔːrəm]
funcionar (vi)	to function (vi)	[tə ˈfʌŋkʃən]
estágio (m)	stage	[steɪdʒ]
jurídico	legal	[ˈliːgəl]
jurista (m)	lawyer	[ˈlɔːjə(r)]

106. Produção. Trabalhos

usina (f)	plant	[plɑːnt]
fábrica (f)	factory	[ˈfæktərɪ]
oficina (f)	workshop	[ˈwɜːkʃɒp]
local (m) de produção	production site	[prəˈdʌkʃən saɪt]

indústria (f)	industry	[ˈɪndʌstrɪ]
industrial	industrial	[ɪnˈdʌstrɪəl]
indústria (f) pesada	heavy industry	[ˈhevɪ ˈɪndʌstrɪ]
indústria (f) ligeira	light industry	[laɪt ˈɪndʌstrɪ]

produção (f)	products	[ˈprɒdʌkts]
produzir (vt)	to produce (vt)	[tə prəˈdjuːs]
matérias-primas (f pl)	raw materials	[rɔː məˈtɪərɪəlz]

chefe (m) de brigada	foreman	[ˈfɔːmən]
brigada (f)	workers team	[ˈwɜːkəz tiːm]
operário (m)	worker	[ˈwɜːkə(r)]

dia (m) de trabalho	working day	[ˈwɜːkɪŋ deɪ]
pausa (f)	pause, break	[pɔːz], [breɪk]
reunião (f)	meeting	[ˈmiːtɪŋ]
discutir (vt)	to discuss (vt)	[tə dɪsˈkʌs]

plano (m)	plan	[plæn]
cumprir o plano	to fulfill the plan	[tə fʊlˈfɪl ðə plæn]
taxa (f) de produção	rate of output	[reɪt əv ˈaʊtpʊt]
qualidade (f)	quality	[ˈkwɒlɪtɪ]
controlo (m)	checking	[ˈtʃekɪŋ]
controlo (m) da qualidade	quality control	[ˈkwɒlɪtɪ kənˈtrəʊl]

segurança (f) no trabalho	workplace safety	[ˈwɜːkpleɪs ˈseɪftɪ]
disciplina (f)	discipline	[ˈdɪsɪplɪn]
infração (f)	violation	[ˌvaɪəˈleɪʃən]
violar (as regras)	to violate (vt)	[təˈvaɪəleɪt]

greve (f)	strike	[straɪk]
grevista (m)	striker	[ˈstraɪkə(r)]
estar em greve	to be on strike	[tə bi ɒn straɪk]
sindicato (m)	labor union	[ˈleɪbə ˈjuːnɪən]
inventar (vt)	to invent (vt)	[tə ɪnˈvent]

invenção (f)	invention	[ɪnˈvenʃən]
pesquisa (f)	research	[rɪˈsɜːʧ]
melhorar (vt)	to improve (vt)	[tu ɪmˈpruːv]
tecnologia (f)	technology	[tekˈnɒlədʒɪ]
desenho (m) técnico	technical drawing	[ˈteknɪkəl ˈdrɔːɪŋ]

carga (f)	load, cargo	[ləʊd], [ˈkɑːgəʊ]
carregador (m)	loader	[ˈləʊdə(r)]
carregar (vt)	to load (vt)	[tə ləʊd]
carregamento (m)	loading	[ˈləʊdɪŋ]

| descarregar (vt) | to unload (vi, vt) | [tə ˌʌnˈləʊd] |
| descarga (f) | unloading | [ˌʌnˈləʊdɪŋ] |

transporte (m)	transportation	[ˌtrænspɔːˈteɪʃən]
companhia (f) de transporte	transportation company	[ˌtrænspɔːˈteɪʃən ˈkʌmpənɪ]
transportar (vt)	to transport (vt)	[tə trænˈspɔːt]

vagão (m) de carga	freight car	[freɪt kɑː(r)]
cisterna (f)	tank	[tæŋk]
camião (m)	truck	[trʌk]

| máquina-ferramenta (f) | machine tool | [məˈʃiːn tuːl] |
| mecanismo (m) | mechanism | [ˈmekənɪzəm] |

resíduos (m pl) industriais	industrial waste	[ɪnˈdʌstrɪəl weɪst]
embalagem (f)	packing	[ˈpækɪŋ]
embalar (vt)	to pack (vt)	[tə pæk]

107. Contrato. Acordo

contrato (m)	contract	[ˈkɒntrækt]
acordo (m)	agreement	[əˈgriːmənt]
adenda (f), anexo (m)	addendum	[əˈdendəm]

| assinar o contrato | to sign a contract | [tə saɪn ə ˈkɒntrækt] |
| assinatura (f) | signature | [ˈsɪgnəʧə(r)] |

| assinar (vt) | to sign (vt) | [tə saɪn] |
| carimbo (m) | stamp, seal | [stæmp], [siːl] |

| objeto (m) do contrato | subject of the contract | [ˈsʌbdʒɪkt əv ðə ˈkɒntrækt] |
| cláusula (f) | clause | [klɔːz] |

| partes (f pl) | parties | [ˈpɑːtɪz] |
| morada (f) jurídica | legal address | [ˈliːgəl əˈdres] |

| violar o contrato | to violate the contract | [tə ˈvaɪəleɪt ðə ˈkɒntrækt] |
| obrigação (f) | commitment | [kəˈmɪtmənt] |

responsabilidade (f)	responsibility	[rɪˌspɒnsəˈbɪlɪtɪ]
força (f) maior	force majeure	[fɔːs mæˈʒɜː]
litígio (m), disputa (f)	dispute	[dɪˈspjuːt]
multas (f pl)	penalties	[ˈpenəltɪz]

108. Importação & Exportação

importação (f)	import	['impɔ:t]
importador (m)	importer	[im'pɔ:tə(r)]
importar (vt)	to import (vt)	[tə im'pɔ:t]
de importação	import	['impɔ:t]
exportação (f)	export	['ekspɔ:t]
exportador (m)	exporter	[ek'spɔ:tə(r)]
exportar (vt)	to export (vi, vt)	[tə ik'spɔ:t]
de exportação	export	['ekspɔ:t]
mercadoria (f)	goods	[gʊdz]
lote (de mercadorias)	consignment, lot	[ˌkən'sainmənt], [lɒt]
peso (m)	weight	[weit]
volume (m)	volume	['vɒlju:m]
metro (m) cúbico	cubic meter	['kju:bik 'mi:tə(r)]
produtor (m)	manufacturer	[ˌmænjʊ'fæktʃərə(r)]
companhia (f) de transporte	transportation company	[ˌtrænspɔ:'teiʃən 'kʌmpəni]
contentor (m)	container	[kən'teinə(r)]
fronteira (f)	border	['bɔ:də(r)]
alfândega (f)	customs	['kʌstəmz]
taxa (f) alfandegária	customs duty	['kʌstəmz 'dju:ti]
funcionário (m) da alfândega	customs officer	['kʌstəmz 'ɒfisə(r)]
contrabando (atividade)	smuggling	['smʌgliŋ]
contrabando (produtos)	contraband	['kɒntrəbænd]

109. Finanças

ação (f)	stock, share	[stɒk], [ʃeə(r)]
obrigação (f)	bond	[bɒnd]
nota (f) promissória	promissory note	['prɒmisəri nəʊt]
bolsa (f)	stock exchange	[stɒk iks'tʃeindʒ]
cotação (m) das ações	stock price	[stɒk prais]
tornar-se mais barato	to go down	[tə gəʊ daʊn]
tornar-se mais caro	to go up	[tə gəʊ ʌp]
parte (f)	share	[ʃeə(r)]
participação (f) maioritária	controlling interest	[kən'trəʊliŋ 'intrəst]
investimento (m)	investment	[in'vestmənt]
investir (vt)	to invest (vi, vt)	[tu in'vest]
percentagem (f)	percent	[pə'sent]
juros (m pl)	interest	['intrəst]
lucro (m)	profit	['prɒfit]
lucrativo	profitable	['prɒfitəbəl]
imposto (m)	tax	[tæks]

divisa (f)	currency	['kʌrənsɪ]
nacional	national	['næʃənəl]
câmbio (m)	exchange	[ɪks'ʧeɪndʒ]

| contabilista (m) | accountant | [ə'kaʊntənt] |
| contabilidade (f) | accounting | [ə'kaʊnts dɪ'pɑːtmənt] |

bancarrota (f)	bankruptcy	['bæŋkrʌptsɪ]
arruinar-se (vr)	to be ruined	[tə bi: 'ruːɪnd]
inflação (f)	inflation	[ɪn'fleɪʃən]
desvalorização (f)	devaluation	['diːˌvæljʊ'eɪʃən]

capital (m)	capital	['kæpɪtəl]
rendimento (m)	income	['ɪŋkʌm]
volume (m) de negócios	turnover	['tɜːnˌəʊvə(r)]
recursos (m pl)	resources	[rɪ'sɔːsɪz]
recursos (m pl) financeiros	monetary resources	['mʌnɪtərɪ rɪ'sɔːsɪz]

| despesas (f pl) gerais | overhead | ['əʊvəhed] |
| reduzir (vt) | to reduce (vt) | [tə rɪ'djuːs] |

110. Marketing

marketing (m)	marketing	['mɑːkɪtɪŋ]
mercado (m)	market	['mɑːkɪt]
segmento (m) do mercado	market segment	['mɑːkɪt 'segmənt]
produto (m)	product	['prɒdʌkt]
mercadoria (f)	goods	[gʊdz]

marca (f)	brand	[brænd]
marca (f) comercial	trade mark	[treɪd mɑːk]
logo (m)	logo	['ləʊgəʊ]

demanda (f)	demand	[dɪ'mɑːnd]
oferta (f)	supply	[sə'plaɪ]
necessidade (f)	need	[niːd]
consumidor (m)	consumer	[kən'sjuːmə(r)]

análise (f)	analysis	[ə'næləsɪs]
analisar (vt)	to analyze (vt)	[tu 'ænəlaɪz]
posicionamento (m)	positioning	[pə'zɪʃənɪŋ]
posicionar (vt)	to position (vt)	[tə pə'zɪʃən]

preço (m)	price	[praɪs]
política (f) de preços	pricing policy	['praɪsɪŋ 'pɒləsɪ]
formação (f) de preços	price formation	[praɪs fɔː'meɪʃən]

111. Publicidade

publicidade (f)	advertising	['ædvətaɪzɪŋ]
publicitar (vt)	to advertise (vt)	[tə 'ædvətaɪz]
orçamento (m)	budget	['bʌdʒɪt]

anúncio (m) publicitário	advertisement	[ˌædvəˈtaɪzmənt]
publicidade (f) televisiva	TV advertising	[ˌtiːˈviː ˈædvətaɪzɪŋ]
publicidade (f) na rádio	radio advertising	[ˈreɪdɪəʊ ˈædvətaɪzɪŋ]
publicidade (f) exterior	outdoor advertising	[ˈaʊtdɔː(r) ˈædvətaɪzɪŋ]

comunicação (f) de massa	mass media	[mæs ˈmiːdɪə]
periódico (m)	periodical	[ˌpɪərɪˈɒdɪkəl]
imagem (f)	image	[ˈɪmɪdʒ]

| slogan (m) | slogan | [ˈsləʊgən] |
| mote (m), divisa (f) | motto | [ˈmɒtəʊ] |

campanha (f)	campaign	[kæmˈpeɪn]
companha (f) publicitária	advertising campaign	[ˈædvətaɪzɪŋ kæmˈpeɪn]
grupo (m) alvo	target group	[ˈtɑːgɪt gruːp]

cartão (m) de visita	business card	[ˈbɪznɪs kɑːd]
flyer (m)	leaflet	[ˈliːflɪt]
brochura (f)	brochure	[brəʊˈʃʊr]
folheto (m)	pamphlet	[ˈpæmflɪt]
boletim (~ informativo)	newsletter	[ˈnjuːzˌletə(r)]

letreiro (m)	signboard	[ˈsaɪnbɔːd]
cartaz, póster (m)	poster	[ˈpəʊstə(r)]
painel (m) publicitário	billboard	[ˈbɪlbɔːd]

112. Banca

| banco (m) | bank | [bæŋk] |
| sucursal, balcão (f) | branch | [brɑːntʃ] |

| consultor (m) | clerk, consultant | [klɜːk], [kənˈsʌltənt] |
| gerente (m) | manager | [ˈmænɪdʒə(r)] |

conta (f)	bank account	[bæŋk əˈkaʊnt]
número (m) da conta	account number	[əˈkaʊnt ˈnʌmbə(r)]
conta (f) corrente	checking account	[ˈtʃekɪŋ əˈkaʊnt]
conta (f) poupança	savings account	[ˈseɪvɪŋz əˈkaʊnt]

| abrir uma conta | to open an account | [tu ˈəʊpən ən əˈkaʊnt] |
| fechar uma conta | to close the account | [tə kləʊz ðɪ əˈkaʊnt] |

depósito (m)	deposit	[dɪˈpɒzɪt]
fazer um depósito	to make a deposit	[tə meɪk ə dɪˈpɒzɪt]
transferência (f) bancária	wire transfer	[ˈwaɪə ˈtrænsfɜː(r)]
transferir (vt)	to wire, to transfer	[tə ˈwaɪə], [tə trænsˈfɜː]

| soma (f) | sum | [sʌm] |
| Quanto? | How much? | [ˌhaʊ ˈmʌtʃ] |

assinatura (f)	signature	[ˈsɪgnətʃə(r)]
assinar (vt)	to sign (vt)	[tə saɪn]
cartão (m) de crédito	credit card	[ˈkredɪt kɑːd]
código (m)	code	[kəʊd]

| número (m) do cartão de crédito | credit card number | ['kredɪt kɑːd 'nʌmbə(r)] |
| Caixa Multibanco (m) | ATM | [ˌeɪtiː'em] |

cheque (m)	check	[ʧek]
passar um cheque	to write a check	[tə ˌraɪt ə 'ʧek]
livro (m) de cheques	checkbook	['ʧekˌbʊk]

empréstimo (m)	loan	[ləʊn]
pedir um empréstimo	to apply for a loan	[tə ə'plaɪ fɔːrə ləʊn]
obter um empréstimo	to get a loan	[tə get ə ləʊn]
conceder um empréstimo	to give a loan	[tə gɪv ə ləʊn]
garantia (f)	guarantee	[ˌgærən'tiː]

113. Telefone. Conversação telefónica

telefone (m)	telephone	['telɪfəʊn]
telemóvel (m)	cell phone	['selfəʊn]
secretária (f) electrónica	answering machine	['ɑːnsərɪŋ mə'ʃiːn]

| fazer uma chamada | to call (vi, vt) | [tə kɔːl] |
| chamada (f) | phone call | [fəʊn kɔːl] |

marcar um número	to dial a number	[tə 'daɪəl ə 'nʌmbə(r)]
Alô!	Hello!	[hə'ləʊ]
perguntar (vt)	to ask (vt)	[tə ɑːsk]
responder (vt)	to answer (vi, vt)	[tə 'ɑːnsə(r)]

ouvir (vt)	to hear (vt)	[tə hɪə(r)]
bem	well	[wel]
mal	not well	[nɒt wel]
ruído (m)	noises	[nɔɪzɪz]
auscultador (m)	receiver	[rɪ'siːvə(r)]
pegar o telefone	to pick up the phone	[tə pɪk ʌp ðə fəʊn]
desligar (vi)	to hang up	[tə hæŋg ʌp]

ocupado	busy	['bɪzɪ]
tocar (vi)	to ring (vi)	[tə rɪŋ]
lista (f) telefónica	telephone book	['telɪfəʊn bʊk]

local	local	['ləʊkəl]
chamada (f) local	local call	['ləʊkəl kɔːl]
de longa distância	long distance	[lɒŋ 'dɪstəns]
chamada (f) de longa distância	long distance call	[lɒŋ 'dɪstəns kɔːl]
internacional	international	[ˌɪntə'næʃənəl]
chamada (f) internacional	international call	[ˌɪntə'næʃənəl kɔːl]

114. Telefone móvel

| telemóvel (m) | cell phone | ['selfəʊn] |
| ecrã (m) | display | [dɪ'spleɪ] |

| botão (m) | button | ['bʌtən] |
| cartão SIM (m) | SIM card | [sɪm kɑːd] |

bateria (f)	battery	['bætərɪ]
descarregar-se	to be dead	[tə bi ded]
carregador (m)	charger	['tʃɑːdʒə(r)]

menu (m)	menu	['menjuː]
definições (f pl)	settings	['setɪŋz]
melodia (f)	tune	[tjuːn]
escolher (vt)	to select (vt)	[tə sɪ'lekt]

calculadora (f)	calculator	['kælkjʊleɪtə(r)]
correio (m) de voz	voice mail	[vɔɪs meɪl]
despertador (m)	alarm clock	[ə'lɑːm klɒk]
contatos (m pl)	contacts	['kɒntækts]

| mensagem (f) de texto | SMS | [ˌesem'es] |
| assinante (m) | subscriber | [səb'skraɪbə(r)] |

115. Estacionário

| caneta (f) | ballpoint pen | ['bɔːlpɔɪnt pen] |
| caneta (f) tinteiro | fountain pen | ['faʊntɪn pen] |

lápis (m)	pencil	['pensəl]
marcador (m)	highlighter	['haɪlaɪtə(r)]
caneta (f) de feltro	felt-tip pen	[felt tɪp pen]

| bloco (m) de notas | notepad | ['nəʊtpæd] |
| agenda (f) | agenda | [ə'dʒendə] |

régua (f)	ruler	['ruːlə(r)]
calculadora (f)	calculator	['kælkjʊleɪtə(r)]
borracha (f)	eraser	[ɪ'reɪsə(r)]
pionés (m)	thumbtack	['θʌmtæk]
clipe (m)	paper clip	['peɪpə klɪp]

cola (f)	glue	[gluː]
agrafador (m)	stapler	['steɪplə(r)]
furador (m)	hole punch	[həʊl pʌntʃ]
afia-lápis (m)	pencil sharpener	['pensəl 'ʃɑːpənə(r)]

116. Vários tipos de documentos

relatório (m)	account	[ə'kaʊnt]
acordo (m)	agreement	[ə'griːmənt]
ficha (f) de inscrição	application form	[ˌæplɪ'keɪʃən fɔːm]
autêntico	authentic	[ɔː'θentɪk]
crachá (m)	badge	[bædʒ]
cartão (m) de visita	business card	['bɪznɪs kɑːd]
certificado (m)	certificate	[sə'tɪfɪkət]

cheque (m)	check	[ʧek]
conta (f)	check	[ʧek]
constituição (f)	constitution	[ˌkɒnstɪˈtjuːʃən]
contrato (m)	contract	[ˈkɒntrækt]
cópia (f)	copy	[ˈkɒpɪ]
exemplar (m)	copy	[ˈkɒpɪ]
declaração (f) alfandegária	customs declaration	[ˈkʌstəmz ˌdekləˈreɪʃən]
documento (m)	document	[ˈdɒkjʊmənt]
carta (f) de condução	driver's license	[ˈdraɪvəz ˌlaɪsəns]
adenda (ao contrato)	addendum	[əˈdendəm]
questionário (m)	form	[fɔːm]
bilhete (m) de identidade	ID card	[aɪˈdiː kɑːd]
inquérito (m)	inquiry	[ˈɪnkwərɪ]
convite (m)	invitation card	[ˌɪnvɪˈteɪʃən kɑːd]
fatura (f)	invoice	[ˈɪnvɔɪs]
lei (f)	law	[lɔː]
carta (correio)	letter, mail	[ˈletə(r)], [meɪl]
papel (m) timbrado	letterhead	[ˈletəhed]
lista (f)	list	[lɪst]
manuscrito (m)	manuscript	[ˈmænjʊskrɪpt]
boletim (~ informativo)	newsletter	[ˈnjuːzˌletə(r)]
bilhete (mensagem breve)	note	[nəʊt]
passe (m)	pass	[pɑːs]
passaporte (m)	passport	[ˈpɑːspɔːt]
permissão (f)	permit	[ˈpɜːmɪt]
CV, currículo (m)	résumé	[ˈrezjuːmeɪ]
vale (nota promissória)	debt note, IOU	[det nəʊt], [ˌaɪəʊˈjuː]
recibo (m)	receipt	[rɪˈsiːt]
talão (f)	sales slip, receipt	[ˈseɪlz slɪp], [rɪˈsiːt]
relatório (m)	report	[rɪˈpɔːt]
mostrar (vt)	to show (vt)	[tə ʃəʊ]
assinar (vt)	to sign (vt)	[tə saɪn]
assinatura (f)	signature	[ˈsɪgnəʧə(r)]
carimbo (m)	stamp, seal	[stæmp], [siːl]
texto (m)	text	[tekst]
bilhete (m)	ticket	[ˈtɪkɪt]
riscar (vt)	to cross out	[tə krɒs aʊt]
preencher (vt)	to fill out (vt)	[tə fɪl ˈaʊt]
guia (f) de remessa	waybill	[ˈweɪbɪl]
testamento (m)	will	[wɪl]

117. Tipos de negócios

serviços (m pl) de contabilidade	accounting services	[əˈkaʊntɪŋ ˈsɜːvɪsɪz]
publicidade (f)	advertising	[ˈædvətaɪzɪŋ]

agência (f) de publicidade	advertising agency	['ædvətaɪzɪŋ 'eɪdʒənsɪ]
ar (m) condicionado	air-conditioners	[eə kən'dɪʃənəz]
companhia (f) aérea	airline	['eəlaɪn]
bebidas (f pl) alcoólicas	alcoholic beverages	[ˌælkə'hɒlɪk 'bevərɪdʒɪz]
comércio (m) de antiguidades	antiquities	[æn'tɪkwətɪz]
galeria (f) de arte	art gallery	[ɑːt 'gælərɪ]
serviços (m pl) de auditoria	audit services	['ɔːdɪt 'sɜːvɪsɪz]
negócios (m pl) bancários	banking industry	['bæŋkɪŋ 'ɪndʌstrɪ]
bar (m)	pub, bar	[pʌb], [bɑː(r)]
salão (m) de beleza	beauty parlor	['bjuːtɪ 'pɑːlə(r)]
livraria (f)	bookstore	['bʊkstɔː(r)]
cervejaria (f)	brewery	['brʊərɪ]
centro (m) de escritórios	business center	['bɪznɪs 'sentə(r)]
escola (f) de negócios	business school	['bɪznɪs skuːl]
casino (m)	casino	[kə'siːnəʊ]
construção (f)	construction	[kən'strʌkʃən]
serviços (m pl) de consultoria	consulting	[kən'sʌltɪŋ]
estomatologia (f)	dental clinic	['dentəl 'klɪnɪk]
design (m)	design	[dɪ'zaɪn]
farmácia (f)	drugstore, pharmacy	['drʌgstɔː(r)], ['fɑːməsɪ]
lavandaria (f)	dry cleaners	[ˌdraɪ 'kliːnəz]
agência (f) de emprego	employment agency	[ɪm'plɔɪmənt 'eɪdʒənsɪ]
serviços (m pl) financeiros	financial services	[faɪ'nænʃəl 'sɜːvɪsɪz]
alimentos (m pl)	food products	[fuːd 'prɒdʌkts]
agência (f) funerária	funeral home	['fjuːnərəl həʊm]
mobiliário (m)	furniture	['fɜːnɪtʃə(r)]
roupa (f)	clothing, garment	['kləʊðɪŋ], ['gɑːmənt]
hotel (m)	hotel	[həʊ'tel]
gelado (m)	ice-cream	[aɪs kriːm]
indústria (f)	industry	['ɪndʌstrɪ]
seguro (m)	insurance	[ɪn'ʃʊərəns]
internet (f)	Internet	['ɪntənet]
investimento (m)	investments	[ɪn'vestmənts]
joalheiro (m)	jeweler	['dʒuːələ(r)]
joias (f pl)	jewelry	['dʒuːəlrɪ]
lavandaria (f)	laundry	['lɔːndrɪ]
serviços (m pl) jurídicos	legal advisor	['liːgəl əd'vaɪzə(r)]
indústria (f) ligeira	light industry	[laɪt 'ɪndʌstrɪ]
revista (f)	magazine	[ˌmægə'ziːn]
vendas (f pl) por catálogo	mail order selling	[meɪl 'ɔːdə 'selɪŋ]
medicina (f)	medicine	['medsɪn]
cinema (m)	movie theater	['muːvɪ 'θɪətə(r)]
museu (m)	museum	[mju'ziːəm]
agência (f) de notícias	news agency	[njuːz 'eɪdʒənsɪ]
jornal (m)	newspaper	['njuːzˌpeɪpə(r)]
clube (m) noturno	nightclub	[naɪt klʌb]
petróleo (m)	oil, petroleum	[ɔɪl], [pɪ'trəʊlɪəm]

103

serviço (m) de encomendas	courier services	['kʊrɪə(r) 'sɜːvɪsɪz]
indústria (f) farmacêutica	pharmaceutics	[ˌfɑːmə'sjuːtɪks]
poligrafia (f)	printing	['prɪntɪŋ]
editora (f)	publishing house	['pʌblɪʃɪŋ ˌhaʊs]

rádio (m)	radio	['reɪdɪəʊ]
imobiliário (m)	real estate	[rɪəl ɪ'steɪt]
restaurante (m)	restaurant	['restrɒnt]

empresa (f) de segurança	security company	[sɪ'kjʊərətɪ 'kʌmpənɪ]
desporto (m)	sports	[spɔːts]
bolsa (f)	stock exchange	[stɒk ɪks'ʧeɪndʒ]
loja (f)	store	[stɔː(r)]
supermercado (m)	supermarket	['suːpəˌmɑːkɪt]
piscina (f)	swimming pool	['swɪmɪŋ puːl]

alfaiataria (f)	tailors	['teɪləz]
televisão (f)	television	['telɪˌvɪʒən]
teatro (m)	theater	['θɪətə(r)]
comércio (atividade)	trade	[treɪd]
serviços (m pl) de transporte	transportation	[ˌtrænspɔː'teɪʃən]
viagens (f pl)	travel	['trævəl]

veterinário (m)	veterinarian	[ˌvetərɪ'neərɪən]
armazém (m)	warehouse	['weəhaʊs]
recolha (f) do lixo	waste collection	[weɪst kə'lekʃən]

Emprego. Negócios. Parte 2

118. Espetáculo. Feira

feira (f)	exhibition, show	[ˌeksɪˈbɪʃən], [ʃəʊ]
feira (f) comercial	trade show	[treɪd ʃəʊ]
participação (f)	participation	[pɑːˌtɪsɪˈpeɪʃən]
participar (vi)	to participate (vi)	[tə pɑːˈtɪsɪpeɪt]
participante (m)	participant	[pɑːˈtɪsɪpənt]
diretor (m)	director	[dɪˈrektə(r)]
organizador (m)	organizer	[ˈɔːɡənaɪzə(r)]
organizar (vt)	to organize (vt)	[tə ˈɔːɡənaɪz]
ficha (f) de inscrição	participation form	[pɑːˌtɪsɪˈpeɪʃən fɔːm]
preencher (vt)	to fill out (vt)	[tə fɪl ˈaʊt]
detalhes (m pl)	details	[dɪˈteɪlz]
informação (f)	information	[ˌɪnfəˈmeɪʃən]
preço (m)	price	[praɪs]
incluindo	including	[ɪnˈkluːdɪŋ]
incluir (vt)	to include (vt)	[tu ɪnˈkluːd]
pagar (vt)	to pay (vi, vt)	[tə peɪ]
taxa (f) de inscrição	registration fee	[ˌredʒɪˈstreɪʃən fiː]
entrada (f)	entrance	[ˈentrəns]
pavilhão (m)	pavilion, hall	[pəˈvɪljən], [hɔːl]
inscrever (vt)	to register (vt)	[tə ˈredʒɪstə(r)]
crachá (m)	badge	[bædʒ]
stand (m)	booth, stand	[buːð], [stænd]
reservar (vt)	to reserve, to book	[tə rɪˈzɜːv], [tə bʊk]
vitrina (f)	display case	[dɪˈspleɪ keɪs]
foco, spot (m)	spotlight	[ˈspɒtlaɪt]
design (m)	design	[dɪˈzaɪn]
pôr, colocar (vt)	to place (vt)	[tə pleɪs]
ser colocado, -a	to be placed	[tə bi pleɪst]
distribuidor (m)	distributor	[dɪˈstrɪbjʊtə(r)]
fornecedor (m)	supplier	[səˈplaɪə(r)]
fornecer (vt)	to supply (vt)	[tə səˈplaɪ]
país (m)	country	[ˈkʌntrɪ]
estrangeiro	foreign	[ˈfɒrən]
produto (m)	product	[ˈprɒdʌkt]
associação (f)	association	[əˌsəʊsɪˈeɪʃən]
sala (f) de conferências	conference hall	[ˈkɒnfərəns hɔːl]
congresso (m)	congress	[ˈkɒŋɡres]

concurso (m)	contest	['kɒntest]
visitante (m)	visitor	['vɪzɪtə(r)]
visitar (vt)	to visit (vt)	[tə 'vɪzɪt]
cliente (m)	customer	['kʌstəmə(r)]

119. Media

jornal (m)	newspaper	['nju:z͵peɪpə(r)]
revista (f)	magazine	[͵mægə'zi:n]
imprensa (f)	press	[pres]
rádio (m)	radio	['reɪdɪəʊ]
estação (f) de rádio	radio station	['reɪdɪəʊ 'steɪʃən]
televisão (f)	television	['telɪ͵vɪʒən]

apresentador (m)	presenter, host	[prɪ'zentə(r)], [həʊst]
locutor (m)	newscaster	['nju:z͵kɑ:stə(r)]
comentador (m)	commentator	['kɒmən͵teɪtə(r)]

jornalista (m)	journalist	['dʒɜ:nəlɪst]
correspondente (m)	correspondent	[͵kɒrɪ'spɒndənt]
repórter (m) fotográfico	press photographer	[pres fə'tɒgrəfə(r)]
repórter (m)	reporter	[rɪ'pɔ:tə(r)]

redator (m)	editor	['edɪtə(r)]
redator-chefe (m)	editor-in-chief	['edɪtər ɪn tʃi:f]
assinar a ...	to subscribe to ...	[tə səb'skraɪb tə]
assinatura (f)	subscription	[səb'skrɪpʃən]
assinante (m)	subscriber	[səb'skraɪbə(r)]
ler (vt)	to read (vi, vt)	[tə ri:d]
leitor (m)	reader	['ri:də(r)]

tiragem (f)	circulation	[͵sɜ:kjʊ'leɪʃən]
mensal	monthly	['mʌnθlɪ]
semanal	weekly	['wi:klɪ]
número (jornal, revista)	issue	['ɪʃu:]
recente	new, recent	[nju:], ['ri:sənt]

manchete (f)	headline	['hedlaɪn]
pequeno artigo (m)	short article	[ʃɔ:t 'ɑ:tɪkəl]
coluna (~ semanal)	column	['kɒləm]
artigo (m)	article	['ɑ:tɪkəl]
página (f)	page	[peɪdʒ]

reportagem (f)	reportage, report	[͵repɔ:'tɑ:ʒ], [rɪ'pɔ:t]
evento (m)	event	[ɪ'vent]
sensação (f)	sensation	[sen'seɪʃən]
escândalo (m)	scandal	['skændəl]
escandaloso	scandalous	['skændələs]
grande	great	[greɪt]

programa (m) de TV	show	[ʃəʊ]
entrevista (f)	interview	['ɪntəvju:]
transmissão (f) em direto	live broadcast	[laɪv 'brɔ:dkɑ:st]
canal (m)	channel	['tʃænəl]

120. Agricultura

agricultura (f)	agriculture	['ægrɪˌkʌltʃə(r)]
camponês (m)	peasant	['pezənt]
camponesa (f)	peasant	['pezənt]
agricultor (m)	farmer	['fɑːmə(r)]
trator (m)	tractor	['træktə(r)]
ceifeira-debulhadora (f)	harvester	['hɑːvɪstə(r)]
arado (m)	plow	[plaʊ]
arar (vt)	to plow (vi, vt)	[tə plaʊ]
campo (m) lavrado	plowland	[plaʊ lænd]
rego (m)	furrow	['fʌrəʊ]
semear (vt)	to sow (vi, vt)	[tə səʊ]
semeadora (f)	seeder	['siːdə(r)]
semeadura (f)	sowing	['səʊɪŋ]
gadanha (f)	scythe	[saɪð]
gadanhar (vt)	to mow, to scythe	[tə məʊ], [tə saɪð]
pá (f)	spade	[speɪd]
cavar (vt)	to till (vt)	[tə tɪl]
enxada (f)	hoe	[həʊ]
carpir (vt)	to hoe, to weed	[tə həʊ], [tə wiːd]
erva (f) daninha	weed	[wiːd]
regador (m)	watering can	['wɔːtərɪŋ kæn]
regar (vt)	to water (vt)	[tə 'wɔːtə(r)]
rega (f)	watering	['wɔːtərɪŋ]
forquilha (f)	pitchfork	['pɪtʃfɔːk]
ancinho (m)	rake	[reɪk]
fertilizante (m)	fertilizer	['fɜːtɪlaɪzə(r)]
fertilizar (vt)	to fertilize (vt)	[tə 'fɜːtɪlaɪz]
estrume (m)	manure	[mə'njʊə(r)]
campo (m)	field	[fiːld]
prado (m)	meadow	['medəʊ]
horta (f)	vegetable garden	['vedʒtəbəl 'gɑːdən]
pomar (m)	orchard	['ɔːtʃəd]
pastar (vt)	to graze (vt)	[tə greɪz]
pastor (m)	herder	['hɜːdə(r)]
pastagem (f)	pasture	['pɑːstə(r)]
pecuária (f)	cattle breeding	['kætəl 'briːdɪŋ]
criação (f) de ovelhas	sheep farming	[ʃiːp 'fɑːmɪŋ]
plantação (f)	plantation	[plæn'teɪʃən]
canteiro (m)	row	[rəʊ]
invernadouro (m)	hothouse	['hɒthaʊs]

| seca (f) | drought | [draʊt] |
| seco (verão ~) | dry | [draɪ] |

| cereal (m) | grain | [greɪn] |
| colher (vt) | to harvest (vt) | [tə 'hɑːvɪst] |

moleiro (m)	miller	['mɪlə(r)]
moinho (m)	mill	[mɪl]
moer (vt)	to grind (vt)	[tə graɪnd]
farinha (f)	flour	['flaʊə(r)]
palha (f)	straw	[strɔː]

121. Construção. Processo de construção

canteiro (m) de obras	construction site	[kən'strʌkʃən saɪt]
construir (vt)	to build (vt)	[tə bɪld]
construtor (m)	construction worker	[kən'strʌkʃən 'wɜːkə(r)]

projeto (m)	project	['prɒdʒekt]
arquiteto (m)	architect	['ɑːkɪtekt]
operário (m)	worker	['wɜːkə(r)]

fundação (f)	foundation	[faʊn'deɪʃən]
telhado (m)	roof	[ruːf]
estaca (f)	foundation pile	[faʊn'deɪʃən paɪl]
parede (f)	wall	[wɔːl]

| varões (m pl) para betão | reinforcing bars | [ˌriːɪn'fɔːsɪŋ bɑː(r)s] |
| andaime (m) | scaffolding | ['skæfəldɪŋ] |

betão (m)	concrete	['kɒŋkriːt]
granito (m)	granite	['grænɪt]
pedra (f)	stone	[stəʊn]
tijolo (m)	brick	[brɪk]

| areia (f) | sand | [sænd] |
| cimento (m) | cement | [sɪ'ment] |

| emboço (m) | plaster | ['plɑːstə(r)] |
| emboçar (vt) | to plaster (vt) | [tə 'plɑːstə(r)] |

tinta (f)	paint	[peɪnt]
pintar (vt)	to paint (vt)	[tə peɪnt]
barril (m)	barrel	['bærəl]

grua (f), guindaste (m)	crane	[kreɪn]
erguer (vt)	to lift (vt)	[tə lɪft]
baixar (vt)	to lower (vt)	[tə 'ləʊə(r)]

buldózer (m)	bulldozer	['bʊldəʊzə(r)]
escavadora (f)	excavator	['ekskəˌveɪtə(r)]
caçamba (f)	scoop, bucket	[skuːp], ['bʌkɪt]
escavar (vt)	to dig (vt)	[tə dɪg]
capacete (m) de proteção	hard hat	[hɑːd hæt]

122. Ciência. Investigação. Cientistas

ciência (f)	science	['saɪəns]
científico	scientific	[ˌsaɪən'tɪfɪk]
cientista (m)	scientist	['saɪəntɪst]
teoria (f)	theory	['θɪərɪ]

axioma (m)	axiom	['æksɪəm]
análise (f)	analysis	[ə'næləsɪs]
analisar (vt)	to analyze (vt)	[tu 'ænəlaɪz]
argumento (m)	argument	['ɑ:gjʊmənt]
substância (f)	substance	['sʌbstəns]

hipótese (f)	hypothesis	[haɪ'pɒθɪsɪs]
dilema (m)	dilemma	[dɪ'lemə]
tese (f)	dissertation	[ˌdɪsə'teɪʃən]
dogma (m)	dogma	['dɒgmə]

doutrina (f)	doctrine	['dɒktrɪn]
pesquisa (f)	research	[rɪ'sɜ:tʃ]
pesquisar (vt)	to research (vt)	[tə rɪ'sɜ:tʃ]
teste (m)	tests	[tests]
laboratório (m)	laboratory	['læbrəˌtɔ:rɪ]

método (m)	method	['meθəd]
molécula (f)	molecule	['mɒlɪkju:l]
monitoramento (m)	monitoring	['mɒnɪtərɪŋ]
descoberta (f)	discovery	[dɪ'skʌvərɪ]

postulado (m)	postulate	['pɒstjʊlət]
princípio (m)	principle	['prɪnsɪpəl]
prognóstico (previsão)	forecast	['fɔ:kɑ:st]
prognosticar (vt)	to forecast (vt)	[tə 'fɔ:kɑ:st]

síntese (f)	synthesis	['sɪnθəsɪs]
tendência (f)	trend	[trend]
teorema (m)	theorem	['θɪərəm]

ensinamentos (m pl)	teachings	['ti:tʃɪŋz]
facto (m)	fact	[fækt]
expedição (f)	expedition	[ˌekspɪ'dɪʃən]
experiência (f)	experiment	[ɪk'sperɪmənt]

académico (m)	academician	[əˌkædə'mɪʃən]
bacharel (m)	bachelor	['bætʃələ(r)]
doutor (m)	doctor, PhD	['dɒktə(r)], [ˌpi:eɪtʃ'di:]
docente (m)	Associate Professor	[ə'səʊʃɪət prə'fesə(r)]
mestre (m)	master	['mɑ:stə(r)]
professor (m) catedrático	professor	[prə'fesə(r)]

Profissões e ocupações

123. Procura de emprego. Demissão

trabalho (m)	job	[dʒɒb]
equipa (f)	staff	[stɑːf]
pessoal (m)	personnel	[ˌpɜːsəˈnel]
carreira (f)	career	[kəˈrɪə(r)]
perspetivas (f pl)	prospects	[ˈprɒspekts]
mestria (f)	skills, mastery	[skɪls], [ˈmɑːstərɪ]
seleção (f)	selection	[sɪˈlekʃən]
agência (f) de emprego	employment agency	[ɪmˈplɔɪmənt ˈeɪdʒənsɪ]
CV, currículo (m)	résumé	[ˈrezjuːmeɪ]
entrevista (f) de emprego	job interview	[ˈdʒɒb ˌɪntəvjuː]
vaga (f)	vacancy, opening	[ˈveɪkənsɪ], [ˈəupənɪŋ]
salário (m)	salary, pay	[ˈsælərɪ], [peɪ]
pagamento (m)	pay, compensation	[peɪ], [ˌkɒmpenˈseɪʃən]
posto (m)	position	[pəˈzɪʃən]
dever (do empregado)	duty	[ˈdjuːtɪ]
gama (f) de deveres	range of duties	[reɪndʒ əv ˈdjuːtɪz]
ocupado	busy	[ˈbɪzɪ]
despedir, demitir (vt)	to fire, to dismiss	[tə ˈfaɪə], [tə dɪsˈmɪs]
demissão (f)	dismissal	[dɪsˈmɪsəl]
desemprego (m)	unemployment	[ˌʌnɪmˈplɔɪmənt]
desempregado (m)	unemployed	[ˌʌnɪmˈplɔɪd]
reforma (f)	retirement	[rɪˈtaɪəmənt]
reformar-se	to retire (vi)	[tə rɪˈtaɪə(r)]

124. Gente de negócios

diretor (m)	director	[dɪˈrektə(r)]
gerente (m)	manager	[ˈmænɪdʒə(r)]
patrão, chefe (m)	boss	[bɒs]
superior (m)	superior	[suːˈpɪərɪə]
superiores (m pl)	superiors	[suːˈpɪərɪərz]
presidente (m)	president	[ˈprezɪdənt]
presidente (m) de direção	chairman	[ˈtʃeəmən]
substituto (m)	deputy	[ˈdepjʊtɪ]
assistente (m)	assistant	[əˈsɪstənt]
secretário (m)	secretary	[ˈsekrətərɪ]

secretário (m) pessoal	personal assistant	['pɜːsənəl ə'sɪstənt]
homem (m) de negócios	businessman	['bɪznɪsmæn]
empresário (m)	entrepreneur	[ˌɒntrəprə'nɜː(r)]
fundador (m)	founder	['faʊndə(r)]
fundar (vt)	to found (vt)	[tə faʊnd]
fundador, sócio (m)	incorporator	[ɪn'kɔːpəreɪtə]
parceiro, sócio (m)	partner	['pɑːtnə(r)]
acionista (m)	stockholder	['stɒkˌhəʊldə(r)]
milionário (m)	millionaire	[ˌmɪljə'neə(r)]
bilionário (m)	billionaire	[ˌbɪljə'neə(r)]
proprietário (m)	owner	['əʊnə(r)]
proprietário (m) de terras	landowner	['lændˌəʊnə(r)]
cliente (m)	client	['klaɪənt]
cliente (m) habitual	regular client	['regjʊlə 'klaɪənt]
comprador (m)	buyer	['baɪə(r)]
visitante (m)	visitor	['vɪzɪtə(r)]
profissional (m)	professional	[prə'feʃənəl]
perito (m)	expert	['ekspɜːt]
especialista (m)	specialist	['speʃəlɪst]
banqueiro (m)	banker	['bæŋkə(r)]
corretor (m)	broker	['brəʊkə(r)]
caixa (m, f)	cashier, teller	[kæ'ʃɪə], ['telə]
contabilista (m)	accountant	[ə'kaʊntənt]
guarda (m)	security guard	[sɪ'kjʊərətɪ gɑːd]
investidor (m)	investor	[ɪn'vestə(r)]
devedor (m)	debtor	['detə(r)]
credor (m)	creditor	['kredɪtə(r)]
mutuário (m)	borrower	['bɒrəʊə(r)]
importador (m)	importer	[ɪm'pɔːtə(r)]
exportador (m)	exporter	[ek'spɔːtə(r)]
produtor (m)	manufacturer	[ˌmænjʊ'fæktʃərə(r)]
distribuidor (m)	distributor	[dɪ'strɪbjʊtə(r)]
intermediário (m)	middleman	['mɪdəlmæn]
consultor (m)	consultant	[kən'sʌltənt]
representante (m)	sales representative	['seɪlz ˌreprɪ'zentətɪv]
agente (m)	agent	['eɪdʒənt]
agente (m) de seguros	insurance agent	[ɪn'ʃʊə:rəns 'eɪdʒənt]

125. Profissões de serviços

cozinheiro (m)	cook	[kʊk]
cozinheiro chefe (m)	chef	[ʃef]
barman (m)	bartender	['bɑːrˌtendə(r)]
empregado (m) de mesa	waiter	['weɪtə(r)]

empregada (f) de mesa	waitress	['weɪtrɪs]
advogado (m)	lawyer, attorney	['lɔːjə(r)], [ə'tɜːnɪ]
jurista (m)	lawyer	['lɔːjə(r)]
notário (m)	notary public	['nəʊtərɪ 'pʌblɪk]

eletricista (m)	electrician	[ˌɪlek'trɪʃən]
canalizador (m)	plumber	['plʌmə(r)]
carpinteiro (m)	carpenter	['kɑːpəntə(r)]

massagista (m)	masseur	[mæ'sʊər]
massagista (f)	masseuse	[mæ'suːz]
médico (m)	doctor	['dɒktə(r)]

taxista (m)	taxi driver	['tæksɪ 'draɪvə(r)]
condutor (automobilista)	driver	['draɪvə(r)]
entregador (m)	delivery man	[dɪ'lɪvərɪ mæn]

camareira (f)	chambermaid	['ʧeɪmbəˌmeɪd]
guarda (m)	security guard	[sɪ'kjʊərətɪ gɑːd]
hospedeira (f) de bordo	flight attendant	[ˌflaɪt ə'tendənt]

professor (m)	teacher	['tiːʧə(r)]
bibliotecário (m)	librarian	[laɪ'breərɪən]
tradutor (m)	translator	[træns'leɪtə(r)]
intérprete (m)	interpreter	[ɪn'tɜːprɪtə(r)]
guia (pessoa)	guide	[gaɪd]

cabeleireiro (m)	hairdresser	['heəˌdresə(r)]
carteiro (m)	mailman	['meɪlmən]
vendedor (m)	salesman	['seɪlzmən]

jardineiro (m)	gardener	['gɑːdnə(r)]
criado (m)	servant	['sɜːvənt]
criada (f)	maid	[meɪd]
empregada (f) de limpeza	cleaner	['kliːnə(r)]

126. Profissões militares e postos

soldado (m) raso	private	['praɪvɪt]
sargento (m)	sergeant	['sɑːdʒənt]
tenente (m)	lieutenant	[luːˈtenənt]
capitão (m)	captain	['kæptɪn]

major (m)	major	['meɪdʒə(r)]
coronel (m)	colonel	['kɜːnəl]
general (m)	general	['dʒenərəl]
marechal (m)	marshal	['mɑːʃəl]
almirante (m)	admiral	['ædmərəl]

militar (m)	military	['mɪlɪtərɪ]
soldado (m)	soldier	['səʊldʒə(r)]
oficial (m)	officer	['ɒfɪsə(r)]
comandante (m)	commander	[kə'mɑːndə(r)]
guarda (m) fronteiriço	border guard	['bɔːdə gɑːd]

operador (m) de rádio	radio operator	['reɪdɪəʊ 'ɒpəreɪtə(r)]
explorador (m)	scout	[skaʊt]
sapador (m)	pioneer	[ˌpaɪə'nɪə(r)]
atirador (m)	marksman	['mɑ:ksmən]
navegador (m)	navigator	['nævɪɡeɪtə(r)]

127. Oficiais. Padres

rei (m)	king	[kɪŋ]
rainha (f)	queen	[kwi:n]
príncipe (m)	prince	[prɪns]
princesa (f)	princess	[prɪn'ses]
czar (m)	czar	[zɑ:(r)]
czarina (f)	czarina	[zɑ:'ri:nə]
presidente (m)	President	['prezɪdənt]
ministro (m)	Secretary	['sekrətərɪ]
primeiro-ministro (m)	Prime minister	[praɪm 'mɪnɪstə(r)]
senador (m)	Senator	['senətə(r)]
diplomata (m)	diplomat	['dɪpləmæt]
cônsul (m)	consul	['kɒnsəl]
embaixador (m)	ambassador	[æm'bæsədə(r)]
conselheiro (m)	counselor	['kaʊnsələ(r)]
funcionário (m)	official, functionary	[ə'fɪʃəl], ['fʌŋkʃənərɪ]
prefeito (m)	prefect	['pri:fekt]
Presidente (m) da Câmara	mayor	[meə(r)]
juiz (m)	judge	[dʒʌdʒ]
procurador (m)	district attorney	['dɪstrɪkt ə'tɜ:nɪ]
missionário (m)	missionary	['mɪʃənrɪ]
monge (m)	monk	[mʌŋk]
abade (m)	abbot	['æbət]
rabino (m)	rabbi	['ræbaɪ]
vizir (m)	vizier	[vɪ'zɪə(r)]
xá (m)	shah	[ʃɑ:]
xeque (m)	sheikh	[ʃeɪk]

128. Profissões agrícolas

apicultor (m)	beekeeper	['bi:ˌki:pə(r)]
pastor (m)	herder	['hɜ:də(r)]
agrónomo (m)	agronomist	[ə'ɡrɒnəmɪst]
criador (m) de gado	cattle breeder	['kætəl 'bri:də(r)]
veterinário (m)	veterinarian	[ˌvetərɪ'neərɪən]
agricultor (m)	farmer	['fɑ:mə(r)]
vinicultor (m)	winemaker	['waɪn ˌmeɪkə(r)]

| zoólogo (m) | zoologist | [zəʊˈɒlədʒɪst] |
| cowboy (m) | cowboy | [ˈkaʊbɔɪ] |

129. Profissões artísticas

| ator (m) | actor | [ˈæktə(r)] |
| atriz (f) | actress | [ˈæktrɪs] |

| cantor (m) | singer | [ˈsɪŋə(r)] |
| cantora (f) | singer | [ˈsɪŋə(r)] |

| bailarino (m) | dancer | [ˈdɑːnsə(r)] |
| bailarina (f) | dancer | [ˈdɑːnsə(r)] |

músico (m)	musician	[mjuːˈzɪʃən]
pianista (m)	pianist	[ˈpɪənɪst]
guitarrista (m)	guitar player	[gɪˈtɑːr ˈpleɪə(r)]

maestro (m)	conductor	[kənˈdʌktə(r)]
compositor (m)	composer	[kəmˈpəʊzə(r)]
empresário (m)	impresario	[ˌɪmprɪˈsɑːrəʊ]

realizador (m)	film director	[fɪlm dɪˈrektə(r)]
produtor (m)	producer	[prəˈdjuːsə(r)]
argumentista (m)	scriptwriter	[ˈskrɪptˌraɪtə(r)]
crítico (m)	critic	[ˈkrɪtɪk]

escritor (m)	writer	[ˈraɪtə(r)]
poeta (m)	poet	[ˈpəʊɪt]
escultor (m)	sculptor	[ˈskʌlptə(r)]
pintor (m)	artist, painter	[ˈɑːtɪst], [ˈpeɪntə(r)]

malabarista (m)	juggler	[ˈdʒʌglə(r)]
palhaço (m)	clown	[klaʊn]
acrobata (m)	acrobat	[ˈækrəbæt]
mágico (m)	magician	[məˈdʒɪʃən]

130. Várias profissões

médico (m)	doctor	[ˈdɒktə(r)]
enfermeira (f)	nurse	[nɜːs]
psiquiatra (m)	psychiatrist	[saɪˈkaɪətrɪst]
estomatologista (m)	dentist	[ˈdentɪst]
cirurgião (m)	surgeon	[ˈsɜːdʒən]

astronauta (m)	astronaut	[ˈæstrənɔːt]
astrónomo (m)	astronomer	[əˈstrɒnəmə(r)]
piloto (m)	pilot	[ˈpaɪlət]

motorista (m)	driver	[ˈdraɪvə(r)]
maquinista (m)	engineer	[ˌendʒɪˈnɪə(r)]
mecânico (m)	mechanic	[mɪˈkænɪk]

mineiro (m)	miner	['maɪnə(r)]
operário (m)	worker	['wɜːkə(r)]
serralheiro (m)	locksmith	['lɒksmɪθ]
marceneiro (m)	joiner	['dʒɔɪnə(r)]
torneiro (m)	turner	['tɜːnə(r)]
construtor (m)	construction worker	[kən'strʌkʃən 'wɜːkə(r)]
soldador (m)	welder	[weldə(r)]

professor (m) catedrático	professor	[prə'fesə(r)]
arquiteto (m)	architect	['ɑːkɪtekt]
historiador (m)	historian	[hɪ'stɔːrɪən]
cientista (m)	scientist	['saɪəntɪst]
físico (m)	physicist	['fɪzɪsɪst]
químico (m)	chemist	['kemɪst]

arqueólogo (m)	archeologist	[ˌɑːkɪ'ɒlədʒɪst]
geólogo (m)	geologist	[dʒɪ'ɒlədʒɪst]
pesquisador (cientista)	researcher	[rɪ'sɜːtʃə(r)]

babysitter (f)	babysitter	['beɪbɪ 'sɪtə(r)]
professor (m)	teacher, educator	['tiːtʃə(r)], ['edʒukeɪtə(r)]

redator (m)	editor	['edɪtə(r)]
redator-chefe (m)	editor-in-chief	['edɪtər ɪn tʃiːf]
correspondente (m)	correspondent	[ˌkɒrɪ'spɒndənt]
datilógrafa (f)	typist	['taɪpɪst]

designer (m)	designer	[dɪ'zaɪnə(r)]
especialista (m) em informática	computer expert	[kəm'pjuːtər 'eksp3ːt]
programador (m)	programmer	['prəʊɡræmə(r)]
engenheiro (m)	engineer	[ˌendʒɪ'nɪə(r)]

marujo (m)	sailor	['seɪlə(r)]
marinheiro (m)	seaman	['siːmən]
salvador (m)	rescuer	['reskjʊə(r)]

bombeiro (m)	fireman	['faɪəmən]
polícia (m)	police officer	[pə'liːs 'ɒfɪsə(r)]
guarda-noturno (m)	watchman	['wɒtʃmən]
detetive (m)	detective	[dɪ'tektɪv]

funcionário (m) da alfândega	customs officer	['kʌstəmz 'ɒfɪsə(r)]
guarda-costas (m)	bodyguard	['bɒdɪɡɑːd]
guarda (m) prisional	prison guard	['prɪzən ɡɑːd]
inspetor (m)	inspector	[ɪn'spektə(r)]

desportista (m)	sportsman	['spɔːtsmən]
treinador (m)	trainer, coach	['treɪnə(r)], [kəʊtʃ]
talhante (m)	butcher	['bʊtʃə(r)]
sapateiro (m)	cobbler, shoe repairer	['kɒblə(r)], [ʃuː rɪ'peərə(r)]
comerciante (m)	merchant	['mɜːtʃənt]
carregador (m)	loader	['ləʊdə(r)]

estilista (m)	fashion designer	['fæʃən dɪ'zaɪnə(r)]
modelo (f)	model	['mɒdəl]

131. Ocupações. Estatuto social

aluno, escolar (m)	schoolboy	['sku:lbɔɪ]
estudante (~ universitária)	student	['stju:dənt]
filósofo (m)	philosopher	[fɪ'lɒsəfə(r)]
economista (m)	economist	[ɪ'kɒnəmɪst]
inventor (m)	inventor	[ɪn'ventə(r)]
desempregado (m)	unemployed	[ˌʌnɪm'plɔɪd]
reformado (m)	retiree	[ˌrɪtaɪə'ri:]
espião (m)	spy, secret agent	[spaɪ], ['si:krɪt 'eɪʤənt]
preso (m)	prisoner	['prɪzənə(r)]
grevista (m)	striker	['straɪkə(r)]
burocrata (m)	bureaucrat	['bjʊərəkræt]
viajante (m)	traveler	['trævələ(r)]
homossexual (m)	gay, homosexual	[geɪ], [ˌhɒmə'sekʃʊəl]
hacker (m)	hacker	['hækə(r)]
hippie	hippie	['hɪpɪ]
bandido (m)	bandit	['bændɪt]
assassino (m) a soldo	hit man, killer	[hɪt mæn], ['kɪlə(r)]
toxicodependente (m)	drug addict	['drʌgˌædɪkt]
traficante (m)	drug dealer	['drʌg ˌdi:lə(r)]
prostituta (f)	prostitute	['prɒstɪtju:t]
chulo (m)	pimp	[pɪmp]
bruxo (m)	sorcerer	['sɔ:sərə(r)]
bruxa (f)	sorceress	['sɔ:sərɪs]
pirata (m)	pirate	['paɪrət]
escravo (m)	slave	[sleɪv]
samurai (m)	samurai	['sæmʊraɪ]
selvagem (m)	savage	['sævɪʤ]

Desportos

132. Tipos de desportos. Desportistas

desportista (m)	sportsman	['spɔːtsmən]
tipo (m) de desporto	kind of sports	[kaɪnd əv spɔːts]
basquetebol (m)	basketball	['bɑːskɪtbɔːl]
jogador (m) de basquetebol	basketball player	['bɑːskɪtbɔːl 'pleɪə(r)]
beisebol (m)	baseball	['beɪsbɔːl]
jogador (m) de beisebol	baseball player	['beɪsbɔːl 'pleɪə(r)]
futebol (m)	soccer	['sɒkə(r)]
futebolista (m)	soccer player	['sɒkə 'pleɪə(r)]
guarda-redes (m)	goalkeeper	['gəʊlˌkiːpə(r)]
hóquei (m)	hockey	[ˌhɒkɪ]
jogador (m) de hóquei	hockey player	[ˌhɒkɪ 'pleɪə(r)]
voleibol (m)	volleyball	['vɒlɪbɔːl]
jogador (m) de voleibol	volleyball player	['vɒlɪbɔːl 'pleɪə(r)]
boxe (m)	boxing	['bɒksɪŋ]
boxeador, pugilista (m)	boxer	['bɒksə(r)]
luta (f)	wrestling	['reslɪŋ]
lutador (m)	wrestler	['reslə(r)]
karaté (m)	karate	[kə'rɑːtɪ]
karateca (m)	karate fighter	[kə'rɑːtɪ 'faɪtər]
judo (m)	judo	['dʒuːdəʊ]
judoca (m)	judo athlete	['dʒuːdəʊ 'æθliːt]
ténis (m)	tennis	['tenɪs]
tenista (m)	tennis player	['tenɪs 'pleɪə(r)]
natação (f)	swimming	['swɪmɪŋ]
nadador (m)	swimmer	['swɪmə(r)]
esgrima (f)	fencing	['fensɪŋ]
esgrimista (m)	fencer	['fensə(r)]
xadrez (m)	chess	[tʃes]
xadrezista (m)	chess player	[tʃes 'pleɪə(r)]
alpinismo (m)	alpinism	['ælpɪnɪzəm]
alpinista (m)	alpinist	['ælpɪnɪst]
corrida (f)	running	['rʌnɪŋ]

corredor (m)	runner	['rʌnə(r)]
atletismo (m)	athletics	[æθ'letɪks]
atleta (m)	athlete	['æθliːt]

| hipismo (m) | horseback riding | ['hɔːsbæk 'raɪdɪŋ] |
| cavaleiro (m) | horse rider | [hɔːs 'raɪdə(r)] |

patinagem (f) artística	figure skating	['fɪgjə 'skeɪtɪŋ]
patinador (m)	figure skater	['fɪgjə 'skeɪtə(r)]
patinadora (f)	figure skater	['fɪgjə 'skeɪtə(r)]

| halterofilismo (m) | powerlifting | ['pauər'lɪftɪŋ] |
| halterofilista (m) | powerlifter | ['pauər'lɪftə(r)] |

| corrida (f) de carros | car racing | [kɑ: 'reɪsɪŋ] |
| piloto (m) | racer | ['reɪsə(r)] |

| ciclismo (m) | cycling | ['saɪklɪŋ] |
| ciclista (m) | cyclist | ['saɪklɪst] |

salto (m) em comprimento	broad jump	[brɔːd dʒʌmp]
salto (m) à vara	pole vault	[pəul 'vɔːlt]
atleta (m) de saltos	jumper	['dʒʌmpə(r)]

133. Tipos de desportos. Diversos

futebol (m) americano	football	['futˌbɔːl]
badminton (m)	badminton	['bædmɪntən]
biatlo (m)	biathlon	[baɪ'æθlɒn]
bilhar (m)	billiards	['bɪljədz]

bobsled (m)	bobsled	['bɒbsled]
musculação (f)	bodybuilding	['bɒdɪˌbɪldɪŋ]
polo (m) aquático	water polo	['wɔːtə 'pəuləu]
andebol (m)	handball	['hændbɔːl]
golfe (m)	golf	[gɒlf]

remo (m)	rowing, crew	['rəuɪŋ], [kruː]
mergulho (m)	scuba diving	['skuːbə 'daɪvɪŋ]
corrida (f) de esqui	cross-country skiing	[krɒs 'kʌntrɪ 'skiːɪŋ]
ténis (m) de mesa	ping-pong	['pɪŋpɒŋ]

vela (f)	sailing	['seɪlɪŋ]
rali (m)	rally racing	['rælɪ 'reɪsɪŋ]
râguebi (m)	rugby	['rʌgbɪ]
snowboard (m)	snowboarding	['snəubɔːdɪŋ]
tiro (m) com arco	archery	['ɑːtʃərɪ]

134. Ginásio

| barra (f) | barbell | ['bɑːbel] |
| halteres (m pl) | dumbbells | ['dʌmbelz] |

aparelho (m) de musculaçao	training machine	['treɪnɪŋ mə'ʃiːn]
bicicleta (f) ergométrica	exercise bicycle	['eksəsaɪz 'baɪsɪkəl]
passadeira (f) de corrida	treadmill	['tredmɪl]
barra (f) fixa	horizontal bar	[ˌhɒrɪ'zɒntəl bɑː(r)]
barras (f) paralelas	parallel bars	['pærəlel bɑːz]
cavalo (m)	vault	[vɔːlt]
tapete (m) de ginástica	mat	[mæt]
corda (f) de saltar	jump rope	['dʒʌmp rəʊp]
aeróbica (f)	aerobics	[eə'rəʊbɪks]
ioga (f)	yoga	['jəʊgə]

135. Hóquei

hóquei (m)	hockey	[ˌhɒkɪ]
jogador (m) de hóquei	hockey player	[ˌhɒkɪ 'pleɪə(r)]
jogar hóquei	to play hockey	[tə pleɪ 'hɒkɪ]
gelo (m)	ice	[aɪs]
disco (m)	puck	[pʌk]
taco (m) de hóquei	hockey stick	[ˌhɒkɪ stɪk]
patins (m pl) de gelo	ice skates	['aɪs ˌskeɪts]
muro (m)	board	[bɔːd]
tiro (m)	shot	[ʃɒt]
guarda-redes (m)	goaltender	['gəʊlˌtendə(r)]
golo (m)	goal	[gəʊl]
marcar um golo	to score a goal	[tə skɔːrə gəʊl]
tempo (m)	period	['pɪərɪəd]
segundo tempo (m)	2-nd period	['sekənd 'pɪərɪəd]
banco (m) de reservas	substitutes bench	['sʌbstɪtjuːts bentʃ]

136. Futebol

futebol (m)	soccer	['sɒkə(r)]
futebolista (m)	soccer player	['sɒkə 'pleɪə(r)]
jogar futebol	to play soccer	[tə pleɪ 'sɒkə(r)]
Liga Principal (f)	major league	['meɪdʒə liːg]
clube (m) de futebol	soccer club	['sɒkə klʌb]
treinador (m)	coach	[kəʊtʃ]
proprietário (m)	owner	['əʊnə(r)]
equipa (f)	team	[tiːm]
capitão (m) da equipa	team captain	[tiːm 'kæptɪn]
jogador (m)	player	['pleɪə(r)]
jogador (m) de reserva	substitute	['sʌbstɪtjuːt]
atacante (m)	forward	['fɔːwəd]
avançado (m) centro	center forward	['sentə 'fɔːwəd]

marcador (m)	scorer	['skɔ:rə(r)]
defesa (m)	defender, back	[dɪ'fendə(r)], [bæk]
médio (m)	midfielder	[ˌmɪd'fi:ldə(r)]
jogo (desafio)	match	[mætʃ]
encontrar-se (vr)	to meet (vi, vt)	[tə mi:t]
final (m)	final	['faɪnəl]
meia-final (f)	semi-final	[ˌsemɪ 'faɪnəl]
campeonato (m)	championship	['tʃæmpjənʃɪp]
tempo (m)	period, half	['pɪərɪəd], [hɑ:f]
primeiro tempo (m)	first period	[fɜ:st 'pɪərɪəd]
intervalo (m)	half-time	[hɑ:f taɪm]
baliza (f)	goal	[gəʊl]
guarda-redes (m)	goalkeeper	['gəʊlˌki:pə(r)]
trave (f)	goalpost	['gəʊlpəʊst]
barra (f) transversal	crossbar	['krɒsbɑ:(r)]
rede (f)	net	[net]
sofrer um golo	to concede a goal	[tə kən'si:d ə gəʊl]
bola (f)	ball	[bɔ:l]
passe (m)	pass	[pɑ:s]
chute (m)	kick	[kɪk]
chutar (vt)	to kick (vt)	[tə kɪk]
tiro (m) livre	free kick	[fri: kɪk]
canto (m)	corner kick	['kɔ:nə kɪk]
ataque (m)	attack	[ə'tæk]
contra-ataque (m)	counterattack	[ˌkaʊntərə'tæk]
combinação (f)	combination	[ˌkɒmbɪ'neɪʃən]
árbitro (m)	referee	[ˌrefə'ri:]
apitar (vi)	to blow the whistle	[tə bləʊ ðə 'wɪsəl]
apito (m)	whistle	['wɪsəl]
falta (f)	foul, misconduct	[faʊl], [ˌmɪs'kɒndʌkt]
cometer a falta	to commit a foul	[tə kə'mɪt ə faʊl]
expulsar (vt)	to send off	[tə send ɒf]
cartão (m) amarelo	yellow card	['jeləʊ ˌkɑ:d]
cartão (m) vermelho	red card	[red kɑ:d]
desqualificação (f)	disqualification	[dɪsˌkwɒlɪfɪ'keɪʃən]
desqualificar (vt)	to disqualify (vt)	[tə ˌdɪs'kwɒlɪfaɪ]
penálti (m)	penalty kick	['penəltɪ kɪk]
barreira (f)	wall	[wɔ:l]
marcar (vt)	to score (vi, vt)	[tə skɔ:(r)]
golo (m)	goal	[gəʊl]
marcar um golo	to score a goal	[tə skɔ:rə gəʊl]
substituição (f)	substitution	[ˌsʌbstɪ'tju:ʃən]
substituir (vt)	to replace (vt)	[tə rɪ'pleɪs]
regras (f pl)	rules	[ru:lz]
tática (f)	tactics	['tæktɪks]
estádio (m)	stadium	['steɪdjəm]
bancadas (f pl)	stand, bleachers	[stænd], ['bli:tʃəz]

| fã, adepto (m) | fan, supporter | [fæn], [sə'pɔ:tə(r)] |
| gritar (vi) | to shout (vi) | [tə ʃaʊt] |

| marcador (m) | scoreboard | ['skɔ:bɔ:d] |
| resultado (m) | score | [skɔ:(r)] |

derrota (f)	defeat	[dɪ'fi:t]
perder (vt)	to lose (vi)	[tə lu:z]
empate (m)	tie	[taɪ]
empatar (vi)	to tie (vi)	[tə taɪ]

| vitória (f) | victory | ['vɪktərɪ] |
| ganhar, vencer (vi, vt) | to win (vi) | [tə wɪn] |

campeão (m)	champion	['tʃæmpjən]
melhor	best	[best]
felicitar (vt)	to congratulate (vt)	[tə kən'grætʃʊleɪt]

comentador (m)	commentator	['kɒmən,teɪtə(r)]
comentar (vt)	to commentate (vt)	[tə 'kɒmənteɪt]
transmissão (f)	broadcast	['brɔ:dkɑ:st]

137. Esqui alpino

esqui (m)	skis	[ski:z]
esquiar (vi)	to ski (vi)	[tə ski:]
estância (f) de esqui	mountain-ski resort	['maʊntɪŋ ski: rɪ'zɔ:t]
teleférico (m)	ski lift	[ski: lɪft]

bastões (m pl) de esqui	ski poles	[ski: pəʊlz]
declive (m)	slope	[sləʊp]
slalom (m)	slalom	['slɑ:ləm]

138. Ténis. Golfe

golfe (m)	golf	[gɒlf]
clube (m) de golfe	golf club	[gɒlf klʌb]
jogador (m) de golfe	golfer	['gɒlfə(r)]

buraco (m)	hole	[həʊl]
taco (m)	club	[klʌb]
trolley (m)	golf trolley	[gɒlf 'trɒlɪ]

| ténis (m) | tennis | ['tenɪs] |
| quadra (f) de ténis | tennis court | ['tenɪs kɔ:t] |

| saque (m) | serve | [sɜ:v] |
| sacar (vi) | to serve (vt) | [tə sɜ:v] |

raquete (f)	racket	['rækɪt]
rede (f)	net	[net]
bola (f)	ball	[bɔ:l]

139. Xadrez

xadrez (m)	chess	[ʧes]
peças (f pl) de xadrez	chessmen	['ʧesmen]
xadrezista (m)	chess player	[ʧes 'pleɪə(r)]
tabuleiro (m) de xadrez	chessboard	['ʧesbɔːd]
peça (f) de xadrez	chessman	['ʧesmæn]
brancas (f pl)	White	[waɪt]
pretas (f pl)	Black	[blæk]
peão (m)	pawn	[pɔːn]
bispo (m)	bishop	['bɪʃəp]
cavalo (m)	knight	[naɪt]
torre (f)	rook	[rʊk]
dama (f)	queen	[kwiːn]
rei (m)	king	[kɪŋ]
vez (m)	move	[muːv]
mover (vt)	to move (vt)	[tə muːv]
sacrificar (vt)	to sacrifice (vt)	[tə 'sækrɪfaɪs]
roque (m)	castling	['kɑːslɪŋ]
xeque (m)	check	[ʧek]
xeque-mate (m)	checkmate	['ʧekmeɪt]
torneio (m) de xadrez	chess tournament	[ʧes 'tɔːnəmənt]
grão-mestre (m)	Grand Master	[grænd 'mɑːstə(r)]
combinação (f)	combination	[ˌkɒmbɪ'neɪʃən]
partida (f)	game	[geɪm]
jogo (m) de damas	checkers	['ʧekəz]

140. Boxe

boxe (m)	boxing	['bɒksɪŋ]
combate (m)	fight	[faɪt]
duelo (m)	boxing match	['bɒksɪŋ mæʧ]
round (m)	round	[raʊnd]
ringue (m)	ring	[rɪŋ]
gongo (m)	gong	[gɒŋ]
murro, soco (m)	punch	[pʌnʧ]
knockdown (m)	knockdown	['nɒkˌdaʊn]
nocaute (m)	knockout	['nɒkaʊt]
nocautear (vt)	to knock out	[tə 'nɒkaʊt]
luva (f) de boxe	boxing glove	['bɒksɪŋ glʌv]
árbitro (m)	referee	[ˌrefə'riː]
peso-leve (m)	lightweight	['laɪtweɪt]
peso-médio (m)	middleweight	['mɪdəlweɪt]
peso-pesado (m)	heavyweight	['hevɪ weɪt]

141. Desportos. Diversos

Jogos (m pl) Olímpicos	**Olympic Games**	[ə'lımpık geımz]
vencedor (m)	**winner**	['wınə(r)]
vencer, ganhar (vi)	**to win** (vi)	[tə wın]
líder (m)	**leader**	['li:də(r)]
liderar (vt)	**to lead** (vi)	[tə li:d]
primeiro lugar (m)	**first place**	[fɜ:st pleıs]
segundo lugar (m)	**second place**	['sekənd pleıs]
terceiro lugar (m)	**third place**	[θɜ:d pleıs]
medalha (f)	**medal**	['medəl]
troféu (m)	**trophy**	['trəʊfı]
taça (f)	**prize cup**	[praız kʌp]
prémio (m)	**prize**	[praız]
prémio (m) principal	**main prize**	[meın praız]
recorde (m)	**record**	['rekɔ:d]
estabelecer um recorde	**to set a record**	[tə set ə 'rekɔ:d]
final (m)	**final**	['faınəl]
final	**final**	['faınəl]
campeão (m)	**champion**	['ʧæmpjən]
campeonato (m)	**championship**	['ʧæmpjənʃıp]
estádio (m)	**stadium**	['steıdjəm]
bancadas (f pl)	**stand, bleachers**	[stænd], ['bli:ʧəz]
fã, adepto (m)	**fan, supporter**	[fæn], [sə'pɔ:tə(r)]
adversário (m)	**opponent, rival**	[ə'pəʊnənt], ['raıvəl]
partida (f)	**start**	[stɑ:t]
chegada, meta (f)	**finish line**	['fınıʃ laın]
árbitro (m)	**referee**	[ˌrefə'ri:]
júri (m)	**jury, judges**	['ʤʊərı], [dʒʌdʒəs]
resultado (m)	**score**	[skɔ:(r)]
empate (m)	**tie**	[taı]
empatar (vi)	**to tie** (vi)	[tə taı]
ponto (m)	**point**	[pɔınt]
resultado (m) final	**result**	[rı'zʌlt]
tempo, período (m)	**period**	['pıərıəd]
intervalo (m)	**half-time**	[hɑ:f taım]
doping (m)	**doping**	['dəʊpıŋ]
penalizar (vt)	**to penalize** (vt)	[tə 'pi:nəlaız]
desqualificar (vt)	**to disqualify** (vt)	[tə ˌdıs'kwɒlıfaı]
aparelho (m)	**apparatus**	[ˌæpə'reıtəs]
dardo (m)	**javelin**	['dʒævəlın]
peso (m)	**shot**	[ʃɒt]
bola (f)	**ball**	[bɔ:l]

alvo, objetivo (m)	aim, target	[eɪm], ['tɑːgɪt]
alvo (~ de papel)	target	['tɑːgɪt]
atirar, disparar (vi)	to shoot (vi)	[tə ʃuːt]
preciso (tiro ~)	accurate	['ækjʊrət]
treinador (m)	trainer, coach	['treɪnə(r)], [kəʊtʃ]
treinar (vt)	to train (vt)	[tə treɪn]
treinar-se (vr)	to train (vi)	[tə treɪn]
treino (m)	training	['treɪnɪŋ]
ginásio (m)	gym	[dʒɪm]
exercício (m)	exercise	['eksəsaɪz]
aquecimento (m)	warm-up	[ˌwɔːm'ʌp]

Educação

142. Escola

escola (f)	school	[skuːl]
diretor (m) de escola	principal	['prɪnsɪpəl]
aluno (m)	pupil	['pjuːpəl]
aluna (f)	pupil	['pjuːpəl]
escolar (m)	schoolboy	['skuːlbɔɪ]
escolar (f)	schoolgirl	['skuːlgɜːl]
ensinar (vt)	to teach (vt)	[tə tiːtʃ]
aprender (vt)	to learn (vt)	[tə lɜːn]
aprender de cor	to learn by heart	[tə lɜːn baɪ hɑːt]
estudar (vi)	to learn (vt)	[tə lɜːn]
andar na escola	to be at school	[tə bi ət skuːl]
ir à escola	to go to school	[tə gəʊ tə skuːl]
alfabeto (m)	alphabet	['ælfəbet]
disciplina (f)	subject	['sʌbdʒɪkt]
sala (f) de aula	classroom	['klɑːsrʊm]
lição (f)	lesson	['lesən]
recreio (m)	recess	['riːses]
toque (m)	school bell	[skuːl bel]
carteira (f)	desk	[desk]
quadro (m) negro	chalkboard	['tʃɔːkbɔːd]
nota (f)	grade	[greɪd]
boa nota (f)	good grade	[gʊd greɪd]
nota (f) baixa	bad grade	[bæd greɪd]
dar uma nota	to give a grade	[tə gɪv ə greɪd]
erro (m)	mistake	[mɪ'steɪk]
fazer erros	to make mistakes	[tə meɪk mɪ'steɪks]
corrigir (vt)	to correct (vt)	[tə kə'rekt]
cábula (f)	cheat sheet	['tʃiːt ʃiːt]
dever (m) de casa	homework	['həʊmwɜːk]
exercício (m)	exercise	['eksəsaɪz]
estar presente	to be present	[tə bi 'prezənt]
estar ausente	to be absent	[tə bi 'æbsənt]
faltar às aulas	to miss school	[tə mɪs skuːl]
punir (vt)	to punish (vt)	[tə 'pʌnɪʃ]
punição (f)	punishment	['pʌnɪʃmənt]
comportamento (m)	conduct	['kɒndʌkt]

boletim (m) escolar	report card	[rɪ'pɔːt kɑːd]
lápis (m)	pencil	['pensəl]
borracha (f)	eraser	[ɪ'reɪsə(r)]
giz (m)	chalk	[tʃɔːk]
estojo (m)	pencil case	['pensəl keɪs]

pasta (f) escolar	schoolbag	['skuːlbæg]
caneta (f)	pen	[pen]
caderno (m)	school notebook	[skuːl 'neʊtbʊk]
manual (m) escolar	textbook	['tekstbʊk]
compasso (m)	drafting compass	['drɑːftɪŋ 'kʌmpəs]

traçar (vt)	to make technical drawings	[tə meɪk 'teknɪkəl 'drɔːɪŋs]
desenho (m) técnico	technical drawing	['teknɪkəl 'drɔːɪŋ]

poesia (f)	poem	['peʊɪm]
de cor	by heart	[baɪ hɑːt]
aprender de cor	to learn by heart	[tə lɜːn baɪ hɑːt]

férias (f pl)	school vacation	[skuːl və'keɪʃən]
estar de férias	to be on vacation	[tə bi ɒn və'keɪʃən]
passar as férias	to spend one's vacation	[tə spend wʌns və'keɪʃən]

teste (m)	test	[test]
composição, redação (f)	essay	['eseɪ]
ditado (m)	dictation	[dɪk'teɪʃən]
exame (m)	exam	[ɪg'zæm]
fazer exame	to take an exam	[tə ˌteɪk ən ɪg'zæm]
experiência (~ química)	experiment	[ɪk'sperɪmənt]

143. Colégio. Universidade

academia (f)	academy	[ə'kædəmɪ]
universidade (f)	university	[juːnɪ'vɜːsətɪ]
faculdade (f)	faculty	['fækəltɪ]

estudante (m)	student	['stjuːdənt]
estudante (f)	student	['stjuːdənt]
professor (m)	lecturer	['lektʃərə(r)]

sala (f) de palestras	lecture hall	['lektʃə hɔːl]
graduado (m)	graduate	['grædʒʊət]

diploma (m)	diploma	[dɪ'pleʊmə]
tese (f)	dissertation	[ˌdɪsə'teɪʃən]

estudo (obra)	study	['stʌdɪ]
laboratório (m)	laboratory	['læbrəˌtɔːrɪ]

palestra (f)	lecture	['lektʃə(r)]
colega (m) de curso	coursemate	[kɔːsmeɪt]

bolsa (f) de estudos	scholarship	['skɒləʃɪp]
grau (m) acadêmico	academic degree	[ˌækə'demɪk dɪ'griː]

144. Ciências. Disciplinas

matemática (f)	mathematics	[ˌmæθəˈmætɪks]
álgebra (f)	algebra	[ˈældʒɪbrə]
geometria (f)	geometry	[dʒɪˈɒmətrɪ]

astronomia (f)	astronomy	[əˈstrɒnəmɪ]
biologia (f)	biology	[baɪˈɒlədʒɪ]
geografia (f)	geography	[dʒɪˈɒgrəfɪ]
geologia (f)	geology	[dʒɪˈɒlədʒɪ]
história (f)	history	[ˈhɪstərɪ]

medicina (f)	medicine	[ˈmedsɪn]
pedagogia (f)	pedagogy	[ˈpedəgɒdʒɪ]
direito (m)	law	[lɔ:]

física (f)	physics	[ˈfɪzɪks]
química (f)	chemistry	[ˈkemɪstrɪ]
filosofia (f)	philosophy	[fɪˈlɒsəfɪ]
psicologia (f)	psychology	[saɪˈkɒlədʒɪ]

145. Sistema de escrita. Ortografia

gramática (f)	grammar	[ˈgræmə(r)]
vocabulário (m)	vocabulary	[vəˈkæbjʊlərɪ]
fonética (f)	phonetics	[fəˈnetɪks]

substantivo (m)	noun	[naʊn]
adjetivo (m)	adjective	[ˈædʒɪktɪv]
verbo (m)	verb	[vɜ:b]
advérbio (m)	adverb	[ˈædvɜ:b]

pronome (m)	pronoun	[ˈprəʊnaʊn]
interjeição (f)	interjection	[ˌɪntəˈdʒekʃən]
preposição (f)	preposition	[ˌprepəˈzɪʃən]

raiz (f) da palavra	root	[ru:t]
terminação (f)	ending	[ˈendɪŋ]
prefixo (m)	prefix	[ˈpri:fɪks]
sílaba (f)	syllable	[ˈsɪləbəl]
sufixo (m)	suffix	[ˈsʌfɪks]

| acento (m) | stress mark | [ˈstres ˌmɑ:k] |
| apóstrofo (m) | apostrophe | [əˈpɒstrəfɪ] |

ponto (m)	period, dot	[ˈpɪərɪəd], [dɒt]
vírgula (f)	comma	[ˈkɒmə]
ponto e vírgula (m)	semicolon	[ˌsemɪˈkəʊlən]
dois pontos (m pl)	colon	[ˈkəʊlən]
reticências (f pl)	ellipsis	[ɪˈlɪpsɪs]

| ponto (m) de interrogação | question mark | [ˈkwestʃən mɑ:k] |
| ponto (m) de exclamação | exclamation point | [ˌekskləˈmeɪʃən pɔɪnt] |

aspas (f pl)	quotation marks	[kwəʊˈteɪʃən mɑːks]
entre aspas	in quotation marks	[ɪn kwəʊˈteɪʃən mɑːks]
parênteses (m pl)	parenthesis	[pəˈrenθɪsɪs]
entre parênteses	in parenthesis	[ɪn pəˈrenθɪsɪs]

hífen (m)	hyphen	[ˈhaɪfən]
travessão (m)	dash	[dæʃ]
espaço (m)	space	[speɪs]

letra (f)	letter	[ˈletə(r)]
letra (f) maiúscula	capital letter	[ˈkæpɪtəl ˈletə(r)]

vogal (f)	vowel	[ˈvaʊəl]
consoante (f)	consonant	[ˈkɒnsənənt]

frase (f)	sentence	[ˈsentəns]
sujeito (m)	subject	[ˈsʌbdʒɪkt]
predicado (m)	predicate	[ˈpredɪkət]

linha (f)	line	[laɪn]
em uma nova linha	on a new line	[ɒn ə njuː laɪn]
parágrafo (m)	paragraph	[ˈpærəgrɑːf]

palavra (f)	word	[wɜːd]
grupo (m) de palavras	group of words	[gruːp əf wɜːdz]
expressão (f)	expression	[ɪkˈspreʃən]
sinónimo (m)	synonym	[ˈsɪnənɪm]
antónimo (m)	antonym	[ˈæntənɪm]

regra (f)	rule	[ruːl]
exceção (f)	exception	[ɪkˈsepʃən]
correto	correct	[kəˈrekt]

conjugação (f)	conjugation	[ˌkɒndʒʊˈgeɪʃən]
caso (m)	nominal case	[ˈnɒmɪnəl keɪs]
pergunta (f)	question	[ˈkwestʃən]
sublinhar (vt)	to underline (vt)	[tə ˌʌndəˈlaɪn]
linha (f) pontilhada	dotted line	[ˈdɒtɪd laɪn]

146. Línguas estrangeiras

língua (f)	language	[ˈlæŋgwɪdʒ]
estrangeiro	foreign	[ˈfɒrən]
estudar (vt)	to study (vt)	[tə ˈstʌdɪ]
aprender (vt)	to learn (vt)	[tə lɜːn]

ler (vt)	to read (vi, vt)	[tə riːd]
falar (vi)	to speak (vi, vt)	[tə spiːk]
compreender (vt)	to understand (vt)	[tə ˌʌndəˈstænd]
escrever (vt)	to write (vt)	[tə raɪt]

rapidamente	quickly, fast	[ˈkwɪklɪ], [fɑːst]
devagar	slowly	[ˈsləʊlɪ]
fluentemente	fluently	[ˈfluːəntlɪ]

regras (f pl)	rules	[ruːlz]
gramática (f)	grammar	['græmə(r)]
vocabulário (m)	vocabulary	[və'kæbjuləri]
fonética (f)	phonetics	[fə'netɪks]

manual (m) escolar	textbook	['tekstbʊk]
dicionário (m)	dictionary	['dɪkʃənəri]
manual (m) de autoaprendizagem	teach-yourself book	[tiːtʃ jɔː'self bʊk]
guia (m) de conversação	phrasebook	['freɪzbʊk]

cassete (f)	cassette, tape	[kæ'set], [teɪp]
vídeo cassete (m)	videotape	['vɪdɪəʊteɪp]
CD (m)	CD, compact disc	[ˌsiː'diː], [kəm'pækt dɪsk]
DVD (m)	DVD	[ˌdiː viː'diː]

alfabeto (m)	alphabet	['ælfəbet]
soletrar (vt)	to spell (vt)	[tə spel]
pronúncia (f)	pronunciation	[prəˌnʌnsɪ'eɪʃən]

sotaque (m)	accent	['æksent]
com sotaque	with an accent	[wɪð ən 'æksent]
sem sotaque	without an accent	[wɪ'ðaʊt ən 'æksent]

| palavra (f) | word | [wɜːd] |
| sentido (m) | meaning | ['miːnɪŋ] |

cursos (m pl)	course	[kɔːs]
inscrever-se (vr)	to sign up (vi)	[tə saɪn ʌp]
professor (m)	teacher	['tiːtʃə(r)]

tradução (texto)	translation	[træns'leɪʃən]
tradutor (m)	translator	[træns'leɪtə(r)]
intérprete (m)	interpreter	[ɪn'tɜːprɪtə(r)]

| poliglota (m) | polyglot | ['pɒlɪglɒt] |
| memória (f) | memory | ['meməri] |

147. Personagens de contos de fadas

Pai (m) Natal	Santa Claus	['sæntə klɔːz]
Cinderela (f)	Cinderella	[ˌsɪndə'relə]
sereia (f)	mermaid	['mɜːmeɪd]
Neptuno (m)	Neptune	['neptjuːn]

mago (m)	magician	[mə'dʒɪʃən]
fada (f)	fairy	['feəri]
mágico	magic	['mædʒɪk]
varinha (f) mágica	magic wand	['mædʒɪk ˌwɒnd]

conto (m) de fadas	fairy tale	['feəri teɪl]
milagre (m)	miracle	['mɪrəkəl]
anão (m)	dwarf	[dwɔːf]
transformar-se em ...	to turn into ... (vi)	[tə tɜːn 'ɪntʊ]

fantasma (m)	phantom	['fæntəm]
espetro (m)	ghost	[gəʊst]
monstro (m)	monster	['mɒnstə(r)]
dragão (m)	dragon	['drægən]
gigante (m)	giant	['dʒaɪənt]

148. Signos do Zodíaco

Carneiro	Aries	['eəri:z]
Touro	Taurus	['tɔːrəs]
Gémeos	Gemini	['dʒemɪnaɪ]
Caranguejo	Cancer	['kænsə(r)]
Leão	Leo	['li:əʊ]
Virgem (f)	Virgo	['vɜːgəʊ]

Balança	Libra	['li:brə]
Escorpião	Scorpio	['skɔːpɪəʊ]
Sagitário	Sagittarius	[ˌsædʒɪ'teərɪəs]
Capricórnio	Capricorn	['kæprɪkɔːn]
Aquário	Aquarius	[ə'kweərɪəs]
Peixes	Pisces	['paɪsi:z]

caráter (m)	character	['kærəktə(r)]
traços (m pl) do caráter	character traits	['kærəktə treɪts]
comportamento (m)	behavior	[bɪ'heɪvjə(r)]
predizer (vt)	to tell fortunes	[tə tel 'fɔːtʃuːnz]
adivinha (f)	fortune-teller	['fɔːtʃuːn 'telə(r)]
horóscopo (m)	horoscope	['hɒrəskəʊp]

Artes

149. Teatro

teatro (m)	theater	['θɪətə(r)]
ópera (f)	opera	['ɒpərə]
opereta (f)	operetta	[ˌɒpə'retə]
balé (m)	ballet	['bæleɪ]
cartaz (m)	theater poster	['θɪətə 'pəʊstə(r)]
companhia (f) teatral	troupe, company	[truːp], ['kʌmpənɪ]
turné (digressão)	tour	[tʊə(r)]
estar em turné	to be on tour	[tə bi ɒn tʊə(r)]
ensaiar (vt)	to rehearse (vi, vt)	[tə rɪ'hɜːs]
ensaio (m)	rehearsal	[rɪ'hɜːsəl]
repertório (m)	repertoire	['repətwɑː(r)]
apresentação (f)	performance	[pə'fɔːməns]
espetáculo (m)	show, play	[ʃəʊ], [pleɪ]
peça (f)	play	[pleɪ]
bilhete (m)	ticket	['tɪkɪt]
bilheteira (f)	box office	[bɒks 'ɒfɪs]
hall (m)	lobby	['lɒbɪ]
guarda-roupa (m)	coat check	[kəʊt tʃek]
senha (f) numerada	coat check tag	[kəʊt tʃek tæg]
binóculo (m)	binoculars	[bɪ'nɒkjʊləz]
lanterninha (m)	usher	['ʌʃə(r)]
plateia (f)	orchestra seats	['ɔːkɪstrə siːts]
balcão (m)	balcony	['bælkənɪ]
primeiro balcão (m)	dress circle	[dres 'sɜːkəl]
camarote (m)	box	[bɒks]
fila (f)	row	[rəʊ]
assento (m)	seat	[siːt]
público (m)	audience	['ɔːdɪəns]
espetador (m)	spectator	[spek'teɪtə(r)]
aplaudir (vt)	to clap (vi, vt)	[tə klæp]
aplausos (m pl)	applause	[ə'plɔːz]
ovação (f)	ovation	[əʊ'veɪʃən]
palco (m)	stage	[steɪdʒ]
pano (m) de boca	curtain	['kɜːtən]
cenário (m)	scenery	['siːnərɪ]
bastidores (m pl)	backstage	[ˌbæk'steɪdʒ]
cena (f)	scene	[siːn]
ato (m)	act	[ækt]
entreato (m)	intermission	[ˌɪntə'mɪʃən]

150. Cinema

ator (m)	actor	['æktə(r)]
atriz (f)	actress	['æktrɪs]

cinema (m)	movies	['mu:vɪz]
filme (m)	movie	['mu:vɪ]
episódio (m)	episode	['epɪsəʊd]

filme (m) policial	detective	[dɪ'tektɪv]
filme (m) de ação	action movie	['ækʃən 'mu:vɪ]
filme (m) de aventuras	adventure movie	[əd'ventʃə 'mu:vɪ]
filme (m) de ficção científica	sci-fi movie	['saɪfaɪ 'mu:vɪ]
filme (m) de terror	horror movie	['hɒrə 'mu:vɪ]

comédia (f)	comedy movie	['kɒmədɪ 'mu:vɪ]
melodrama (m)	melodrama	['meləˌdrɑːmə]
drama (m)	drama	['drɑːmə]

filme (m) ficcional	fictional movie	['fɪkʃənəl 'mu:vɪ]
documentário (m)	documentary	[ˌdɒkjʊ'mentərɪ]
desenho (m) animado	cartoon	[kɑː'tu:n]
cinema (m) mudo	silent movies	['saɪlənt 'mu:vɪz]

papel (m)	role	[rəʊl]
papel (m) principal	leading role	['li:dɪŋ rəʊl]
representar (vt)	to play (vi, vt)	[tə pleɪ]

estrela (f) de cinema	movie star	['mu:vɪ stɑː(r)]
conhecido	well-known	[wel'nəʊn]
famoso	famous	['feɪməs]
popular	popular	['pɒpjʊlə(r)]

argumento (m)	script	[skrɪpt]
argumentista (m)	scriptwriter	['skrɪptˌraɪtə(r)]
realizador (m)	movie director	['mu:vɪ dɪ'rektə(r)]
produtor (m)	producer	[prə'dju:sə(r)]
assistente (m)	assistant	[ə'sɪstənt]
diretor (m) de fotografia	cameraman	['kæmərəmæn]
duplo (m)	stuntman	[stʌnt mæn]

filmar (vt)	to shoot a movie	[tə ʃu:t ə 'mu:vɪ]
audição (f)	audition	[ɔ:'dɪʃən]
filmagem (f)	shooting	['ʃu:tɪŋ]
equipe (f) de filmagem	movie crew	['mu:vɪ kru:]
set (m) de filmagem	movie set	['mu:vɪ set]
câmara (f)	camera	['kæmərə]

cinema (m)	movie theater	['mu:vɪ 'θɪətə(r)]
ecrã (m), tela (f)	screen	[skri:n]
exibir um filme	to show a movie	[tə ʃəʊ ə 'mu:vɪ]

pista (f) sonora	soundtrack	['saundtræk]
efeitos (m pl) especiais	special effects	['speʃəl ɪ'fekts]
legendas (f pl)	subtitles	['sʌbˌtaɪtəlz]

| crédito (m) | credits | ['kredɪts] |
| tradução (f) | translation | [træns'leɪʃən] |

151. Pintura

arte (f)	art	[ɑ:t]
belas-artes (f pl)	fine arts	['faɪn ˌɑ:ts]
galeria (f) de arte	art gallery	[ɑ:t 'gælərɪ]
exposição (f) de arte	art exhibition	[ɑ:t ˌeksɪ'bɪʃən]

pintura (f)	painting	['peɪntɪŋ]
arte (f) gráfica	graphic art	['græfɪk ɑ:t]
arte (f) abstrata	abstract art	['æbstrækt ɑ:t]
impressionismo (m)	impressionism	[ɪm'preʃənɪzəm]

pintura (f), quadro (m)	picture	['pɪktʃə(r)]
desenho (m)	drawing	['drɔ:ɪŋ]
cartaz, póster (m)	poster	['pəʊstə(r)]

ilustração (f)	illustration	[ˌɪlə'streɪʃən]
miniatura (f)	miniature	['mɪnətʃə(r)]
cópia (f)	copy	['kɒpɪ]
reprodução (f)	reproduction	[ˌri:prə'dʌkʃən]

mosaico (m)	mosaic	[məʊ'zeɪɪk]
vitral (m)	stained glass window	[steɪnd glɑ:s 'wɪndəʊ]
fresco (m)	fresco	['freskəʊ]
gravura (f)	engraving	[ɪn'greɪvɪŋ]

busto (m)	bust	[bʌst]
escultura (f)	sculpture	['skʌlptʃə(r)]
estátua (f)	statue	['stætʃu:]
gesso (m)	plaster of Paris	['plɑ:stərəv 'pærɪs]
em gesso	plaster	['plɑ:stə(r)]

retrato (m)	portrait	['pɔ:treɪt]
autorretrato (m)	self-portrait	[self 'pɔ:treɪt]
paisagem (f)	landscape	['lændskeɪp]
natureza (f) morta	still life	[stɪl laɪf]
caricatura (f)	caricature	['kærɪkəˌtjʊə(r)]

tinta (f)	paint	[peɪnt]
aguarela (f)	watercolor paint	['wɔ:təˌkʌlə peɪnt]
óleo (m)	oil	[ɔɪl]
lápis (m)	pencil	['pensəl]
tinta da China (f)	India ink	['ɪndɪə ɪŋk]
carvão (m)	charcoal	['tʃɑ:kəʊl]

| desenhar (vt) | to draw (vi, vt) | [tə drɔ:] |
| pintar (vt) | to paint (vi, vt) | [tə peɪnt] |

posar (vi)	to pose (vi)	[tə pəʊz]
modelo (m)	artist's model	['ɑ:tɪsts 'mɒdəl]
modelo (f)	artist's model	['ɑ:tɪsts 'mɒdəl]

pintor (m)	artist, painter	['ɑ:tɪst], ['peɪntə(r)]
obra (f)	work of art	[wɜ:k əv ɑ:t]
obra-prima (f)	masterpiece	['mɑ:stəpi:s]
estúdio (m)	studio	['stju:dɪəʊ]

tela (f)	canvas	['kænvəs]
cavalete (m)	easel	['i:zəl]
paleta (f)	palette	['pælət]

moldura (f)	frame	[freɪm]
restauração (f)	restoration	[ˌrestə'reɪʃən]
restaurar (vt)	to restore (vt)	[tə rɪ'stɔ:(r)]

152. Literatura & Poesia

literatura (f)	literature	['lɪtrətʃə]
autor (m)	author	['ɔ:θə]
pseudónimo (m)	pseudonym	['sju:dəʊnɪm]

livro (m)	book	[bʊk]
volume (m)	volume	['vɒlju:m]
índice (m)	table of contents	['teɪbəl əv 'kɒntents]
página (f)	page	[peɪdʒ]
protagonista (m)	main character	[meɪn 'kærəktə(r)]
autógrafo (m)	autograph	['ɔ:təgrɑ:f]

conto (m)	short story	[ʃɔ:t 'stɔ:rɪ]
novela (f)	story	['stɔ:rɪ]
romance (m)	novel	['nɒvəl]
obra (f)	work	[wɜ:k]
fábula (m)	fable	['feɪbəl]
romance (m) policial	detective novel	[dɪ'tektɪv 'nɒvəl]

poesia (obra)	poem, verse	['pəʊɪm], [vɜ:s]
poesia (arte)	poetry	['pəʊɪtrɪ]
poema (m)	poem	['pəʊɪm]
poeta (m)	poet	['pəʊɪt]

ficção (f)	fiction	['fɪkʃən]
ficção (f) científica	science fiction	['saɪəns 'fɪkʃən]
aventuras (f pl)	adventures	[əd'ventʃəz]
literatura (f) didática	educational literature	[ˌedʒʊ'keɪʃənəl 'lɪtrətʃə]
literatura (f) infantil	children's literature	['tʃɪldrənz 'lɪtrətʃə]

153. Circo

circo (m)	circus	['sɜ:kəs]
circo (m) ambulante	traveling circus	['trævəlɪŋ 'sɜ:kəs]
programa (m)	program	['prəʊgræm]
apresentação (f)	performance	[pə'fɔ:məns]
número (m)	act	[ækt]
arena (f)	circus ring	['sɜ:kəs rɪŋ]

| pantomima (f) | pantomime | ['pæntəmaɪm] |
| palhaço (m) | clown | [klaʊn] |

acrobata (m)	acrobat	['ækrəbæt]
acrobacia (f)	acrobatics	[ˌækrə'bætɪks]
ginasta (m)	gymnast	['dʒɪmnæst]
ginástica (f)	acrobatic gymnastics	[ˌækrə'bætɪk dʒɪm'næstɪks]
salto (m) mortal	somersault	['sʌməsɔːlt]

homem forte (m)	strongman	['strɒŋmæn]
domador (m)	tamer	['teɪmə(r)]
cavaleiro (m) equilibrista	rider	['raɪdə(r)]
assistente (m)	assistant	[ə'sɪstənt]

truque (m)	stunt	[stʌnt]
truque (m) de mágica	magic trick	['mædʒɪk trɪk]
mágico (m)	magician	[mə'dʒɪʃən]

malabarista (m)	juggler	['dʒʌɡlə(r)]
fazer malabarismos	to juggle (vi, vt)	[tə 'dʒʌɡəl]
domador (m)	animal trainer	['ænɪməl 'treɪnə(r)]
adestramento (m)	animal training	['ænɪməl 'treɪnɪŋ]
adestrar (vt)	to train (vt)	[tə treɪn]

154. Música. Música popular

música (f)	music	['mjuːzɪk]
músico (m)	musician	[mju:'zɪʃən]
instrumento (m) musical	musical instrument	['mjuːzɪkəl 'ɪnstrʊmənt]
tocar ...	to play ...	[tə pleɪ]

guitarra (f)	guitar	[ɡɪ'tɑ:(r)]
violino (m)	violin	[ˌvaɪə'lɪn]
violoncelo (m)	cello	['tʃeləʊ]
contrabaixo (m)	double bass	['dʌbəl beɪs]
harpa (f)	harp	[hɑ:p]

piano (m)	piano	[pɪ'ænəʊ]
piano (m) de cauda	grand piano	[grænd pɪ'ænəʊ]
órgão (m)	organ	['ɔːɡən]

instrumentos (m pl) de sopro	wind instruments	[wɪnd 'ɪnstrʊmənts]
oboé (m)	oboe	['əʊbəʊ]
saxofone (m)	saxophone	['sæksəfəʊn]
clarinete (m)	clarinet	[ˌklærə'net]
flauta (f)	flute	[fluːt]
trompete (m)	trumpet	['trʌmpɪt]

| acordeão (m) | accordion | [ə'kɔːdɪən] |
| tambor (m) | drum | [drʌm] |

duo, dueto (m)	duo	['djuːəʊ]
trio (m)	trio	['triːəʊ]
quarteto (m)	quartet	[kwɔː'tet]

| coro (m) | choir | ['kwaɪə(r)] |
| orquestra (f) | orchestra | ['ɔːkɪstrə] |

música (f) pop	pop music	[pɒp 'mjuːzɪk]
música (f) rock	rock music	[rɒk 'mjuːzɪk]
grupo (m) de rock	rock group	[rɒk gruːp]
jazz (m)	jazz	[dʒæz]

| ídolo (m) | idol | ['aɪdəl] |
| fã, admirador (m) | admirer, fan | [əd'maɪərə], [fæn] |

concerto (m)	concert	['kɒnsət]
sinfonia (f)	symphony	['sɪmfənɪ]
composição (f)	composition	[ˌkɒmpə'zɪʃən]
compor (vt)	to compose (vt)	[tə kəm'pəʊz]

canto (m)	singing	['sɪŋɪŋ]
canção (f)	song	[sɒŋ]
melodia (f)	tune	[tjuːn]
ritmo (m)	rhythm	['rɪðəm]
blues (m)	blues	[bluːz]

notas (f pl)	sheet music	[ʃiːt 'mjuːzɪk]
batuta (f)	baton	['bætən]
arco (m)	bow	[bəʊ]
corda (f)	string	[strɪŋ]
estojo (m)	case	[keɪs]

Descanso. Entretenimento. Viagens

155. Viagens

turismo (m)	tourism, travel	['tʊərɪzəm], ['trævəl]
turista (m)	tourist	['tʊərɪst]
viagem (f)	trip	[trɪp]
aventura (f)	adventure	[əd'ventʃə(r)]
viagem (f)	trip, journey	[trɪp], ['dʒɜːnɪ]
férias (f pl)	vacation	[və'keɪʃən]
estar de férias	to be on vacation	[tə bi ɒn və'keɪʃən]
descanso (m)	rest	[rest]
comboio (m)	train	[treɪn]
de comboio (chegar ~)	by train	[baɪ treɪn]
avião (m)	airplane	['eəpleɪn]
de avião	by airplane	[baɪ 'eəpleɪn]
de carro	by car	[baɪ kɑː(r)]
de navio	by ship	[baɪ ʃɪp]
bagagem (f)	luggage	['lʌgɪdʒ]
mala (f)	suitcase	['suːtkeɪs]
carrinho (m)	luggage cart	['lʌgɪdʒ kɑːt]
passaporte (m)	passport	['pɑːspɔːt]
visto (m)	visa	['viːzə]
bilhete (m)	ticket	['tɪkɪt]
bilhete (m) de avião	air ticket	['eə 'tɪkɪt]
guia (m) de viagem	guidebook	['gaɪdbʊk]
mapa (m)	map	[mæp]
local (m), area (f)	area	['eərɪə]
lugar, sítio (m)	place, site	[pleɪs], [saɪt]
exotismo (m)	exotica	[ɪg'zɒtɪkə]
exótico	exotic	[ɪg'zɒtɪk]
surpreendente	amazing	[ə'meɪzɪŋ]
grupo (m)	group	[gruːp]
excursão (f)	excursion	[ɪk'skɜːʃən]
guia (m)	guide	[gaɪd]

156. Hotel

hotel (m)	hotel	[həʊ'tel]
motel (m)	motel	[məʊ'tel]
três estrelas	three-star	[θriː stɑː(r)]
cinco estrelas	five-star	[ˌfaɪv 'stɑː(r)]

ficar (~ num hotel)	to stay (vi)	[tə steɪ]
quarto (m)	room	[ruːm]
quarto (m) individual	single room	['sɪŋɡəl ruːm]
quarto (m) duplo	double room	['dʌbəl ruːm]
reservar um quarto	to book a room	[tə bʊk ə ruːm]

| meia pensão (f) | half board | [hɑːf bɔːd] |
| pensão (f) completa | full board | [fʊl bɔːd] |

com banheira	with bath	[wɪð bɑːθ]
com duche	with shower	[wɪð 'ʃaʊə(r)]
televisão (m) satélite	satellite television	['sætəlaɪt 'telɪˌvɪʒən]
ar (m) condicionado	air-conditioner	[eə kən'dɪʃənə]
toalha (f)	towel	['taʊəl]
chave (f)	key	[kiː]

administrador (m)	administrator	[əd'mɪnɪstreɪtə(r)]
camareira (f)	chambermaid	['tʃeɪmbəˌmeɪd]
bagageiro (m)	porter, bellboy	['pɔːtə(r)], ['belbɔɪ]
porteiro (m)	doorman	['dɔːmən]

restaurante (m)	restaurant	['restrɒnt]
bar (m)	pub, bar	[pʌb], [bɑː(r)]
pequeno-almoço (m)	breakfast	['brekfəst]
jantar (m)	dinner	['dɪnə(r)]
buffet (m)	buffet	[bə'feɪ]

elevador (m)	elevator	['elɪveɪtə(r)]
NÃO PERTURBE	DO NOT DISTURB	[du nɒt dɪ'stɜːb]
PROIBIDO FUMAR!	NO SMOKING	[nəʊ 'sməʊkɪŋ]

157. Livros. Leitura

livro (m)	book	[bʊk]
autor (m)	author	['ɔːθə]
escritor (m)	writer	['raɪtə(r)]
escrever (vt)	to write (vt)	[tə raɪt]

leitor (m)	reader	['riːdə(r)]
ler (vt)	to read (vi, vt)	[tə riːd]
leitura (f)	reading	['riːdɪŋ]

| para si | silently | ['saɪləntlɪ] |
| em voz alta | aloud | [ə'laʊd] |

publicar (vt)	to publish (vt)	[tə 'pʌblɪʃ]
publicação (f)	publishing	['pʌblɪʃɪŋ]
editor (m)	publisher	['pʌblɪʃə(r)]
editora (f)	publishing house	['pʌblɪʃɪŋ ˌhaʊs]

sair (vi)	to come out	[tə kʌm aʊt]
lançamento (m)	release	[rɪ'liːs]
tiragem (f)	print run	[prɪnt rʌn]
livraria (f)	bookstore	['bʊkstɔː(r)]

biblioteca (f)	library	['laɪbrərɪ]
novela (f)	story	['stɔːrɪ]
conto (m)	short story	[ʃɔːt 'stɔːrɪ]
romance (m)	novel	['nɒvəl]
romance (m) policial	detective novel	[dɪ'tektɪv 'nɒvəl]

memórias (f pl)	memoirs	['memwɑːz]
lenda (f)	legend	['ledʒənd]
mito (m)	myth	[mɪθ]

| poesia (f) | poetry, poems | ['pəʊɪtrɪ], ['pəʊɪmz] |
| autobiografia (f) | autobiography | [ˌɔːtəbaɪ'ɒgrəfɪ] |

| obras (f pl) escolhidas | selected works | [sɪ'lektɪd wɜːks] |
| ficção (f) científica | science fiction | ['saɪəns 'fɪkʃən] |

título (m)	title	['taɪtəl]
introdução (f)	introduction	[ˌɪntrə'dʌkʃən]
folha (f) de rosto	title page	['taɪtəl peɪdʒ]

capítulo (m)	chapter	['tʃæptə(r)]
excerto (m)	extract	['ekstrækt]
episódio (m)	episode	['epɪsəʊd]

tema (m)	plot, storyline	[plɒt], ['stɔːrɪlaɪn]
conteúdo (m)	contents	['kɒntents]
protagonista (m)	main character	[meɪn 'kærəktə(r)]

tomo, volume (m)	volume	['vɒljuːm]
capa (f)	cover	['kʌvə(r)]
marcador (m) de livro	bookmark	['bʊkmɑːk]

página (f)	page	[peɪdʒ]
folhear (vt)	to page through	[tə peɪdʒ θruː]
margem (f)	margins	['mɑːdʒɪnz]

| anotação (f) | annotation | [ˌænə'teɪʃən] |
| nota (f) de rodapé | footnote | ['fʊtnəʊt] |

texto (m)	text	[tekst]
fonte (f)	type, font	[taɪp], [fɒnt]
gralha (f)	misprint, typo	['mɪsprɪnt], ['taɪpəʊ]

tradução (f)	translation	[træns'leɪʃən]
traduzir (vt)	to translate (vt)	[tə træns'leɪt]
original (m)	original	[ɒ'rɪdʒɪnəl]

| famoso | famous | ['feɪməs] |
| desconhecido | unknown | [ˌʌn'nəʊn] |

| interessante | interesting | ['ɪntrəstɪŋ] |
| best-seller (m) | bestseller | [best 'selə(r)] |

dicionário (m)	dictionary	['dɪkʃənərɪ]
manual (m) escolar	textbook	['tekstbʊk]
enciclopédia (f)	encyclopedia	[ɪnˌsaɪkləʊ'piːdjə]

158. Caça. Pesca

caça (f)	hunting	['hʌntɪŋ]
caçar (vi)	to hunt (vi, vt)	[tə hʌnt]
caçador (m)	hunter	['hʌntə(r)]
atirar (vi)	to shoot (vi)	[tə ʃuːt]
caçadeira (f)	rifle	['raɪfəl]
cartucho (m)	bullet, cartridge	['bʊlɪt], ['kɑːtrɪʤ]
chumbo (m) de caça	shot	[ʃɒt]
armadilha (f)	steel trap	[stiːl træp]
armadilha (com corda)	snare	[snee(r)]
cair na armadilha	to fall into the trap	[tə fɔːl 'ɪntʊ ðə træp]
pôr a armadilha	to lay a trap	[tə ˌleɪ ə 'træp]
caçador (m) furtivo	poacher	['pəʊʧə(r)]
caça (f)	game	[ɡeɪm]
cão (m) de caça	hound dog	[haʊnd dɒɡ]
safári (m)	safari	[sə'fɑːrɪ]
animal (m) empalhado	mounted animal	['maʊntɪd 'ænɪməl]
pescador (m)	fisherman, angler	['fɪʃəmən], ['æŋɡlə(r)]
pesca (f)	fishing	['fɪʃɪŋ]
pescar (vt)	to fish (vi)	[tə fɪʃ]
cana (f) de pesca	fishing rod	['fɪʃɪŋ ˌrɒd]
linha (f) de pesca	fishing line	['fɪʃɪŋ ˌlaɪn]
anzol (m)	hook	[hʊk]
boia (f)	float, bobber	[fləʊt], ['bɒbə(r)]
isca (f)	bait	[beɪt]
lançar a linha	to cast a line	[tə kɑːst ə laɪn]
morder (vt)	to bite (vi)	[tə baɪt]
pesca (f)	catch of fish	[kæʧ əv fɪʃ]
buraco (m) no gelo	ice-hole	['aɪs ˌhəʊl]
rede (f)	net	[net]
barco (m)	boat	[bəʊt]
pescar com rede	to net (vi, vt)	[tə net]
lançar a rede	to cast the net	[tə kɑːst ðə net]
puxar a rede	to haul the net in	[tə hɔːl ðə net ɪn]
cair nas malhas	to fall into the net	[tə fɔːl 'ɪntʊ ðə net]
baleeiro (m)	whaler	['weɪlə(r)]
baleeira (f)	whaleboat	['weɪlbəʊt]
arpão (m)	harpoon	[hɑːˈpuːn]

159. Jogos. Bilhar

bilhar (m)	billiards	['bɪljədz]
sala (f) de bilhar	billiard room	['bɪljədʒ ruːm]
bola (f) de bilhar	ball	[bɔːl]

embolsar uma bola   **to pocket a ball**   [tə 'pɒkɪt ə bɔ:l]
taco (m)   **cue**   [kju:]
caçapa (f)   **pocket**   ['pɒkɪt]

160. Jogos. Jogar cartas

ouros (m pl)	**diamonds**	['daɪəməndz]
espadas (f pl)	**spades**	[speɪdz]
copas (f pl)	**hearts**	[hɑ:ts]
paus (m pl)	**clubs**	[klʌbz]
ás (m)	**ace**	[eɪs]
rei (m)	**king**	[kɪŋ]
dama (f)	**queen**	[kwi:n]
valete (m)	**jack, knave**	[dʒæk], [neɪv]
carta (f) de jogar	**playing card**	['pleɪɪŋ kɑ:d]
cartas (f pl)	**cards**	[kɑ:dz]
trunfo (m)	**trump**	[trʌmp]
baralho (m)	**deck of cards**	[dek əv kɑ:dz]
ponto (m)	**point**	[pɔɪnt]
dar, distribuir (vt)	**to deal** (vi, vt)	[tə di:l]
embaralhar (vt)	**to shuffle** (vt)	[tə 'ʃʌfəl]
vez, jogada (f)	**lead, turn**	[led], [tɜ:n]
batoteiro (m)	**cardsharp**	[kɑ:d 'ʃɑ:p]

161. Casino. Roleta

casino (m)	**casino**	[kə'si:nəʊ]
roleta (f)	**roulette**	[ru:'let]
aposta (f)	**bet**	[bet]
apostar (vt)	**to place bets**	[tə pleɪs bets]
vermelho (m)	**red**	[red]
preto (m)	**black**	[blæk]
apostar no vermelho	**to bet on red**	[tə bet ɒn red]
apostar no preto	**to bet on black**	[tə bet ɒn blæk]
crupiê (m, f)	**croupier**	['kru:pɪə(r)]
girar a roda	**to spin the wheel**	[tə spɪn ðə wi:l]
regras (f pl) do jogo	**rules**	[ru:lz]
ficha (f)	**chip**	[ʧɪp]
ganhar (vi, vt)	**to win** (vi, vt)	[tə wɪn]
ganho (m)	**win**	[wɪn]
perder (dinheiro)	**to lose** (vt)	[tə lu:z]
perda (f)	**loss**	[lɒs]
jogador (m)	**player**	['pleɪə(r)]
blackjack (m)	**blackjack**	['blæk͵dʒæk]

jogo (m) de dados	craps, dice	[kræps], [daɪs]
dados (m pl)	dice	[daɪs]
máquina (f) de jogo	slot machine	[slɒt məˈʃiːn]

162. Descanso. Jogos. Diversos

passear (vi)	to stroll (vi, vt)	[tə strəʊl]
passeio (m)	walk, stroll	[wɔːk], [strəʊl]
viagem (f) de carro	car ride	[kɑː raɪd]
aventura (f)	adventure	[ədˈventʃə(r)]
piquenique (m)	picnic	[ˈpɪknɪk]

jogo (m)	game	[geɪm]
jogador (m)	player	[ˈpleɪə(r)]
partida (f)	game	[geɪm]

colecionador (m)	collector	[kəˈlektə(r)]
colecionar (vt)	to collect (vt)	[tə kəˈlekt]
coleção (f)	collection	[kəˈlekʃən]

palavras (f pl) cruzadas	crossword puzzle	[ˈkrɒswɜːd ˈpʌzəl]
hipódromo (m)	racetrack	[ˈreɪstræk]
discoteca (f)	disco	[ˈdɪskəʊ]

| sauna (f) | sauna | [ˈsɔːnə] |
| lotaria (f) | lottery | [ˈlɒtərɪ] |

campismo (m)	camping trip	[ˈkæmpɪŋ trɪp]
acampamento (m)	camp	[kæmp]
tenda (f)	tent	[tent]
bússola (f)	compass	[ˈkʌmpəs]
campista (m)	camper	[ˈkæmpə(r)]

ver (vt), assistir à ...	to watch (vt)	[tə wɒtʃ]
telespectador (m)	viewer	[ˈvjuːə(r)]
programa (m) de TV	TV show	[ˌtiːˈviː ʃəʊ]

163. Fotografia

| máquina (f) fotográfica | camera | [ˈkæmərə] |
| foto, fotografia (f) | photo, picture | [ˈfəʊtəʊ], [ˈpɪktʃə(r)] |

fotógrafo (m)	photographer	[fəˈtɒɡrəfə(r)]
estúdio (m) fotográfico	photo studio	[ˈfəʊtəʊ ˈstjuːdɪəʊ]
álbum (m) de fotografias	photo album	[ˈfəʊtəʊ ˈælbəm]

objetiva (f)	camera lens	[ˈkæmərə lenz]
teleobjetiva (f)	telephoto lens	[ˌtelɪˈfəʊtəʊ lenz]
filtro (m)	filter	[ˈfɪltə(r)]
lente (f)	lens	[lenz]
ótica (f)	optics	[ˈɒptɪks]
abertura (f)	diaphragm, aperture	[ˈdaɪəfræm], [ˈæpəˌtjʊə]

exposição (f)	exposure time	[ɪk'spəʊʒə ˌtaɪm]
visor (m)	viewfinder	['vju:ˌfaɪndə(r)]
câmara (f) digital	digital camera	['dɪdʒɪtəl 'kæmərə]
tripé (m)	tripod	['traɪpɒd]
flash (m)	flash	[flæʃ]
fotografar (vt)	to photograph (vt)	[tə 'fəʊtəɡrɑːf]
tirar fotos	to take pictures	[tə ˌteɪk 'pɪktʃəz]
foco (m)	focus	['fəʊkəs]
focar (vt)	to focus	[tə 'fəʊkəs]
nítido	sharp	[ʃɑːp]
nitidez (f)	sharpness	['ʃɑːpnɪs]
contraste (m)	contrast	['kɒntrɑːst]
contrastante	contrast	['kɒntrɑːst]
retrato (m)	picture	['pɪktʃə(r)]
negativo (m)	negative	['neɡətɪv]
filme (m)	film	[fɪlm]
fotograma (m)	frame	[freɪm]
imprimir (vt)	to print (vt)	[tə prɪnt]

164. Praia. Natação

praia (f)	beach	[biːtʃ]
areia (f)	sand	[sænd]
deserto	deserted	[dɪ'zɜːtɪd]
bronzeado (m)	suntan	['sʌntæn]
bronzear-se (vr)	to get a tan	[tə ɡet ə tæn]
bronzeado	tan	[tæn]
protetor (m) solar	sunscreen	['sʌnskriːn]
biquíni (m)	bikini	[bɪ'kiːnɪ]
fato (m) de banho	bathing suit	['beɪðɪŋ suːt]
calção (m) de banho	swim trunks	['swɪm trʌŋks]
piscina (f)	swimming pool	['swɪmɪŋ puːl]
nadar (vi)	to swim (vi)	[tə swɪm]
duche (m)	shower	['ʃaʊə(r)]
mudar de roupa	to change (vi)	[tə tʃeɪndʒ]
toalha (f)	towel	['taʊəl]
barco (m)	boat	[bəʊt]
lancha (f)	motorboat	['məʊtəbəʊt]
esqui (m) aquático	water ski	['wɔːtə skiː]
barco (m) de pedais	paddle boat	['pædəl bəʊt]
surf (m)	surfing	['sɜːfɪŋ]
surfista (m)	surfer	['sɜːfə(r)]
equipamento (m) de mergulho	scuba set	['skuːbə set]
barbatanas (f pl)	flippers	['flɪpəz]

máscara (f)	**mask**	[mɑ:sk]
mergulhador (m)	**diver**	['daɪvə(r)]
mergulhar (vi)	**to dive** (vi)	[tə daɪv]
debaixo d'água	**underwater**	[ˌʌndə'wɔ:tə(r)]
guarda-sol (m)	**beach umbrella**	[bi:ʧ ʌm'brelə]
espreguiçadeira (f)	**beach chair**	[bi:ʧ ʧeə]
óculos (m pl) de sol	**sunglasses**	['sʌnˌglɑ:sɪz]
colchão (m) de ar	**air mattress**	[eə 'mætrɪs]
brincar (vi)	**to play** (vi)	[tə pleɪ]
ir nadar	**to go for a swim**	[tə gəu fərə swɪm]
bola (f) de praia	**beach ball**	[bi:ʧ bɔ:l]
encher (vt)	**to inflate** (vt)	[tə ɪn'fleɪt]
inflável, de ar	**inflatable, air**	[ɪn'fleɪtəbəl], [eə]
onda (f)	**wave**	[weɪv]
boia (f)	**buoy**	['bu:ɪ]
afogar-se (pessoa)	**to drown** (vi)	[tə draun]
salvar (vt)	**to save, to rescue**	[tə seɪv], [tə 'reskju:]
colete (m) salva-vidas	**life vest**	['laɪf vest]
observar (vt)	**to observe, to watch**	[tə əb'zɜ:v], [tə wɒʧ]

EQUIPAMENTO TÉCNICO. TRANSPORTES

Equipamento técnico. Transportes

165. Computador

computador (m)	computer	[kəm'pju:tə(r)]
portátil (m)	notebook, laptop	['nəʊtbʊk], ['læptɒp]
ligar (vt)	to switch on (vt)	[tə swɪtʃ ɒn]
desligar (vt)	to turn off (vt)	[tə tɜ:n ɒf]
teclado (m)	keyboard	['ki:bɔ:d]
tecla (f)	key	[ki:]
rato (m)	mouse	[maʊs]
tapete (m) de rato	mouse pad	[maʊs pæd]
botão (m)	button	['bʌtən]
cursor (m)	cursor	['kɜ:sə(r)]
monitor (m)	monitor	['mɒnɪtə(r)]
ecrã (m)	screen	[skri:n]
disco (m) rígido	hard disk	[hɑ:d dɪsk]
capacidade (f) do disco rígido	hard disk capacity	[hɑ:d dɪsk kə'pæsɪtɪ]
memória (f)	memory	['memərɪ]
memória RAM (f)	random access memory	['rændəm 'ækses 'memərɪ]
ficheiro (m)	file	[faɪl]
pasta (f)	folder	['fəʊldə(r)]
abrir (vt)	to open (vt)	[tə 'əʊpən]
fechar (vt)	to close (vt)	[tə kləʊz]
guardar (vt)	to save (vt)	[tə seɪv]
apagar, eliminar (vt)	to delete (vt)	[tə dɪ'li:t]
copiar (vt)	to copy (vt)	[tə 'kɒpɪ]
ordenar (vt)	to sort (vt)	[tə sɔ:t]
programa (m)	program	['prəʊgræm]
software (m)	software	['sɒftweə(r)]
programador (m)	programmer	['prəʊgræmə(r)]
programar (vt)	to program (vt)	[tə 'prəʊgræm]
hacker (m)	hacker	['hækə(r)]
senha (f)	password	['pɑ:swɜ:d]
vírus (m)	virus	['vaɪrəs]
detetar (vt)	to find, to detect	[tə faɪnd], [tə dɪ'tekt]
byte (m)	byte	[baɪt]
megabyte (m)	megabyte	['megəbaɪt]

dados (m pl)	**data**	['deɪtə]
base (f) de dados	**database**	['deɪtəbeɪs]
cabo (m)	**cable**	['keɪbəl]
desconectar (vt)	**to disconnect** (vt)	[tə ˌdɪskə'nekt]
conetar (vt)	**to connect** (vt)	[tə kə'nekt]

166. Internet. E-mail

internet (f)	**Internet**	['ɪntənet]
browser (m)	**browser**	['braʊzə(r)]
motor (m) de busca	**search engine**	[sɜːʧ 'endʒɪn]
provedor (m)	**provider**	[prə'vaɪdə(r)]
webmaster (m)	**webmaster**	[web peɪʤ]
website, sítio web (m)	**website**	['websaɪt]
página (f) web	**webpage**	[web peɪʤ]
endereço (m)	**address**	[ə'dres]
livro (m) de endereços	**address book**	[ə'dres bʊk]
caixa (f) de correio	**mailbox**	['meɪlbɒks]
correio (m)	**mail**	[meɪl]
cheia (caixa de correio)	**full**	[fʊl]
mensagem (f)	**message**	['mesɪʤ]
mensagens (f pl) recebidas	**incoming messages**	['ɪnˌkʌmɪŋ 'mesɪʤɪz]
mensagens (f pl) enviadas	**outgoing messages**	['aʊtˌgəʊɪŋ 'mesɪʤɪz]
remetente (m)	**sender**	['sendə(r)]
enviar (vt)	**to send** (vt)	[tə send]
envio (m)	**sending**	['sendɪŋ]
destinatário (m)	**receiver**	[rɪ'siːvə(r)]
receber (vt)	**to receive** (vt)	[tə rɪ'siːv]
correspondência (f)	**correspondence**	[ˌkɒrɪ'spɒndəns]
corresponder-se (vr)	**to correspond** (vi)	[tə ˌkɒrɪ'spɒnd]
ficheiro (m)	**file**	[faɪl]
fazer download, baixar	**to download** (vt)	[tə 'daʊnləʊd]
criar (vt)	**to create** (vt)	[tə kriː'eɪt]
apagar, eliminar (vt)	**to delete** (vt)	[tə dɪ'liːt]
eliminado	**deleted**	[dɪ'liːtɪd]
conexão (f)	**connection**	[kə'nekʃən]
velocidade (f)	**speed**	[spiːd]
modem (m)	**modem**	['məʊdem]
acesso (m)	**access**	['ækses]
porta (f)	**port**	[pɔːt]
conexão (f)	**connection**	[kə'nekʃən]
conetar (vi)	**to connect to …**	[tə kə'nekt tə]
escolher (vt)	**to select** (vt)	[tə sɪ'lekt]
buscar (vt)	**to search for …**	[tə sɜːʧ fɔː(r)]

167. Eletricidade

eletricidade (f)	electricity	[ˌɪlek'trɪsətɪ]
elétrico	electric, electrical	[ɪ'lektrɪk], [ɪ'lektrɪkəl]
central (f) elétrica	electric power plant	[ɪ'lektrɪk 'paʊə plɑ:nt]
energia (f)	energy	['enədʒɪ]
energia (f) elétrica	electric power	[ɪ'lektrɪk 'paʊə]
lâmpada (f)	light bulb	['laɪt ˌbʌlb]
lanterna (f)	flashlight	['flæʃlaɪt]
poste (m) de iluminação	street light	['stri:t laɪt]
luz (f)	light	[laɪt]
ligar (vt)	to turn on (vt)	[tə tɜ:n ɒn]
desligar (vt)	to turn off (vt)	[tə tɜ:n ɒf]
apagar a luz	to turn off the light	[tə tɜ:n ɒf ðə laɪt]
fundir (vi)	to burn out (vi)	[tə bɜ:n aʊt]
curto-circuito (m)	short circuit	[ʃɔ:t 'sɜ:kɪt]
rutura (f)	broken wire	['brəʊkən 'waɪə]
contacto (m)	contact	['kɒntækt]
interruptor (m)	switch	[swɪtʃ]
tomada (f)	wall socket	[wɔ:l 'sɒkɪt]
ficha (f)	plug	[plʌg]
extensão (f)	extension cord	[ɪk'stenʃən ˌkɔ:d]
fusível (m)	fuze, fuse	[fju:z]
fio, cabo (m)	cable, wire	['keɪbəl], ['waɪə]
instalação (f) elétrica	wiring	['waɪərɪŋ]
ampere (m)	ampere	['æmpeə(r)]
amperagem (f)	amperage	['æmpərɪdʒ]
volt (m)	volt	[vəʊlt]
voltagem (f)	voltage	['vəʊltɪdʒ]
aparelho (m) elétrico	electrical device	[ɪ'lektrɪkəl dɪ'vaɪs]
indicador (m)	indicator	['ɪndɪkeɪtə(r)]
eletricista (m)	electrician	[ˌɪlek'trɪʃən]
soldar (vt)	to solder (vt)	[tə 'səʊldə]
ferro (m) de soldar	soldering iron	['səʊldərɪŋ 'aɪrən]
corrente (f) elétrica	current	['kʌrənt]

168. Ferramentas

ferramenta (f)	tool, instrument	[tu:l], ['ɪnstrʊmənt]
ferramentas (f pl)	tools	[tu:lz]
equipamento (m)	equipment	[ɪ'kwɪpmənt]
martelo (m)	hammer	['hæmə(r)]
chave (f) de fendas	screwdriver	['skru:ˌdraɪvə(r)]
machado (m)	ax	[æks]

serra (f)	saw	[sɔ:]
serrar (vt)	to saw (vt)	[tə sɔ:]
plaina (f)	plane	[pleɪn]
aplainar (vt)	to plane (vt)	[tə pleɪn]
ferro (m) de soldar	soldering iron	['səʊldərɪŋ 'aɪrən]
soldar (vt)	to solder (vt)	[tə 'səʊldə]

lima (f)	file	[faɪl]
tenaz (f)	carpenter pincers	['kɑ:pəntə 'pɪnsəz]
alicate (m)	lineman's pliers	['laɪnməns 'plaɪəz]
formão (m)	chisel	['ʧɪzəl]

broca (f)	drill bit	[drɪl bɪt]
berbequim (f)	electric drill	[ɪ'lektrɪk drɪl]
furar (vt)	to drill (vi, vt)	[tə drɪl]

| faca (f) | knife | [naɪf] |
| lâmina (f) | blade | [bleɪd] |

afiado	sharp	[ʃɑ:p]
cego	dull, blunt	[dʌl], [blʌnt]
embotar-se (vr)	to get blunt	[tə get blʌnt]
afiar, amolar (vt)	to sharpen (vt)	[tə 'ʃɑ:pən]

parafuso (m)	bolt	[bəʊlt]
porca (f)	nut	[nʌt]
rosca (f)	thread	[θred]
parafuso (m) para madeira	wood screw	[wʊd skru:]

| prego (m) | nail | [neɪl] |
| cabeça (f) do prego | nailhead | ['neɪlhed] |

régua (f)	ruler	['ru:lə(r)]
fita (f) métrica	tape measure	[teɪp 'meʒə(r)]
nível (m)	spirit level	['spɪrɪt 'levəl]
lupa (f)	magnifying glass	['mægnɪfaɪɪŋ glɑ:s]

medidor (m)	measuring instrument	['meʒərɪŋ 'ɪnstrʊmənt]
medir (vt)	to measure (vt)	[tə 'meʒə(r)]
escala (f)	scale	[skeɪl]
indicação (f), registo (m)	readings	['ri:dɪŋz]

| compressor (m) | compressor | [kəm'presə] |
| microscópio (m) | microscope | ['maɪkrəskəʊp] |

bomba (f)	pump	[pʌmp]
robô (m)	robot	['rəʊbɒt]
laser (m)	laser	['leɪzə(r)]

chave (f) de boca	wrench	[renʧ]
fita (f) adesiva	adhesive tape	[əd'hi:sɪv teɪp]
cola (f)	glue	[glu:]

lixa (f)	sandpaper	['sænd‚peɪpə(r)]
mola (f)	spring	[sprɪŋ]
íman (m)	magnet	['mægnɪt]

luvas (f pl)	**gloves**	[glʌvz]
corda (f)	**rope**	['rəʊp]
cordel (m)	**cord**	[kɔːd]
fio (m)	**wire**	['waɪə(r)]
cabo (m)	**cable**	['keɪbəl]

marreta (f)	**sledgehammer**	['sledʒ,hæmə(r)]
pé de cabra (m)	**prybar**	[praɪbɑː(r)]
escada (f) de mão	**ladder**	['lædə]
escadote (m)	**stepladder**	['step,lædə(r)]

enroscar (vt)	**to screw** (vt)	[tə skruː]
desenroscar (vt)	**to unscrew** (vt)	[tə ˌʌn'skruː]
apertar (vt)	**to tighten** (vt)	[tə 'taɪtən]
colar (vt)	**to glue, to stick**	[tə gluː], [tə stɪk]
cortar (vt)	**to cut** (vt)	[tə kʌt]

falha (mau funcionamento)	**malfunction**	[ˌmæl'fʌŋkʃən]
conserto (m)	**repair**	[rɪ'peə(r)]
consertar, reparar (vt)	**to repair** (vt)	[tə rɪ'peə(r)]
regular, ajustar (vt)	**to adjust** (vt)	[tə ə'dʒʌst]

verificar (vt)	**to check** (vt)	[tə tʃek]
verificação (f)	**checking**	['tʃekɪŋ]
indicação (f), registo (m)	**readings**	['riːdɪŋz]

seguro	**reliable**	[rɪ'laɪəbəl]
complicado	**complex**	['kɒmpleks]

enferrujar (vi)	**to rust** (vi)	[tə rʌst]
enferrujado	**rusty, rusted**	['rʌstɪ], ['rʌstɪd]
ferrugem (f)	**rust**	[rʌst]

Transportes

169. Avião

avião (m)	airplane	['eəpleɪn]
bilhete (m) de avião	air ticket	['eə 'tɪkɪt]
companhia (f) aérea	airline	['eəlaɪn]
aeroporto (m)	airport	['eəpɔ:t]
supersónico	supersonic	[ˌsu:pə'sɒnɪk]
comandante (m) do avião	captain	['kæptɪn]
tripulação (f)	crew	[kru:]
piloto (m)	pilot	['paɪlət]
hospedeira (f) de bordo	flight attendant	[ˌflaɪt ə'tendənt]
copiloto (m)	navigator	['nævɪgeɪtə(r)]
asas (f pl)	wings	[wɪŋz]
cauda (f)	tail	[teɪl]
cabine (f) de pilotagem	cockpit	['kɒkpɪt]
motor (m)	engine	['endʒɪn]
trem (m) de aterragem	landing gear	['lændɪŋ gɪə(r)]
turbina (f)	turbine	['tɜ:baɪn]
hélice (f)	propeller	[prə'pelə(r)]
caixa-preta (f)	black box	[blæk bɒks]
coluna (f) de controlo	yoke, control column	[jəuk], [kən'trəul 'kɒləm]
combustível (m)	fuel	[fjuəl]
instruções (f pl) de segurança	safety card	['seɪftɪ kɑ:d]
máscara (f) de oxigénio	oxygen mask	['ɒksɪdʒən mɑ:sk]
uniforme (m)	uniform	['junɪfɔ:m]
colete (m) salva-vidas	life vest	['laɪf vest]
paraquedas (m)	parachute	['pærəʃu:t]
descolagem (f)	takeoff	[teɪkɒf]
descolar (vi)	to take off (vi)	[tə teɪk ɒf]
pista (f) de descolagem	runway	['rʌnˌweɪ]
visibilidade (f)	visibility	[ˌvɪzɪ'bɪlɪtɪ]
voo (m)	flight	[flaɪt]
altura (f)	altitude	['æltɪtju:d]
poço (m) de ar	air pocket	[eə 'pɒkɪt]
assento (m)	seat	[si:t]
auscultadores (m pl)	headphones	['hedfəunz]
mesa (f) rebatível	folding tray	['fəuldɪŋ treɪ]
vigia (f)	window	['wɪndəu]
passagem (f)	aisle	[aɪl]

170. Comboio

comboio (m)	train	[treɪn]
comboio (m) suburbano	commuter train	[kə'mju:tə(r) treɪn]
comboio (m) rápido	express train	[ɪk'spres treɪn]
locomotiva (f) diesel	diesel locomotive	['di:zəl ˌləʊkə'məʊtɪv]
locomotiva (f) a vapor	steam locomotive	[sti:m ˌləʊkə'məʊtɪv]
carruagem (f)	passenger car	['pæsɪndʒə kɑ:(r)]
carruagem restaurante (f)	dining car	['daɪnɪŋ kɑ:]
carris (m pl)	rails	[reɪlz]
caminho de ferro (m)	railroad	['reɪlrəʊd]
travessa (f)	railway tie	['reɪlweɪ taɪ]
plataforma (f)	platform	['plætfɔ:m]
linha (f)	track	[træk]
semáforo (m)	semaphore	['seməfɔ:(r)]
estação (f)	station	['steɪʃən]
maquinista (m)	engineer	[ˌendʒɪ'nɪə(r)]
bagageiro (m)	porter	['pɔ:tə(r)]
hospedeiro, -a (da carruagem)	car attendant	[kɑ:(r) ə'tendənt]
passageiro (m)	passenger	['pæsɪndʒə(r)]
revisor (m)	conductor	[kən'dʌktə(r)]
corredor (m)	corridor	['kɒrɪˌdɔ:(r)]
freio (m) de emergência	emergency brake	[ɪ'mɜ:dʒənsɪ breɪk]
compartimento (m)	compartment	[kəm'pɑ:tmənt]
cama (f)	berth	[bɜ:θ]
cama (f) de cima	upper berth	['ʌpə bɜ:θ]
cama (f) de baixo	lower berth	['ləʊə 'bɜ:θ]
roupa (f) de cama	bed linen, bedding	[bed 'lɪnɪn], ['bedɪŋ]
bilhete (m)	ticket	['tɪkɪt]
horário (m)	schedule	['skedʒʊl]
painel (m) de informação	information display	[ˌɪnfə'meɪʃən dɪ'spleɪ]
partir (vt)	to leave, to depart	[tə li:v], [tə dɪ'pɑ:t]
partida (f)	departure	[dɪ'pɑ:tʃə(r)]
chegar (vi)	to arrive (vi)	[tə ə'raɪv]
chegada (f)	arrival	[ə'raɪvəl]
chegar de comboio	to arrive by train	[tə ə'raɪv baɪ treɪn]
apanhar o comboio	to get on the train	[tə ˌget ɒn ðə 'treɪn]
sair do comboio	to get off the train	[tə ˌget əv ðə 'treɪn]
acidente (m) ferroviário	train wreck	[treɪn rek]
descarrilar (vi)	to derail (vi)	[tə dɪ'reɪl]
locomotiva (f) a vapor	steam locomotive	[sti:m ˌləʊkə'məʊtɪv]
fogueiro (m)	stoker, fireman	['stəʊkə], ['faɪəmən]
fornalha (f)	firebox	['faɪəbɒks]
carvão (m)	coal	[kəʊl]

171. Barco

| navio (m) | ship | [ʃɪp] |
| embarcação (f) | vessel | ['vesəl] |

vapor (m)	steamship	['stiːmʃɪp]
navio (m)	riverboat	['rɪvəˌbəʊt]
transatlântico (m)	cruise ship	[kruːz ʃɪp]
cruzador (m)	cruiser	['kruːzə(r)]

iate (m)	yacht	[jɒt]
rebocador (m)	tugboat	['tʌgbəʊt]
barcaça (f)	barge	[bɑːdʒ]
ferry (m)	ferry	['ferɪ]

| veleiro (m) | sailing ship | ['seɪlɪŋ ʃɪp] |
| bergantim (m) | brigantine | ['brɪgəntiːn] |

| quebra-gelo (m) | ice breaker | ['aɪsˌbreɪkə(r)] |
| submarino (m) | submarine | [ˌsʌbməˈriːn] |

bote, barco (m)	boat	[bəʊt]
bote, dingue (m)	dinghy	['dɪŋgɪ]
bote (m) salva-vidas	lifeboat	['laɪfbəʊt]
lancha (f)	motorboat	['məʊtəbəʊt]

capitão (m)	captain	['kæptɪn]
marinheiro (m)	seaman	['siːmən]
marujo (m)	sailor	['seɪlə(r)]
tripulação (f)	crew	[kruː]

contramestre (m)	boatswain	['bəʊsən]
grumete (m)	ship's boy	[ʃɪps bɔɪ]
cozinheiro (m) de bordo	cook	[kʊk]
médico (m) de bordo	ship's doctor	[ʃɪps 'dɒktə(r)]

convés (m)	deck	[dek]
mastro (m)	mast	[mɑːst]
vela (f)	sail	[seɪl]

porão (m)	hold	[həʊld]
proa (f)	bow	[baʊ]
popa (f)	stern	[stɜːn]
remo (m)	oar	[ɔː(r)]
hélice (f)	propeller	[prəˈpelə(r)]

camarote (m)	cabin	['kæbɪn]
sala (f) dos oficiais	wardroom	['wɔːdrʊm]
sala (f) das máquinas	engine room	['endʒɪn ˌruːm]
ponte (m) de comando	bridge	[brɪdʒ]
sala (f) de comunicações	radio room	['reɪdɪəʊ rʊm]
onda (f) de rádio	wave	[weɪv]
diário (m) de bordo	logbook	['lɒgbʊk]
luneta (f)	spyglass	['spaɪglɑːs]
sino (m)	bell	[bel]

bandeira (f)	flag	[flæg]
cabo (m)	hawser	['hɔːzə(r)]
nó (m)	knot	[nɒt]

corrimão (m)	deckrails	['dekreɪlz]
prancha (f) de embarque	gangway	['gæŋweɪ]

âncora (f)	anchor	['æŋkə(r)]
recolher a âncora	to weigh anchor	[tə weɪ 'æŋkə(r)]
lançar a âncora	to drop anchor	[tə drɒp 'æŋkə(r)]
amarra (f)	anchor chain	['æŋkə ˌtʃeɪn]

porto (m)	port	[pɔːt]
cais, amarradouro (m)	quay, wharf	[kiː], [wɔːf]
atracar (vi)	to berth, to moor	[tə bɜːθ], [tə mɔː(r)]
desatracar (vi)	to cast off	[tə kɑːst ɒf]

viagem (f)	trip	[trɪp]
cruzeiro (m)	cruise	[kruːz]
rumo (m), rota (f)	course	[kɔːs]
itinerário (m)	route	[raʊt]

canal (m) navegável	fairway	['feəweɪ]
banco (m) de areia	shallows	['ʃæləʊz]
encalhar (vt)	to run aground	[tə rʌn ə'graʊnd]

tempestade (f)	storm	[stɔːm]
sinal (m)	signal	['sɪgnəl]
afundar-se (vr)	to sink (vi)	[tə sɪŋk]
Homem ao mar!	Man overboard!	[ˌmæn 'əʊvəbɔːd]
SOS	SOS	[ˌesəʊ'es]
boia (f) salva-vidas	ring buoy	[rɪŋ bɔɪ]

172. Aeroporto

aeroporto (m)	airport	['eəpɔːt]
avião (m)	airplane	['eəpleɪn]
companhia (f) aérea	airline	['eəlaɪn]
controlador (m) de tráfego aéreo	air traffic controller	['eə 'træfɪk kən'trəʊlə]

partida (f)	departure	[dɪ'pɑːtʃə(r)]
chegada (f)	arrival	[ə'raɪvəl]
chegar (~ de avião)	to arrive (vi)	[tə ə'raɪv]

hora (f) de partida	departure time	[dɪ'pɑːtʃə ˌtaɪm]
hora (f) de chegada	arrival time	[ə'raɪvəl taɪm]

estar atrasado	to be delayed	[tə bi dɪ'leɪd]
atraso (m) de voo	flight delay	[flaɪt dɪ'leɪ]

painel (m) de informação	information board	[ˌɪnfə'meɪʃən bɔːd]
informação (f)	information	[ˌɪnfə'meɪʃən]
anunciar (vt)	to announce (vt)	[tə ə'naʊns]

voo (m)	flight	[flaɪt]
alfândega (f)	customs	['kʌstəmz]
funcionário (m) da alfândega	customs officer	['kʌstəmz 'ɒfɪsə(r)]
declaração (f) alfandegária	customs declaration	['kʌstəmz ˌdeklə'reɪʃən]
preencher (vt)	to fill out (vt)	[tə fɪl 'aʊt]
preencher a declaração	to fill out the declaration	[tə fɪl 'aʊt ðə ˌdeklə'reɪʃən]
controlo (m) de passaportes	passport control	['pɑːspɔːt kən'trəʊl]
bagagem (f)	luggage	['lʌgɪdʒ]
bagagem (f) de mão	hand luggage	['hændˌlʌgɪdʒ]
carrinho (m)	luggage cart	['lʌgɪdʒ kɑːt]
aterragem (f)	landing	['lændɪŋ]
pista (f) de aterragem	landing strip	['lændɪŋ strɪp]
aterrar (vi)	to land (vi)	[tə lænd]
escada (f) de avião	airstairs	[eə'steəz]
check-in (m)	check-in	['ʧek ɪn]
balcão (m) do check-in	check-in counter	[ʧek-'ɪn 'kaʊntə(r)]
fazer o check-in	to check-in (vi)	[tə ʧek ɪn]
cartão (m) de embarque	boarding pass	['bɔːdɪŋ pɑːs]
porta (f) de embarque	departure gate	[dɪ'pɑːʧə ˌgeɪt]
trânsito (m)	transit	['trænsɪt]
esperar (vi, vt)	to wait (vt)	[tə weɪt]
sala (f) de espera	departure lounge	[dɪ'pɑːʧə laʊndʒ]

173. Bicicleta. Motocicleta

bicicleta (f)	bicycle	['baɪsɪkəl]
scotter, lambreta (f)	scooter	['skuːtə(r)]
mota (f)	motorcycle, bike	['məʊtəˌsaɪkəl], [baɪk]
ir de bicicleta	to go by bicycle	[tə gəʊ baɪ 'baɪsɪkəl]
guiador (m)	handlebars	['hændəlbɑːz]
pedal (m)	pedal	['pedəl]
travões (m pl)	brakes	[breɪks]
selim (m)	bicycle seat, saddle	['baɪsɪkəl siːt], ['sædəl]
bomba (f) de ar	pump	[pʌmp]
porta-bagagens (m)	luggage rack	['lʌgɪdʒ ræk]
lanterna (f)	front lamp	[frʌnt læmp]
capacete (m)	helmet	['helmɪt]
roda (f)	wheel	[wiːl]
guarda-lamas (m)	fender	['fendə(r)]
aro (m)	rim	[rɪm]
raio (m)	spoke	[spəʊk]

Carros

174. Tipos de carros

carro, automóvel (m)	automobile, car	['ɔ:təməbi:l], [kɑ:(r)]
carro (m) desportivo	sports car	['spɔ:ts kɑ:(r)]
limusine (f)	limousine	['lɪməzi:n]
todo o terreno (m)	off-road vehicle	[ɒf'rəʊd 'vi:ɪkəl]
descapotável (m)	convertible	[kən'vɜ:təbəl]
minibus (m)	minibus	['mɪnɪbʌs]
ambulância (f)	ambulance	['æmbjʊləns]
limpa-neve (m)	snowplow	['snəʊplaʊ]
camião (m)	truck	[trʌk]
camião-cisterna (m)	tanker truck	['tæŋkə trʌk]
carrinha (f)	van	[væn]
camião-trator (m)	trailer truck	['treɪlə trʌk]
atrelado (m)	trailer	['treɪlə(r)]
confortável	comfortable	['kʌmfətəbəl]
usado	used	[ju:zd]

175. Carros. Carroçaria

capô (m)	hood	[hʊd]
guarda-lamas (m)	fender	['fendə(r)]
tejadilho (m)	roof	[ru:f]
para-brisa (m)	windshield	['wɪndʃi:ld]
espelho (m) retrovisor	rear-view mirror	['rɪəvju: 'mɪrə(r)]
lavador (m)	windshield washer	['wɪndʃi:ld 'wɒʃə(r)]
limpa-para-brisas (m)	windshield wipers	['wɪndʃi:ld 'waɪpəz]
vidro (m) lateral	side window	[ˌsaɪd 'wɪndəʊ]
elevador (m) do vidro	window lift	['wɪndəʊ lɪft]
antena (f)	antenna	[æn'tenə]
teto solar (m)	sunroof	['sʌnru:f]
para-choques (m pl)	bumper	['bʌmpə(r)]
bagageira (f)	trunk	[trʌŋk]
bagageira (f) de tejadilho	roof luggage rack	[ru:f 'lʌgɪdʒ ræk]
porta (f)	door	[dɔ:(r)]
maçaneta (f)	door handle	['dɔ: ˌhændəl]
fechadura (f)	door lock	[dɔ: lɒk]
matrícula (f)	license plate	['laɪsəns pleɪt]
silenciador (m)	muffler	['mʌflə(r)]

| tanque (m) de gasolina | gas tank | [gæs tæŋk] |
| tubo (m) de escape | tailpipe | [teɪl paɪp] |

acelerador (m)	gas, accelerator	[gæs], [ək'seləreɪtə(r)]
pedal (m)	pedal	['pedəl]
pedal (m) do acelerador	gas pedal	[gæs 'pedəl]

travão (m)	brake	[breɪk]
pedal (m) do travão	brake pedal	[ˌbreɪk 'pedəl]
travar (vt)	to brake (vi)	[tə breɪk]
travão (m) de mão	parking brake	['pɑːkɪŋ breɪk]

embraiagem (f)	clutch	[klʌtʃ]
pedal (m) da embraiagem	clutch pedal	[klʌtʃ 'pedəl]
disco (m) de embraiagem	clutch disc	[klʌtʃ dɪsk]
amortecedor (m)	shock absorber	[ʃɒk əb'sɔːbə]

roda (f)	wheel	[wiːl]
pneu (m) sobresselente	spare tire	[speə 'taɪə(r)]
pneu (m)	tire	['taɪə(r)]
tampão (m) de roda	hubcap	['hʌbkæp]

rodas (f pl) motrizes	driving wheels	['draɪvɪŋ ˌwiːlz]
de tração dianteira	front-wheel drive	['frʌnt wiːl ˌdraɪv]
de tração traseira	rear-wheel drive	[ˌrɪə 'wiːl 'draɪv]
de tração às 4 rodas	all-wheel drive	[ˌɔːl wiːl 'draɪv]

caixa (f) de mudanças	gearbox	['gɪəbɒks]
automático	automatic	[ˌɔːtə'mætɪk]
mecânico	mechanical	[mɪ'kænɪkəl]
alavanca (f) das mudanças	gear shift	[gɪə ʃɪft]

| farol (m) | headlight | ['hedlaɪt] |
| faróis, luzes | headlights | ['hedlaɪts] |

médios (m pl)	low beam	[ləʊ biːm]
máximos (m pl)	high beam	[haɪ biːm]
luzes (f pl) de stop	brake light	['breɪklaɪt]

mínimos (m pl)	parking lights	['pɑːkɪŋ laɪts]
luzes (f pl) de emergência	hazard lights	['hæzəd laɪts]
faróis (m pl) antinevoeiro	fog lights	[fɒg laɪts]
pisca-pisca (m)	turn signal	[tɜːn 'sɪgnəl]
luz (f) de marcha atrás	back-up light	['bækʌp laɪt]

176. Carros. Habitáculo

interior (m) do carro	car inside	[kɑːrɪn'saɪd]
de couro, de pele	leather	['leðə(r)]
de veludo	velour	[və'lʊə(r)]
estofos (m pl)	upholstery	[ˌʌp'həʊlstərɪ]

| indicador (m) | instrument | ['ɪnstrʊmənt] |
| painel (m) de instrumentos | dashboard | ['dæʃbɔːd] |

| velocímetro (m) | speedometer | [spɪ'dɒmɪtə(r)] |
| ponteiro (m) | needle | ['ni:dəl] |

conta-quilómetros (m)	odometer	[əʊ'dɒmɪtə(r)]
sensor (m)	indicator, sensor	['ɪndɪkeɪtə], ['sensə]
nível (m)	level	['levəl]
luz (f) avisadora	warning light	['wɔ:nɪŋ laɪt]

volante (m)	steering wheel	['stɪərɪŋ wi:l]
buzina (f)	horn	[hɔ:n]
botão (m)	button	['bʌtən]
interruptor (m)	switch	[swɪtʃ]

assento (m)	seat	[si:t]
costas (f pl) do assento	backrest	['bækrest]
cabeceira (f)	headrest	['hedrest]
cinto (m) de segurança	seat belt	[si:t belt]
apertar o cinto	to fasten the belt	[tə 'fɑ:sən ðə belt]
regulação (f)	adjustment	[ə'dʒʌstmənt]

| airbag (m) | airbag | ['eəbæg] |
| ar (m) condicionado | air-conditioner | [eə kən'dɪʃənə] |

rádio (m)	radio	['reɪdɪəʊ]
leitor (m) de CD	CD Player	[ˌsi:'di: 'pleɪə(r)]
ligar (vt)	to turn on (vt)	[tə tɜ:n ɒn]
antena (f)	antenna	[æn'tenə]
porta-luvas (m)	glove box	['glʌvˌbɒks]
cinzeiro (m)	ashtray	['æʃtreɪ]

177. Carros. Motor

motor (m)	engine	['endʒɪn]
motor (m)	motor	['məʊtə(r)]
diesel	diesel	['di:zəl]
a gasolina	gasoline	['gæsəli:n]

cilindrada (f)	engine volume	['endʒɪn 'vɒlju:m]
potência (f)	power	['paʊə(r)]
cavalo-vapor (m)	horsepower	['hɔ:sˌpaʊə(r)]
pistão (m)	piston	['pɪstən]
cilindro (m)	cylinder	['sɪlɪndə(r)]
válvula (f)	valve	[vælv]

injetor (m)	injector	[ɪn'dʒektə(r)]
gerador (m)	generator	['dʒenəreɪtə(r)]
carburador (m)	carburetor	[ˌkɑ:bə'retə(r)]
óleo (m) para motor	motor oil	['məʊtə(r) ˌɔɪl]

radiador (m)	radiator	['reɪdɪeɪtə(r)]
refrigerante (m)	coolant	['ku:lənt]
ventilador (m)	cooling fan	['ku:lɪŋ fæn]
bateria (f)	battery	['bætərɪ]
dispositivo (m) de arranque	starter	['stɑ:tə(r)]

ignição (f)	ignition	[ɪg'nɪʃən]
vela (f) de ignição	spark plug	['spɑːk plʌg]
borne (m)	terminal	['tɜːmɪnəl]
borne (m) positivo	positive terminal	['pɒzɪtɪv 'tɜːmɪnəl]
borne (m) negativo	negative terminal	['negətɪv 'tɜːmɪnəl]
fusível (m)	fuze, fuse	[fjuːz]
filtro (m) de ar	air filter	[eə 'fɪltə(r)]
filtro (m) de óleo	oil filter	[ɔɪl 'fɪltə(r)]
filtro (m) de combustível	fuel filter	[fjʊəl 'fɪltə(r)]

178. Carros. Batidas. Reparação

acidente (m) de carro	car crash	[kɑːr kræʃ]
acidente (m) rodoviário	traffic accident	['træfɪk 'æksɪdənt]
ir contra ...	to crash (vi)	[tə kræʃ]
sofrer um acidente	to get smashed up	[tə get smæʃt ʌp]
danos (m pl)	damage	['dæmɪdʒ]
intato	intact	[ɪn'tækt]
avaria (no motor, etc.)	breakdown	['breɪkdaʊn]
avariar (vi)	to break down (vi)	[tə 'breɪkdaʊn]
cabo (m) de reboque	towrope	['təʊrəʊp]
furo (m)	puncture	['pʌŋkʧə]
estar furado	to be flat	[tə bi flæt]
encher (vt)	to pump up	[tə pʌmp ʌp]
pressão (f)	pressure	['preʃə(r)]
verificar (vt)	to check (vt)	[tə ʧek]
reparação (f)	repair	[rɪ'peə(r)]
oficina (f)	auto repair shop	['ɔːtəʊ rɪ'peə ʃɒp]
de reparação de carros		
peça (f) sobresselente	spare part	[speə pɑːt]
peça (f)	part	[pɑːt]
parafuso (m)	bolt	[bəʊlt]
parafuso (m)	screw	[skruː]
porca (f)	nut	[nʌt]
anilha (f)	washer	['wɒʃə(r)]
rolamento (m)	bearing	['beərɪŋ]
tubo (m)	tube	[tjuːb]
junta (f)	gasket	['gæskɪt]
fio, cabo (m)	cable, wire	['keɪbəl], ['waɪə]
macaco (m)	jack	[dʒæk]
chave (f) de boca	wrench	[renʧ]
martelo (m)	hammer	['hæmə(r)]
bomba (f)	pump	[pʌmp]
chave (f) de fendas	screwdriver	['skruːˌdraɪvə(r)]
extintor (m)	fire extinguisher	['faɪər ɪk'stɪŋgwɪʃə(r)]
triângulo (m) de emergência	warning triangle	['wɔːnɪŋ 'traɪæŋgəl]

parar (vi) (motor)	to stall (vi)	[tə stɔːl]
paragem (f)	stall	['stɔːl]
estar quebrado	to be broken	[tə bi 'brəʊkən]

superaquecer-se (vr)	to overheat (vi)	[tə ˌəʊvə'hiːt]
entupir-se (vr)	to be clogged up	[tə biː ˌklɒgd 'ʌp]
congelar-se (vr)	to freeze up	[tə ˌfriːz 'ʌp]
rebentar (vi)	to burst (vi)	[tə bɜːst]

pressão (f)	pressure	['preʃə(r)]
nível (m)	level	['levəl]
frouxo	slack	[slæk]

mossa (f)	dent	[dent]
ruído (m)	knocking noise	['nɒkɪŋ nɔɪz]
fissura (f)	crack	[kræk]
arranhão (m)	scratch	[skrætʃ]

179. Carros. Estrada

estrada (f)	road	[rəʊd]
autoestrada (f)	highway	['haɪweɪ]
rodovia (f)	freeway	['friːweɪ]
direção (f)	direction	[dɪ'rekʃən]
distância (f)	distance	['dɪstəns]

ponte (f)	bridge	[brɪdʒ]
parque (m) de estacionamento	parking lot	['pɑːkɪŋ lɒt]
praça (f)	square	[skweə(r)]
nó (m) rodoviário	interchange	['ɪntətʃeɪndʒ]
túnel (m)	tunnel	['tʌnəl]

posto (m) de gasolina	gas station	[gæs 'steɪʃən]
parque (m) de estacionamento	parking lot	['pɑːkɪŋ lɒt]
bomba (f) de gasolina	gas pump	[gæs pʌmp]
oficina (f) de reparação de carros	auto repair shop	['ɔːtəʊ rɪ'peə ʃɒp]
abastecer (vt)	to get gas	[tə get gæs]
combustível (m)	fuel	[fjʊəl]
bidão (m) de gasolina	jerrycan	['dʒerɪkæn]

asfalto (m)	asphalt	['æsfælt]
marcação (f) de estradas	road markings	[rəʊd 'mɑːkɪŋz]
lancil (m)	curb	[kɜːb]
proteção (f) guard-rail	guardrail	['gɑːdreɪl]
valeta (f)	ditch	[dɪtʃ]
berma (f) da estrada	roadside	['rəʊdsaɪd]
poste (m) de luz	lamppost	['læmppəʊst]

conduzir, guiar (vt)	to drive (vi, vt)	[tə draɪv]
virar (ex. ~ à direita)	to turn (vi)	[tə tɜːn]
dar retorno	to make a U-turn	[tə meɪk ə juː-tɜːn]
marcha-atrás (f)	reverse	[rɪ'vɜːs]
buzinar (vi)	to honk (vi)	[tə hɒŋk]

buzina (f)
atolar-se (vr)
patinar (na lama)
desligar (vt)

honk
to get stuck
to spin the wheels
to stop, to turn off

[hɒŋk]
[tə get stʌk]
[tə spɪn ðə wiːlz]
[tə stɒp], [tə tɜːn ɒf]

velocidade (f)
exceder a velocidade
multar (vt)
semáforo (m)
carta (f) de condução

speed
to exceed the speed limit
to give sb a ticket
traffic lights
driver's license

[spiːd]
[tə ɪkˈsiːd ðə spiːd ˈlɪmɪt]
[tə gɪv ... ə ˈtɪkɪt]
[ˈtræfɪk laɪts]
[ˈdraɪvəz ˌlaɪsəns]

passagem (f) de nível
cruzamento (m)
passadeira (f)
curva (f)
zona (f) pedonal

grade crossing
intersection
crosswalk
turn
pedestrian zone

[greɪd ˈkrɒsɪŋ]
[ˌɪntəˈsekʃən]
[ˈkrɒswɔːk]
[tɜːn]
[pɪˈdestrɪən ˌzəʊn]

180. Sinais de trânsito

código (m) da estrada
sinal (m) de trânsito
ultrapassagem (f)
curva (f)
inversão (f) de marcha
rotunda (f)

rules of the road
traffic sign
passing
curve
U-turn
traffic circle

[ruːlz əv ðə rəʊd]
[ˈtræfɪk saɪn]
[ˈpɑːsɪŋ]
[kɜːv]
[juː tɜːn]
[ˈtræfɪk ˈsɜːkəl]

sentido proibido
trânsito proibido
proibição de ultrapassar
estacionamento proibido
paragem proibida

No entry
No vehicles allowed
No passing
No parking
No stopping

[nəʊ ˈentrɪ]
[nəʊ ˈviːɪkəlz əˈlaʊd]
[nəʊ ˈpɑːsɪŋ]
[nəʊ ˈpɑːkɪŋ]
[nəʊ ˈstɒpɪŋ]

curva (f) perigosa
descida (f) perigosa
trânsito de sentido único
passadeira (f)
pavimento (m) escorregadio
cedência de passagem

dangerous bend
steep descent
one-way traffic
crosswalk
slippery road
YIELD

[ˈdeɪndʒərəs bend]
[stiːp dɪˈsent]
[wʌn weɪ ˈtræfɪk]
[ˈkrɒswɔːk]
[ˈslɪpərɪ rəʊd]
[jiːld]

PESSOAS. EVENTOS

Eventos

181. Férias. Evento

festa (f)	celebration, holiday	[ˌselɪ'breɪʃən], ['hɒlɪdeɪ]
festa (f) nacional	national day	['næʃənəl deɪ]
feriado (m)	public holiday	['pʌblɪk 'hɒlɪdeɪ]
festejar (vt)	to commemorate (vt)	[tə kə'meməˌreɪt]
evento (festa, etc.)	event	[ɪ'vent]
evento (banquete, etc.)	event	[ɪ'vent]
banquete (m)	banquet	['bæŋkwɪt]
receção (f)	reception	[rɪ'sepʃən]
festim (m)	feast	[fi:st]
aniversário (m)	anniversary	[ænɪ'vɜ:sərɪ]
jubileu (m)	jubilee	['dʒu:bɪli:]
celebrar (vt)	to celebrate (vt)	[tə 'selɪbreɪt]
Ano (m) Novo	New Year	[nju: jɪə(r)]
Feliz Ano Novo!	Happy New Year!	['hæpɪ nju: jɪə(r)]
Pai (m) Natal	Santa Claus	['sæntə klɔ:z]
Natal (m)	Christmas	['krɪsməs]
Feliz Natal!	Merry Christmas!	[ˌmerɪ 'krɪsməs]
árvore (f) de Natal	Christmas tree	['krɪsməs tri:]
fogo (m) de artifício	fireworks	['faɪəwɜ:ks]
boda (f)	wedding	['wedɪŋ]
noivo (m)	groom	[gru:m]
noiva (f)	bride	[braɪd]
convidar (vt)	to invite (vt)	[tə ɪn'vaɪt]
convite (m)	invitation card	[ˌɪnvɪ'teɪʃən ka:d]
convidado (m)	guest	[gest]
visitar (vt)	to visit with ...	[tə 'vɪzɪt wɪð]
receber os hóspedes	to meet the guests	[tə mi:t ðə gests]
presente (m)	gift, present	[gɪft], ['prezənt]
oferecer (vt)	to give (vt)	[tə gɪv]
receber presentes	to receive gifts	[tə rɪ'si:v gɪfts]
ramo (m) de flores	bouquet	[bʊ'keɪ]
felicitações (f pl)	congratulations	[kənˌgrætʃʊ'leɪʃənz]
felicitar (dar os parabéns)	to congratulate (vt)	[tə kən'grætʃʊleɪt]
cartão (m) de parabéns	greeting card	['gri:tɪŋ ka:d]

| enviar um postal | to send a postcard | [tə ˌsend ə ˈpəʊstkɑːd] |
| receber um postal | to get a postcard | [tə get ə ˈpəʊstkɑːd] |

brinde (m)	toast	[təʊst]
oferecer (vt)	to offer (vt)	[tə ˈɒfə(r)]
champanhe (m)	champagne	[ˌʃæmˈpeɪn]

divertir-se (vr)	to enjoy oneself	[tə ɪnˈdʒɔɪ wʌnˈself]
diversão (f)	merriment, gaiety	[ˈmerɪmənt], [ˈgeɪətɪ]
alegria (f)	joy	[dʒɔɪ]

| dança (f) | dance | [dɑːns] |
| dançar (vi) | to dance (vi, vt) | [tə dɑːns] |

| valsa (f) | waltz | [wɔːls] |
| tango (m) | tango | [ˈtæŋɡəʊ] |

182. Funerais. Enterro

cemitério (m)	cemetery	[ˈsemɪtrɪ]
sepultura (f), túmulo (m)	grave, tomb	[greɪv], [tuːm]
lápide (f)	gravestone	[ˈgreɪvstəʊn]
cerca (f)	fence	[fens]
capela (f)	chapel	[ˈʧæpəl]

morte (f)	death	[deθ]
morrer (vi)	to die (vi)	[tə daɪ]
defunto (m)	the deceased	[ðə dɪˈsiːst]
luto (m)	mourning	[ˈmɔːnɪŋ]

enterrar, sepultar (vt)	to bury (vt)	[tə ˈberɪ]
agência (f) funerária	funeral home	[ˈfjuːnərəl həʊm]
funeral (m)	funeral	[ˈfjuːnərəl]

coroa (f) de flores	wreath	[riːθ]
caixão (m)	casket	[ˈkɑːskɪt]
carro (m) funerário	hearse	[hɜːs]
mortalha (f)	shroud	[ʃraʊd]

procissão (f) funerária	funeral procession	[ˈfjuːnərəl prəˈseʃən]
urna (f) funerária	funerary urn	[ˈfjuːnərərɪ ˌɜːn]
crematório (m)	crematory	[ˈkreməˌtəʊrɪ]

obituário (m), necrologia (f)	obituary	[əˈbɪʧʊərɪ]
chorar (vi)	to cry (vi)	[tə kraɪ]
soluçar (vi)	to sob (vi)	[tə sɒb]

183. Guerra. Soldados

pelotão (m)	platoon	[pləˈtuːn]
companhia (f)	company	[ˈkʌmpənɪ]
regimento (m)	regiment	[ˈredʒɪmənt]

| exército (m) | army | ['ɑ:mɪ] |
| divisão (f) | division | [dɪ'vɪʒən] |

| destacamento (m) | section, squad | ['sekʃən], [skwɒd] |
| hoste (f) | host | [həʊst] |

| soldado (m) | soldier | ['səʊldʒə(r)] |
| oficial (m) | officer | ['ɒfɪsə(r)] |

soldado (m) raso	private	['praɪvɪt]
sargento (m)	sergeant	['sɑ:dʒənt]
tenente (m)	lieutenant	[lu:'tenənt]
capitão (m)	captain	['kæptɪn]
major (m)	major	['meɪdʒə(r)]
coronel (m)	colonel	['kɜ:nəl]
general (m)	general	['dʒenərəl]

marujo (m)	sailor	['seɪlə(r)]
capitão (m)	captain	['kæptɪn]
contramestre (m)	boatswain	['bəʊsən]

artilheiro (m)	artilleryman	[ɑ:'tɪlərɪmən]
soldado (m) paraquedista	paratrooper	['pærətru:pə(r)]
piloto (m)	pilot	['paɪlət]
navegador (m)	navigator	['nævɪgeɪtə(r)]
mecânico (m)	mechanic	[mɪ'kænɪk]

| sapador (m) | pioneer | [ˌpaɪə'nɪə(r)] |
| paraquedista (m) | parachutist | ['pærəʃu:tɪst] |

| explorador (m) | scout | [skaʊt] |
| franco-atirador (m) | sniper | ['snaɪpə(r)] |

patrulha (f)	patrol	[pə'trəʊl]
patrulhar (vt)	to patrol (vi, vt)	[tə pə'trəʊl]
sentinela (f)	sentry, guard	['sentrɪ], [gɑ:d]

| guerreiro (m) | warrior | ['wɒrɪə(r)] |
| patriota (m) | patriot | ['peɪtrɪət] |

| herói (m) | hero | ['hɪərəʊ] |
| heroína (f) | heroine | ['herəʊɪn] |

| traidor (m) | traitor | ['treɪtə(r)] |
| trair (vt) | to betray (vt) | [tə bɪ'treɪ] |

| desertor (m) | deserter | [dɪ'zɜ:tə(r)] |
| desertar (vt) | to desert (vi) | [tə dɪ'zɜ:t] |

mercenário (m)	mercenary	['mɜ:sɪnərɪ]
recruta (m)	recruit	[rɪ'kru:t]
voluntário (m)	volunteer	[ˌvɒlən'tɪə(r)]

morto (m)	dead	[ded]
ferido (m)	wounded	['wu:ndɪd]
prisioneiro (m) de guerra	prisoner of war	['prɪzənə əv wɔ:]

184. Guerra. Ações militares. Parte 1

guerra (f)	war	[wɔ:(r)]
guerrear (vt)	to be at war	[tə bi ət wɔ:]
guerra (f) civil	civil war	['sɪvəl wɔ:]
perfidamente	treacherously	['tretʃərəslɪ]
declaração (f) de guerra	declaration of war	[ˌdeklə'reɪʃən əv wɔ:]
declarar (vt) guerra	to declare (vt)	[tə dɪ'kleə(r)]
agressão (f)	aggression	[ə'greʃən]
atacar (vt)	to attack (vt)	[tə ə'tæk]
invadir (vt)	to invade (vt)	[tu ɪn'veɪd]
invasor (m)	invader	[ɪn'veɪdə(r)]
conquistador (m)	conqueror	['kɒŋkərə(r)]
defesa (f)	defense	[dɪ'fens]
defender (vt)	to defend (vt)	[tə dɪ'fend]
defender-se (vr)	to defend (against ...)	[tə dɪ'fend]
inimigo (m)	enemy, hostile	['enɪmɪ], ['hɒstəl]
adversário (m)	adversary	['ædvəsərɪ]
inimigo	enemy	['enɪmɪ]
estratégia (f)	strategy	['strætɪdʒɪ]
tática (f)	tactics	['tæktɪks]
ordem (f)	order	['ɔ:də(r)]
comando (m)	command	[kə'mɑ:nd]
ordenar (vt)	to order (vt)	[tə 'ɔ:də(r)]
missão (f)	mission	['mɪʃən]
secreto	secret	['si:krɪt]
batalha (f)	battle	['bætəl]
combate (m)	combat	['kɒmbæt]
ataque (m)	attack	[ə'tæk]
assalto (m)	charge	[ʧɑ:dʒ]
assaltar (vt)	to storm (vt)	[tə stɔ:m]
assédio, sítio (m)	siege	[si:dʒ]
ofensiva (f)	offensive	[ə'fensɪv]
passar à ofensiva	to go on the offensive	[tə gəʊ ɒn ði ə'fensɪv]
retirada (f)	retreat	[rɪ'tri:t]
retirar-se (vr)	to retreat (vi)	[tə rɪ'tri:t]
cerco (m)	encirclement	[ɪn'sɜ:kəlmənt]
cercar (vt)	to encircle (vt)	[tə ɪn'sɜ:kəl]
bombardeio (m)	bombing	['bɒmɪŋ]
lançar uma bomba	to drop a bomb	[tə drɒp ə bɒm]
bombardear (vt)	to bomb (vt)	[tə bɒm]
explosão (f)	explosion	[ɪk'spləʊʒən]
tiro (m)	shot	[ʃɒt]

| disparar um tiro | to fire a shot | [tə ˌfaɪə ə ˈʃɒt] |
| tiroteio (m) | firing | [ˈfaɪərɪŋ] |

apontar para ...	to aim (vt)	[tə eɪm]
apontar (vt)	to point (vt)	[tə pɔɪnt]
acertar (vt)	to hit (vt)	[tə hɪt]

afundar (um navio)	to sink (vt)	[tə sɪŋk]
brecha (f)	hole	[həʊl]
afundar-se (vr)	to founder, to sink (vi)	[tə ˈfaʊndə(r)], [tə sɪŋk]

frente (m)	front	[frʌnt]
evacuação (f)	evacuation	[ɪˌvækjuˈeɪʃən]
evacuar (vt)	to evacuate (vt)	[tə ɪˈvækjueɪt]

trincheira (f)	trench	[trentʃ]
arame (m) farpado	barbwire	[ˈbɑːbˌwaɪə(r)]
obstáculo (m) anticarro	barrier	[ˈbærɪə(r)]
torre (f) de vigia	watchtower	[ˈwɒtʃˌtaʊə(r)]

hospital (m)	hospital	[ˈhɒspɪtəl]
ferir (vt)	to wound (vt)	[tə wuːnd]
ferida (f)	wound	[wuːnd]
ferido (m)	wounded	[ˈwuːndɪd]
ficar ferido	to be wounded	[tə bi ˈwuːndɪd]
grave (ferida ~)	serious	[ˈsɪərɪəs]

185. Guerra. Ações militares. Parte 2

cativeiro (m)	captivity	[kæpˈtɪvətɪ]
capturar (vt)	to take sb captive	[tə teɪk ... ˈkæptɪv]
estar em cativeiro	to be held captive	[tə bi held ˈkæptɪv]
ser aprisionado	to be taken captive	[tə bi ˈteɪkən ˈkæptɪv]

campo (m) de concentração	concentration camp	[ˌkɒnsənˈtreɪʃən kæmp]
prisioneiro (m) de guerra	prisoner of war	[ˈprɪzənə əv wɔː]
escapar (vi)	to escape (vi)	[tə ɪˈskeɪp]

| fuzilar, executar (vt) | to execute (vt) | [tə ˈeksɪkjuːt] |
| fuzilamento (m) | execution | [ˌeksɪˈkjuːʃən] |

equipamento (m)	equipment	[ɪˈkwɪpmənt]
platina (f)	shoulder board	[ˈʃəʊldə bɔːd]
máscara (f) antigás	gas mask	[ˈgæs mɑːsk]

rádio (m)	field radio	[fiːld ˈreɪdɪəʊ]
cifra (f), código (m)	cipher, code	[ˈsaɪfə(r)], [kəʊd]
conspiração (f)	secrecy	[ˈsiːkrəsɪ]
senha (f)	password	[ˈpɑːswɜːd]

mina (f)	land mine	[lænd maɪn]
minar (vt)	to mine (vt)	[tə maɪn]
campo (m) minado	minefield	[ˈmaɪnfiːld]
alarme (m) aéreo	air-raid warning	[eə reɪd ˈwɔːnɪŋ]

alarme (m)	alarm	[ə'lɑːm]
sinal (m)	signal	['sɪgnəl]
sinalizador (m)	signal flare	['sɪgnəl fleə(r)]

estado-maior (m)	headquarters	[ˌhed'kwɔːtəz]
reconhecimento (m)	reconnaissance	[rɪ'kɒnɪsəns]
situação (f)	situation	[ˌsɪtjʊ'eɪʃən]
relatório (m)	report	[rɪ'pɔːt]
emboscada (f)	ambush	['æmbʊʃ]
reforço (m)	reinforcement	[ˌriːɪn'fɔːsmənt]

alvo (m)	target	['tɑːgɪt]
campo (m) de tiro	proving ground	['pruːvɪŋ graʊnd]
manobras (f pl)	military exercise	['mɪlɪtərɪ 'eksəsaɪz]

pânico (m)	panic	['pænɪk]
devastação (f)	devastation	[ˌdevə'steɪʃən]
ruínas (f pl)	destruction, ruins	[dɪ'strʌkʃən], ['ruːɪnz]
destruir (vt)	to destroy (vt)	[tə dɪ'strɔɪ]

sobreviver (vi)	to survive (vi, vt)	[tə sə'vaɪv]
desarmar (vt)	to disarm (vt)	[tə dɪs'ɑːm]
manusear (vt)	to handle (vt)	[tə 'hændəl]

Firmes!	Attention!	[ə'tenʃən]
Descansar!	At ease!	[ət 'iːz]

façanha (f)	feat, act of courage	[fiːt], [ækt əv 'kʌrɪdʒ]
juramento (m)	oath	[əʊθ]
jurar (vi)	to swear (vi, vt)	[tə sweə(r)]

condecoração (f)	decoration	[ˌdekə'reɪʃən]
condecorar (vt)	to award (vt)	[tə ə'wɔːd]
medalha (f)	medal	['medəl]
ordem (f)	order	['ɔːdə(r)]

vitória (f)	victory	['vɪktərɪ]
derrota (f)	defeat	[dɪ'fiːt]
armistício (m)	armistice	['ɑːmɪstɪs]

bandeira (f)	standard	['stændəd]
glória (f)	glory	['glɔːrɪ]
desfile (m) militar	parade	[pə'reɪd]
marchar (vi)	to march (vi)	[tə mɑːtʃ]

186. Armas

arma (f)	weapons	['wepənz]
arma (f) de fogo	firearms	['faɪərɑːmz]
arma (f) branca	cold weapons	[ˌkəʊld 'wepənz]

arma (f) química	chemical weapons	['kemɪkəl 'wepənz]
nuclear	nuclear	['njuːklɪə(r)]
arma (f) nuclear	nuclear weapons	['njuːklɪə 'wepənz]

| bomba (f) | bomb | [bɒm] |
| bomba (f) atómica | atomic bomb | [ə'tɒmɪk bɒm] |

pistola (f)	pistol	['pɪstəl]
caçadeira (f)	rifle	['raɪfəl]
pistola-metralhadora (f)	submachine gun	[ˌsʌbmə'ʃiːn gʌn]
metralhadora (f)	machine gun	[mə'ʃiːn gʌn]

boca (f)	muzzle	['mʌzəl]
cano (m)	barrel	['bærəl]
calibre (m)	caliber	['kælɪbə(r)]

gatilho (m)	trigger	['trɪgə(r)]
mira (f)	sight	[saɪt]
carregador (m)	magazine	[ˌmægə'ziːn]
coronha (f)	butt	[bʌt]

| granada (f) de mão | hand grenade | [hænd grə'neɪd] |
| explosivo (m) | explosive | [ɪk'spləusɪv] |

bala (f)	bullet	['bʊlɪt]
cartucho (m)	cartridge	['kɑːtrɪdʒ]
carga (f)	charge	[tʃɑːdʒ]
munições (f pl)	ammunition	[ˌæmjʊ'nɪʃən]
bombardeiro (m)	bomber	['bɒmə(r)]
avião (m) de caça	fighter	['faɪtə(r)]
helicóptero (m)	helicopter	['helɪkɒptə(r)]

canhão (m) antiaéreo	anti-aircraft gun	['æntɪ 'eəkrɑːft gʌn]
tanque (m)	tank	[tæŋk]
canhão (de um tanque)	tank gun	['tæŋk ˌgʌn]

| artilharia (f) | artillery | [ɑː'tɪlərɪ] |
| canhão (m) | cannon | ['kænən] |

obus (m)	shell	[ʃel]
granada (f) de morteiro	mortar bomb	['mɔːtə bɒm]
morteiro (m)	mortar	['mɔːtə(r)]
estilhaço (m)	splinter	['splɪntə(r)]

submarino (m)	submarine	[ˌsʌbmə'riːn]
torpedo (m)	torpedo	[tɔː'piːdəu]
míssil (m)	missile	['mɪsəl]

carregar (uma arma)	to load (vt)	[tə ləud]
atirar, disparar (vi)	to shoot (vi)	[tə ʃuːt]
apontar para ...	to take aim at ...	[tə teɪk eɪm ət]
baioneta (f)	bayonet	['beɪənɪt]

espada (f)	rapier	['reɪpjə(r)]
sabre (m)	saber	['seɪbə(r)]
lança (f)	spear	[spɪə(r)]
arco (m)	bow	[bəu]
flecha (f)	arrow	['ærəu]
mosquete (m)	musket	['mʌskɪt]
besta (f)	crossbow	['krɒsbəu]

187. Povos da antiguidade

primitivo	primitive	['prɪmɪtɪv]
pré-histórico	prehistoric	[ˌpriːhɪˈstɒrɪk]
antigo	ancient	['eɪnʃənt]
Idade (f) da Pedra	Stone Age	[ˌstəʊn 'eɪdʒ]
Idade (f) do Bronze	Bronze Age	['brɒnz ˌeɪdʒ]
período (m) glacial	Ice Age	['aɪs ˌeɪdʒ]
tribo (f)	tribe	[traɪb]
canibal (m)	cannibal	['kænɪbəl]
caçador (m)	hunter	['hʌntə(r)]
caçar (vi)	to hunt (vi, vt)	[tə hʌnt]
mamute (m)	mammoth	['mæməθ]
caverna (f)	cave	[keɪv]
fogo (m)	fire	['faɪə(r)]
fogueira (f)	campfire	['kæmpˌfaɪə(r)]
pintura (f) rupestre	cave painting	[keɪv 'peɪntɪŋ]
ferramenta (f)	tool	[tuːl]
lança (f)	spear	[spɪə(r)]
machado (m) de pedra	stone ax	[stəʊn æks]
guerrear (vt)	to be at war	[tə bi ət wɔː]
domesticar (vt)	to domesticate (vt)	[tə dəˈmestɪkeɪt]
ídolo (m)	idol	['aɪdəl]
adorar, venerar (vt)	to worship (vt)	[tə 'wɜːʃɪp]
superstição (f)	superstition	[ˌsuːpəˈstɪʃən]
ritual (m)	rite	[raɪt]
evolução (f)	evolution	[ˌiːvəˈluːʃən]
desenvolvimento (m)	development	[dɪˈveləpmənt]
desaparecimento (m)	disappearance	[ˌdɪsəˈpɪərəns]
adaptar-se (vr)	to adapt oneself	[tə əˈdæpt wʌnˈself]
arqueologia (f)	archeology	[ˌɑːkɪˈɒlədʒɪ]
arqueólogo (m)	archeologist	[ˌɑːkɪˈɒlədʒɪst]
arqueológico	archeological	[ˌɑːkɪəˈlɒdʒɪkəl]
local (m) das escavações	excavation site	[ˌekskəˈveɪʃən saɪt]
escavações (f pl)	excavations	[ˌekskəˈveɪʃənz]
achado (m)	find	[faɪnd]
fragmento (m)	fragment	['frægmənt]

188. Idade média

povo (m)	people	['piːpəl]
povos (m pl)	peoples	['piːpəlz]
tribo (f)	tribe	[traɪb]
tribos (f pl)	tribes	[traɪbz]
bárbaros (m pl)	barbarians	[bɑːˈbeərɪənz]

gauleses (m pl)	Gauls	[gɔ:lz]
godos (m pl)	Goths	[gɒθs]
eslavos (m pl)	Slavs	[slɑ:vz]
víquingues (m pl)	Vikings	['vaɪkɪŋz]
romanos (m pl)	Romans	['rəʊmənz]
romano	Roman	['rəʊmən]
bizantinos (m pl)	Byzantines	['bɪzənti:nz]
Bizâncio	Byzantium	[bɪ'zæntɪəm]
bizantino	Byzantine	['bɪzənti:n]
imperador (m)	emperor	['empərə(r)]
líder (m)	leader, chief	['li:də], [ʧi:f]
poderoso	powerful	['paʊəfʊl]
rei (m)	king	[kɪŋ]
governante (m)	ruler	['ru:lə(r)]
cavaleiro (m)	knight	[naɪt]
senhor feudal (m)	feudal lord	['fju:dəl lɔ:d]
feudal	feudal	['fju:dəl]
vassalo (m)	vassal	['væsəl]
duque (m)	duke	[du:k]
conde (m)	earl	[ɜ:l]
barão (m)	baron	['bærən]
bispo (m)	bishop	['bɪʃəp]
armadura (f)	armor	['ɑ:mə(r)]
escudo (m)	shield	[ʃi:ld]
espada (f)	sword	[sɔ:d]
viseira (f)	visor	['vaɪzə(r)]
cota (f) de malha	chainmail	[ʧeɪn meɪl]
cruzada (f)	Crusade	[kru:'seɪd]
cruzado (m)	crusader	[kru:'seɪdə(r)]
território (m)	territory	['terətrɪ]
atacar (vt)	to attack (vt)	[tə ə'tæk]
conquistar (vt)	to conquer (vt)	[tə 'kɒŋkə(r)]
ocupar, invadir (vt)	to occupy (vt)	[tə 'ɒkjʊpaɪ]
assédio, sítio (m)	siege	[si:ʤ]
sitiado	besieged	[bɪ'si:ʤd]
assediar, sitiar (vt)	to besiege (vt)	[tə bɪ'si:ʤ]
inquisição (f)	inquisition	[ˌɪnkwɪ'zɪʃən]
inquisidor (m)	inquisitor	[ɪn'kwɪzɪtə(r)]
tortura (f)	torture	['tɔ:ʧə(r)]
cruel	cruel	[krʊəl]
herege (m)	heretic	['herətɪk]
heresia (f)	heresy	['herəsɪ]
navegação (f) marítima	seafaring	['si:ˌfeərɪŋ]
pirata (m)	pirate	['paɪrət]
pirataria (f)	piracy	['paɪrəsɪ]

169

abordagem (f)	boarding	['bɔːdɪŋ]
presa (f), butim (m)	loot	[luːt]
tesouros (m pl)	treasures	['treʒəz]

descobrimento (m)	discovery	[dɪ'skʌvərɪ]
descobrir (novas terras)	to discover (vt)	[tə dɪ'skʌvə(r)]
expedição (f)	expedition	[ˌekspɪ'dɪʃən]

mosqueteiro (m)	musketeer	[ˌmʌskɪ'tɪə(r)]
cardeal (m)	cardinal	['kɑːdɪnəl]
heráldica (f)	heraldry	['herəldrɪ]
heráldico	heraldic	[he'rældɪk]

189. Líder. Chefe. Autoridades

rei (m)	king	[kɪŋ]
rainha (f)	queen	[kwiːn]
real	royal	['rɔɪəl]
reino (m)	kingdom	['kɪŋdəm]

príncipe (m)	prince	[prɪns]
princesa (f)	princess	[prɪn'ses]

presidente (m)	president	['prezɪdənt]
vice-presidente (m)	vice-president	[vaɪs 'prezɪdənt]
senador (m)	senator	['senətə(r)]

monarca (m)	monarch	['mɒnək]
governante (m)	ruler	['ruːlə(r)]
ditador (m)	dictator	[dɪk'teɪtə(r)]
tirano (m)	tyrant	['taɪrənt]
magnata (m)	magnate	['mægneɪt]

diretor (m)	director	[dɪ'rektə(r)]
chefe (m)	chief	[ʧiːf]
dirigente (m)	manager	['mænɪʤə(r)]
patrão (m)	boss	[bɒs]
dono (m)	owner	['əʊnə(r)]

líder, chefe (m)	leader	['liːdə(r)]
chefe (~ de delegação)	head	[hed]
autoridades (f pl)	authorities	[ɔː'θɒrətɪz]
superiores (m pl)	superiors	[suː'pɪərɪərz]

governador (m)	governor	['gʌvənə(r)]
cônsul (m)	consul	['kɒnsəl]
diplomata (m)	diplomat	['dɪpləmæt]
Presidente (m) da Câmara	mayor	[meə(r)]
xerife (m)	sheriff	['ʃerɪf]

imperador (m)	emperor	['empərə(r)]
czar (m)	tsar	[zɑː(r)]
faraó (m)	pharaoh	['feərəʊ]
cã (m)	khan	[kɑːn]

190. Estrada. Caminho. Direções

estrada (f)	road	[rəʊd]
caminho (m)	way	[weɪ]
rodovia (f)	freeway	['fri:weɪ]
autoestrada (f)	highway	['haɪweɪ]
estrada (f) nacional	interstate	['ɪntəsteɪt]
estrada (f) principal	main road	[meɪn rəʊd]
caminho (m) de terra batida	dirt road	[dɜ:t rəʊd]
trilha (f)	pathway	['pɑ:θweɪ]
vereda (f)	footpath	['fʊtpɑ:θ]
Onde?	Where?	[weə]
Para onde?	Where?	[weə]
De onde?	From where?	[frɒm weə]
direção (f)	direction	[dɪ'rekʃən]
indicar (orientar)	to point (vt)	[tə pɔɪnt]
para esquerda	to the left	[tə ðə left]
para direita	to the right	[tə ðə raɪt]
em frente	straight ahead	[streɪt ə'hed]
para trás	back	[bæk]
curva (f)	turn, curve	[tɜ:n], [kɜ:v]
virar (ex. ~ à direita)	to turn (vi)	[tə tɜ:n]
dar retorno	to make a U-turn	[tə meɪk ə ju:-tɜ:n]
estar visível	to be visible	[tə bi 'vɪzəbəl]
aparecer (vi)	to appear (vi)	[tə ə'pɪə(r)]
paragem (pausa)	stop, halt	[stɒp], [hɔ:lt]
descansar (vi)	to rest, to pause (vi)	[tə rest], [tə pɔ:z]
descanso (m)	rest	[rest]
perder-se (vr)	to lose one's way	[tə lu:z wʌnz weɪ]
conduzir (caminho)	to lead to ...	[tə li:d tu:]
chegar a ...	to come out	[tə kʌm aʊt]
trecho (m)	stretch	[stretʃ]
asfalto (m)	asphalt	['æsfælt]
lancil (m)	curb	[kɜ:b]
valeta (f)	ditch	[dɪtʃ]
tampa (f) de esgoto	manhole	['mænhəʊl]
berma (f) da estrada	roadside	['rəʊdsaɪd]
buraco (m)	pit, pothole	[pɪt], ['pɒthəʊl]
ir (a pé)	to go (vi)	[tə gəʊ]
ultrapassar (vt)	to pass (vt)	[tə pɑ:s]
passo (m)	step	[step]
a pé	on foot	[ɒn 'fʊt]

171

bloquear (vt)	to block (vt)	[tə blɒk]
cancela (f)	boom gate	['buːm geɪt]
beco (m) sem saída	dead end	[ˌded 'end]

191. Viloação da lei. Criminosos. Parte 1

bandido (m)	bandit	['bændɪt]
crime (m)	crime	[kraɪm]
criminoso (m)	criminal	['krɪmɪnəl]
ladrão (m)	thief	[θiːf]
roubar (vt)	to steal (vt)	[tə stiːl]
furto (m)	stealing	['stiːlɪŋ]
furto (m)	theft	[θeft]
raptar (ex. ~ uma criança)	to kidnap (vt)	[tə 'kɪdnæp]
rapto (m)	kidnapping	['kɪdnæpɪŋ]
raptor (m)	kidnapper	['kɪdnæpə(r)]
resgate (m)	ransom	['rænsəm]
pedir resgate	to demand ransom	[tə dɪ'mɑːnd 'rænsəm]
roubar (vt)	to rob (vt)	[tə rɒb]
assalto, roubo (m)	robbery	['rɒbərɪ]
assaltante (m)	robber	['rɒbə(r)]
extorquir (vt)	to extort (vt)	[tə ɪk'stɔːt]
extorsionário (m)	extortionist	[ɪk'stɔːʃənɪst]
extorsão (f)	extortion	[ɪk'stɔːʃən]
matar, assassinar (vt)	to murder, to kill	[tə 'mɜːdə(r)], [tə kɪl]
homicídio (m)	murder	['mɜːdə(r)]
homicida, assassino (m)	murderer	['mɜːdərə(r)]
tiro (m)	gunshot	['ɡʌnʃɒt]
dar um tiro	to fire a shot	[tə ˌfaɪə ə 'ʃɒt]
matar a tiro	to shoot to death	[tə ʃuːt tə deθ]
atirar, disparar (vi)	to shoot (vi)	[tə ʃuːt]
tiroteio (m)	shooting	['ʃuːtɪŋ]
incidente (m)	incident	['ɪnsɪdənt]
briga (~ de rua)	fight, brawl	[faɪt], [brɔːl]
Socorro!	Help!	[help]
vítima (f)	victim	['vɪktɪm]
danificar (vt)	to damage (vt)	[tə 'dæmɪdʒ]
dano (m)	damage	['dæmɪdʒ]
cadáver (m)	dead body, corpse	[ded 'bɒdɪ], [kɔːps]
grave	grave	[ɡreɪv]
atacar (vt)	to attack (vt)	[tə ə'tæk]
bater (espancar)	to beat (vt)	[tə biːt]
espancar (vt)	to beat ... up	[tə biːt ... ʌp]
tirar, roubar (dinheiro)	to take (vt)	[tə teɪk]

esfaquear (vt)	to stab to death	[tə stæb tə deθ]
mutilar (vt)	to maim (vt)	[tə meɪm]
ferir (vt)	to wound (vt)	[tə wuːnd]

chantagem (f)	blackmail	['blæk͵meɪl]
chantagear (vt)	to blackmail (vt)	[tə 'blæk͵meɪl]
chantagista (m)	blackmailer	['blæk͵meɪlə(r)]

extorsão (em troca de proteção)	protection racket	[prə'tekʃən 'rækɪt]
extorsionário (m)	racketeer	[͵rækə'tɪə(r)]
gângster (m)	gangster	['gæŋstə(r)]
máfia (f)	mafia, Mob	['mæfɪə], [mɒb]

carteirista (m)	pickpocket	['pɪk͵pɒkɪt]
assaltante, ladrão (m)	burglar	['bɜːglə]
contrabando (m)	smuggling	['smʌglɪŋ]
contrabandista (m)	smuggler	['smʌglə(r)]

falsificação (f)	forgery	['fɔːdʒərɪ]
falsificar (vt)	to forge (vt)	[tə fɔːdʒ]
falsificado	fake, forged	[feɪk], [fɔːdʒd]

192. Viloação da lei. Criminosos. Parte 2

violação (f)	rape	[reɪp]
violar (vt)	to rape (vt)	[tə reɪp]
violador (m)	rapist	['reɪpɪst]
maníaco (m)	maniac	['meɪnɪæk]

prostituta (f)	prostitute	['prɒstɪtjuːt]
prostituição (f)	prostitution	[͵prɒstɪ'tjuːʃən]
chulo (m)	pimp	[pɪmp]

| toxicodependente (m) | drug addict | ['drʌg͵ædɪkt] |
| traficante (m) | drug dealer | ['drʌg ͵diːlə(r)] |

explodir (vt)	to blow up (vt)	[tə bləʊ ʌp]
explosão (f)	explosion	[ɪk'spləʊʒən]
incendiar (vt)	to set fire	[tə set 'faɪə(r)]
incendiário (m)	arsonist	['ɑːsənɪst]

terrorismo (m)	terrorism	['terərɪzəm]
terrorista (m)	terrorist	['terərɪst]
refém (m)	hostage	['hɒstɪdʒ]

enganar (vt)	to swindle (vt)	[tə 'swɪndəl]
engano (m)	swindle, deception	['swɪndəl], [dɪ'sepʃən]
vigarista (m)	swindler	['swɪndlə(r)]

subornar (vt)	to bribe (vt)	[tə braɪb]
suborno (atividade)	bribery	['braɪbərɪ]
suborno (dinheiro)	bribe	[braɪb]
veneno (m)	poison	['pɔɪzən]

| envenenar (vt) | to poison (vt) | [tə 'pɔɪzən] |
| envenenar-se (vr) | to poison oneself | [tə 'pɔɪzən wʌn'self] |

| suicídio (m) | suicide | ['suːɪsaɪd] |
| suicida (m) | suicide | ['suːɪsaɪd] |

ameaçar (vt)	to threaten (vt)	[tə 'θretən]
ameaça (f)	threat	[θret]
atentar contra a vida de ...	to make an attempt	[tə meɪk ən ə'tempt]
atentado (m)	attempt	[ə'tempt]

| roubar (o carro) | to steal (vt) | [tə stiːl] |
| desviar (o avião) | to hijack (vt) | [tə 'haɪdʒæk] |

| vingança (f) | revenge | [rɪ'vendʒ] |
| vingar (vt) | to avenge (vt) | [tə ə'vendʒ] |

torturar (vt)	to torture (vt)	[tə 'tɔːtʃə(r)]
tortura (f)	torture	['tɔːtʃə(r)]
atormentar (vt)	to torment (vt)	[tə tɔː'ment]

pirata (m)	pirate	['paɪrət]
desordeiro (m)	hooligan	['huːlɪgən]
armado	armed	[ɑːmd]
violência (f)	violence	['vaɪələns]
ilegal	illegal	[ɪ'liːgəl]

| espionagem (f) | spying, espionage | ['spaɪɪŋ], ['espɪəˌnɑːʒ] |
| espionar (vi) | to spy (vi) | [tə spaɪ] |

193. Polícia. Lei. Parte 1

| justiça (f) | justice | ['dʒʌstɪs] |
| tribunal (m) | court | [kɔːt] |

juiz (m)	judge	[dʒʌdʒ]
jurados (m pl)	jurors	['dʒuərəz]
tribunal (m) do júri	jury trial	['dʒuərɪ 'traɪəl]
julgar (vt)	to judge (vt)	[tə dʒʌdʒ]

advogado (m)	lawyer, attorney	['lɔːjə(r)], [ə'tɜːnɪ]
réu (m)	defendant	[dɪ'fendənt]
banco (m) dos réus	dock	[dɒk]

| acusação (f) | charge | [tʃɑːdʒ] |
| acusado (m) | accused | [ə'kjuːzd] |

| sentença (f) | sentence | ['sentəns] |
| sentenciar (vt) | to sentence (vt) | [tə 'sentəns] |

punir (vt)	to punish (vt)	[tə 'pʌnɪʃ]
punição (f)	punishment	['pʌnɪʃmənt]
multa (f)	fine	[faɪn]
prisão (f) perpétua	life imprisonment	[laɪf ɪm'prɪzənmənt]

pena (f) de morte	death penalty	['deθ ˌpenəltı]
cadeira (f) elétrica	electric chair	[ı'lektrık 'tʃeə(r)]
forca (f)	gallows	['gæləʊz]

| executar (vt) | to execute (vt) | [tə 'eksıkju:t] |
| execução (f) | execution | [ˌeksı'kju:ʃən] |

| prisão (f) | prison, jail | ['prızən], [dʒeıl] |
| cela (f) de prisão | cell | [sel] |

escolta (f)	escort	['eskɔ:t]
guarda (m) prisional	prison guard	['prızən gɑ:d]
preso (m)	prisoner	['prızənə(r)]

| algemas (f pl) | handcuffs | ['hændkʌfs] |
| algemar (vt) | to handcuff (vt) | [tə 'hændkʌf] |

fuga, evasão (f)	prison break	['prızən breık]
fugir (vi)	to break out (vi)	[tə breık 'aʊt]
desaparecer (vi)	to disappear (vi)	[tə ˌdısə'pıə(r)]
soltar, libertar (vt)	to release (vt)	[tə rı'li:s]
amnistia (f)	amnesty	['æmnəstı]

polícia (instituição)	police	[pə'li:s]
polícia (m)	police officer	[pə'li:s 'ɒfısə(r)]
esquadra (f) de polícia	police station	[pə'li:s 'steıʃən]
cassetete (m)	billy club	['bılı klʌb]
megafone (m)	bullhorn	['bʊlhɔ:n]

carro (m) de patrulha	patrol car	[pə'trəʊl kɑ:(r)]
sirene (f)	siren	['saıərən]
ligar a sirene	to turn on the siren	[tə tɜ:n ˌɒn ðə 'saıərən]
toque (m) da sirene	siren call	['saıərən kɔ:l]

cena (f) do crime	crime scene	[kraım si:n]
testemunha (f)	witness	['wıtnıs]
liberdade (f)	freedom	['fri:dəm]
cúmplice (m)	accomplice	[ə'kʌmplıs]
traço (não deixar ~s)	trace	[treıs]

194. Polícia. Lei. Parte 2

procura (f)	search	[sɜ:tʃ]
procurar (vt)	to look for ...	[tə lʊk fɔ:(r)]
suspeita (f)	suspicion	[sə'spıʃən]
suspeito	suspicious	[sə'spıʃəs]
parar (vt)	to stop (vt)	[tə stɒp]
deter (vt)	to detain (vt)	[tə dı'teın]

caso (criminal)	case	[keıs]
investigação (f)	investigation	[ınˌvestı'geıʃən]
detetive (m)	detective	[dı'tektıv]
investigador (m)	investigator	[ın'vestıˌgeıtə(r)]
versão (f)	hypothesis	[haı'pɒθısıs]

motivo (m)	motive	['məʊtɪv]
interrogatório (m)	interrogation	[ɪnˌterə'geɪʃən]
interrogar (vt)	to interrogate (vt)	[tə ɪn'terəgeɪt]
questionar (vt)	to question (vt)	[tə 'kwestʃən]
verificação (f)	check	[tʃek]
batida (f) policial	round-up	[raʊndʌp]
busca (f)	search	[sɜ:tʃ]
perseguição (f)	chase	[tʃeɪs]
perseguir (vt)	to pursue, to chase	[tə pə'sju:], [tə tʃeɪs]
seguir (vt)	to track (vt)	[tə træk]
prisão (f)	arrest	[ə'rest]
prender (vt)	to arrest (vt)	[tə ə'rest]
pegar, capturar (vt)	to catch (vt)	[tə kætʃ]
captura (f)	capture	['kæptʃə(r)]
documento (m)	document	['dɒkjʊmənt]
prova (f)	proof	[pru:f]
provar (vt)	to prove (vt)	[tə pru:v]
pegada (f)	footprint	['fʊtprɪnt]
impressões (f pl) digitais	fingerprints	['fɪŋgəprɪnts]
prova (f)	piece of evidence	[pi:s ɒf 'evɪdəns]
álibi (m)	alibi	['ælɪbaɪ]
inocente	innocent	['ɪnəsənt]
injustiça (f)	injustice	[ɪn'dʒʌstɪs]
injusto	unjust, unfair	[ˌʌn'dʒʌst], [ˌʌn'feə(r)]
criminal	criminal	['krɪmɪnəl]
confiscar (vt)	to confiscate (vt)	[tə 'kɒnfɪskeɪt]
droga (f)	drug	[drʌg]
arma (f)	weapon, gun	['wepən], [gʌn]
desarmar (vt)	to disarm (vt)	[tə dɪs'ɑ:m]
ordenar (vt)	to order (vt)	[tə 'ɔ:də(r)]
desaparecer (vi)	to disappear (vi)	[tə ˌdɪsə'pɪə(r)]
lei (f)	law	[lɔ:]
legal	legal, lawful	['li:gəl], ['lɔ:fʊl]
ilegal	illegal, illicit	[ɪ'li:gəl], [ɪ'lɪsɪt]
responsabilidade (f)	responsibility	[rɪˌspɒnsə'bɪlɪtɪ]
responsável	responsible	[rɪ'spɒnsəbəl]

NATUREZA

A Terra. Parte 1

195. Espaço sideral

cosmos (m)	space	[speɪs]
cósmico	space	[speɪs]
espaço (m) cósmico	outer space	[ˈaʊtə speɪs]
mundo (m)	world	[wɜːld]
universo (m)	universe	[ˈjuːnɪvɜːs]
galáxia (f)	galaxy	[ˈgæləksɪ]
estrela (f)	star	[stɑː(r)]
constelação (f)	constellation	[ˌkɒnstəˈleɪʃən]
planeta (m)	planet	[ˈplænɪt]
satélite (m)	satellite	[ˈsætəlaɪt]
meteorito (m)	meteorite	[ˈmiːtjəraɪt]
cometa (m)	comet	[ˈkɒmɪt]
asteroide (m)	asteroid	[ˈæstərɔɪd]
órbita (f)	orbit	[ˈɔːbɪt]
girar (vi)	to rotate (vi)	[tə rəʊˈteɪt]
atmosfera (f)	atmosphere	[ˈætməˌsfɪə(r)]
Sol (m)	the Sun	[ðə sʌn]
Sistema (m) Solar	solar system	[ˈsəʊlə ˈsɪstəm]
eclipse (m) solar	solar eclipse	[ˈsəʊlə ɪˈklɪps]
Terra (f)	the Earth	[ðɪ ɜːθ]
Lua (f)	the Moon	[ðə muːn]
Marte (m)	Mars	[mɑːz]
Vénus (f)	Venus	[ˈviːnəs]
Júpiter (m)	Jupiter	[ˈdʒuːpɪtə(r)]
Saturno (m)	Saturn	[ˈsætən]
Mercúrio (m)	Mercury	[ˈmɜːkjʊrɪ]
Urano (m)	Uranus	[ˈjʊərənəs]
Neptuno (m)	Neptune	[ˈneptjuːn]
Plutão (m)	Pluto	[ˈpluːtəʊ]
Via Láctea (f)	Milky Way	[ˈmɪlkɪ weɪ]
Ursa Maior (f)	Great Bear	[greɪt beə(r)]
Estrela Polar (f)	North Star	[nɔːθ stɑː(r)]
marciano (m)	Martian	[ˈmɑːʃən]
extraterrestre (m)	extraterrestrial	[ˌekstrətəˈrestrɪəl]

alienígena (m)	alien	['eɪljən]
disco (m) voador	flying saucer	['flaɪɪŋ 'sɔ:sə(r)]
nave (f) espacial	spaceship	['speɪsʃɪp]
estação (f) orbital	space station	[speɪs 'steɪʃən]
lançamento (m)	blast-off	[blɑ:st ɒf]
motor (m)	engine	['endʒɪn]
bocal (m)	nozzle	['nɒzəl]
combustível (m)	fuel	[fjʊəl]
cabine (f)	cockpit	['kɒkpɪt]
antena (f)	antenna	[æn'tenə]
vigia (f)	porthole	['pɔ:θəʊl]
bateria (f) solar	solar panel	['səʊlə 'pænəl]
traje (m) espacial	spacesuit	['speɪssu:t]
imponderabilidade (f)	weightlessness	['weɪtlɪsnɪs]
oxigénio (m)	oxygen	['ɒksɪdʒən]
acoplagem (f)	docking	['dɒkɪŋ]
fazer uma acoplagem	to dock (vi, vt)	[tə dɒk]
observatório (m)	observatory	[əb'zɜ:vətrɪ]
telescópio (m)	telescope	['telɪskəʊp]
observar (vt)	to observe (vt)	[tə əb'zɜ:v]
explorar (vt)	to explore (vt)	[tə ɪk'splɔ:(r)]

196. A Terra

Terra (f)	the Earth	[ðɪ 3:θ]
globo terrestre (Terra)	the globe	[ðɪ gləʊb]
planeta (m)	planet	['plænɪt]
atmosfera (f)	atmosphere	['ætməˌsfɪə(r)]
geografia (f)	geography	[dʒɪ'ɒgrəfɪ]
natureza (f)	nature	['neɪtʃə(r)]
globo (mapa esférico)	globe	[gləʊb]
mapa (m)	map	[mæp]
atlas (m)	atlas	['ætləs]
Europa (f)	Europe	['jʊərəp]
Ásia (f)	Asia	['eɪʒə]
África (f)	Africa	['æfrɪkə]
Austrália (f)	Australia	[ɒ'streɪljə]
América (f)	America	[ə'merɪkə]
América (f) do Norte	North America	[nɔ:θ ə'merɪkə]
América (f) do Sul	South America	[saʊθ ə'merɪkə]
Antártida (f)	Antarctica	[ænt'ɑ:ktɪkə]
Ártico (m)	the Arctic	[ðə 'ɑrktɪk]

197. Pontos cardeais

norte (m)	north	[nɔ:θ]
para norte	to the north	[tə ðə nɔ:θ]
no norte	in the north	[ɪn ðə nɔ:θ]
do norte	northern	['nɔ:ðən]
sul (m)	south	[saʊθ]
para sul	to the south	[tə ðə saʊθ]
no sul	in the south	[ɪn ðə saʊθ]
do sul	southern	['sʌðən]
oeste, ocidente (m)	west	[west]
para oeste	to the west	[tə ðə west]
no oeste	in the west	[ɪn ðə west]
ocidental	western	['westən]
leste, oriente (m)	east	[i:st]
para leste	to the east	[tə ðɪ i:st]
no leste	in the east	[ɪn ðɪ i:st]
oriental	eastern	['i:stən]

198. Mar. Oceano

mar (m)	sea	[si:]
oceano (m)	ocean	['əʊʃən]
golfo (m)	gulf	[gʌlf]
estreito (m)	straits	[streɪts]
terra (f) firme	land	[lænd]
continente (m)	continent	['kɒntɪnənt]
ilha (f)	island	['aɪlənd]
península (f)	peninsula	[pə'nɪnsjʊlə]
arquipélago (m)	archipelago	[ˌɑ:kɪ'pelɪgəʊ]
baía (f)	bay	[beɪ]
porto (m)	harbor	['hɑ:bə(r)]
lagoa (f)	lagoon	[lə'gu:n]
cabo (m)	cape	[keɪp]
atol (m)	atoll	['ætɒl]
recife (m)	reef	[ri:f]
coral (m)	coral	['kɒrəl]
recife (m) de coral	coral reef	['kɒrəl ri:f]
profundo	deep	[di:p]
profundidade (f)	depth	[depθ]
abismo (m)	abyss	[ə'bɪs]
fossa (f) oceânica	trench	[trentʃ]
corrente (f)	current	['kʌrənt]
banhar (vt)	to surround (vt)	[tə sə'raʊnd]
litoral (m)	shore	[ʃɔ:(r)]

costa (f)	coast	[kəʊst]
maré (f) alta	flow	[fləʊ]
refluxo (m), maré (f) baixa	ebb	[eb]
restinga (f)	shoal	[ʃəʊl]
fundo (m)	bottom	['bɒtəm]

onda (f)	wave	[weɪv]
crista (f) da onda	crest	[krest]
espuma (f)	foam, spume	[fəʊm], [spju:m]

tempestade (f)	storm	[stɔ:m]
furacão (m)	hurricane	['hʌrɪkən]
tsunami (m)	tsunami	[tsu:'nɑ:mɪ]
calmaria (f)	calm	[kɑ:m]
calmo	quiet, calm	['kwaɪət], [kɑ:m]

| polo (m) | pole | [pəʊl] |
| polar | polar | ['pəʊlə(r)] |

latitude (f)	latitude	['lætɪtju:d]
longitude (f)	longitude	['lɒndʒɪtju:d]
paralela (f)	parallel	['pærəlel]
equador (m)	equator	[ɪ'kweɪtə(r)]

céu (m)	sky	[skaɪ]
horizonte (m)	horizon	[hə'raɪzən]
ar (m)	air	[eə]

farol (m)	lighthouse	['laɪthaʊs]
mergulhar (vi)	to dive (vi)	[tə daɪv]
afundar-se (vr)	to sink (vi)	[tə sɪŋk]
tesouros (m pl)	treasures	['treʒəz]

199. Nomes de Mares e Oceanos

Oceano (m) Atlântico	Atlantic Ocean	[ət'læntɪk 'əʊʃən]
Oceano (m) Índico	Indian Ocean	['ɪndɪən 'əʊʃən]
Oceano (m) Pacífico	Pacific Ocean	[pə'sɪfɪk 'əʊʃən]
Oceano (m) Ártico	Arctic Ocean	['ɑrktɪk 'əʊʃən]

Mar (m) Negro	Black Sea	[blæk si:]
Mar (m) Vermelho	Red Sea	[red si:]
Mar (m) Amarelo	Yellow Sea	[jeləʊ 'si:]
Mar (m) Branco	White Sea	[waɪt si:]

Mar (m) Cáspio	Caspian Sea	['kæspɪən si:]
Mar (m) Morto	Dead Sea	[,ded 'si:]
Mar (m) Mediterrâneo	Mediterranean Sea	[,medɪtə'reɪnɪən si:]

| Mar (m) Egeu | Aegean Sea | [i:'dʒi:ən si:] |
| Mar (m) Adriático | Adriatic Sea | [,eɪdrɪ'ætɪk si:] |

| Mar (m) Arábico | Arabian Sea | [ə'reɪbɪən si:] |
| Mar (m) do Japão | Sea of Japan | ['si: əv dʒə'pæn] |

| Mar (m) de Bering | Bering Sea | ['berɪŋ si:] |
| Mar (m) da China Meridional | South China Sea | [sauθ 'ʧaɪnə si:] |

Mar (m) de Coral	Coral Sea	['kɒrəl si:]
Mar (m) de Tasman	Tasman Sea	['tæzmən si:]
Mar (m) do Caribe	Caribbean Sea	['kæ'rɪbɪən si:]

| Mar (m) de Barents | Barents Sea | ['bærənts si:] |
| Mar (m) de Kara | Kara Sea | ['kɑːrə si:] |

Mar (m) do Norte	North Sea	[nɔːθ si:]
Mar (m) Báltico	Baltic Sea	['bɔːltɪk si:]
Mar (m) da Noruega	Norwegian Sea	[nɔː'wiːdʒən si:]

200. Montanhas

montanha (f)	mountain	['mauntɪn]
cordilheira (f)	mountain range	['mauntɪn reɪndʒ]
serra (f)	mountain ridge	['mauntɪn rɪdʒ]

cume (m)	summit, top	['sʌmɪt], [tɒp]
pico (m)	peak	[piːk]
sopé (m)	foot	[fut]
declive (m)	slope	[sləup]

vulcão (m)	volcano	[vɒl'kenəu]
vulcão (m) ativo	active volcano	['æktɪv vɒl'kenəu]
vulcão (m) extinto	dormant volcano	['dɔːmənt vɒl'kenəu]

erupção (f)	eruption	[ɪ'rʌpʃən]
cratera (f)	crater	['kreɪtə(r)]
magma (m)	magma	['mægmə]
lava (f)	lava	['lɑːvə]
fundido (lava ~a)	molten	['məultən]

desfiladeiro (m)	canyon	['kænjən]
garganta (f)	gorge	[gɔːdʒ]
fenda (f)	crevice	['krevɪs]
precipício (m)	abyss	[ə'bɪs]

passo, colo (m)	pass, col	[pɑːs], [kɒl]
planalto (m)	plateau	['plætəu]
falésia (f)	cliff	[klɪf]
colina (f)	hill	[hɪl]

glaciar (m)	glacier	['gleɪʃə(r)]
queda (f) d'água	waterfall	['wɔːtəfɔːl]
géiser (m)	geyser	['gaɪzə(r)]
lago (m)	lake	[leɪk]

planície (f)	plain	[pleɪn]
paisagem (f)	landscape	['lændskeɪp]
eco (m)	echo	['ekəu]
alpinista (m)	alpinist	['ælpɪnɪst]

escalador (m)	rock climber	[rɒk 'klaɪmə(r)]
conquistar (vt)	conquer (vt)	['kɒŋkə(r)]
subida, escalada (f)	climb	[klaɪm]

201. Nomes de montanhas

Alpes (m pl)	The Alps	[ðɪ ælps]
monte Branco (m)	Mont Blanc	[ˌmɔ̃'blɑ̃]
Pirineus (m pl)	The Pyrenees	[ðɪ ˌpɪrə'niːz]
Cárpatos (m pl)	The Carpathians	[ðɪ kɑː'peɪθɪənz]
montes (m pl) Urais	The Ural Mountains	[ðɪ 'jʊərəl 'maʊntɪnz]
Cáucaso (m)	The Caucasus Mountains	[ðɪ 'kɔːkəsəs 'maʊntɪnz]
Elbrus (m)	Mount Elbrus	['maʊnt ˌelbə'ruːs]
Altai (m)	The Altai Mountains	[ðɪ ˌɑːl'taɪ 'maʊntɪnz]
Tian Shan (m)	The Tian Shan	[ðɪ tjɛn'ʃaːn]
Pamir (m)	The Pamir Mountains	[ðɪ pə'mɪə 'maʊntɪnz]
Himalaias (m pl)	The Himalayas	[ðɪ ˌhɪmə'leɪəz]
monte (m) Everest	Mount Everest	['maʊnt 'everɪst]
Cordilheira (f) dos Andes	The Andes	[ðɪ 'ændiːz]
Kilimanjaro (m)	Mount Kilimanjaro	['maʊnt ˌkɪlɪmən'dʒɑːrəʊ]

202. Rios

rio (m)	river	['rɪvə(r)]
fonte, nascente (f)	spring	[sprɪŋ]
leito (m) do rio	riverbed	['rɪvəbed]
bacia (f)	basin	['beɪsən]
desaguar no …	to flow into …	[tə fləʊ 'ɪntʊ]
afluente (m)	tributary	['trɪbjʊtrɪ]
margem (do rio)	bank	[bæŋk]
corrente (f)	current, stream	['kʌrənt], [striːm]
rio abaixo	downstream	['daʊnˌstriːm]
rio acima	upstream	[ˌʌp'striːm]
inundação (f)	inundation	[ˌɪnʌn'deɪʃən]
cheia (f)	flooding	['flʌdɪŋ]
transbordar (vi)	to overflow (vi)	[tə ˌəʊvə'fləʊ]
inundar (vt)	to flood (vt)	[tə flʌd]
banco (m) de areia	shallow	['ʃæləʊ]
rápidos (m pl)	rapids	['ræpɪdz]
barragem (f)	dam	[dæm]
canal (m)	canal	[kə'næl]
reservatório (m) de água	reservoir	['rezəvwɑː(r)]
eclusa (f)	sluice, lock	[sluːs], [lɒk]
corpo (m) de água	water body	['wɔːtə 'bɒdɪ]

pântano (m)	swamp	[swɒmp]
tremedal (m)	bog, marsh	[bɒg], [mɑːʃ]
remoinho (m)	whirlpool	['wɜːlpuːl]

arroio, regato (m)	stream	[striːm]
potável	drinking	['drɪŋkɪŋ]
doce (água)	fresh	[freʃ]

| gelo (m) | ice | [aɪs] |
| congelar-se (vr) | to freeze over | [tə friːz 'əʊvə(r)] |

203. Nomes de rios

| rio Sena (m) | Seine | [seɪn] |
| rio Loire (m) | Loire | [lwɑːr] |

rio Tamisa (m)	Thames	[temz]
rio Reno (m)	Rhine	[raɪn]
rio Danúbio (m)	Danube	['dænjuːb]

rio Volga (m)	Volga	['vɒlgə]
rio Don (m)	Don	[dɒn]
rio Lena (m)	Lena	['leɪnə]

rio Amarelo (m)	Yellow River	[ˌjeləʊ 'rɪvə(r)]
rio Yangtzé (m)	Yangtze	['jæŋtsɪ]
rio Mekong (m)	Mekong	['miːkɒŋ]
rio Ganges (m)	Ganges	['gændʒiːz]

rio Nilo (m)	Nile River	[naɪl 'rɪvə(r)]
rio Congo (m)	Congo	['kɒŋgəʊ]
rio Cubango (m)	Okavango	[ˌɔkə'væŋgəʊ]
rio Zambeze (m)	Zambezi	[zæm'biːzɪ]
rio Limpopo (m)	Limpopo	[lɪm'pəʊpəʊ]

204. Floresta

| floresta (f), bosque (m) | forest, wood | ['fɒrɪst], [wʊd] |
| florestal | forest | ['fɒrɪst] |

mata (f) cerrada	thick forest	[θɪk 'fɒrɪst]
arvoredo (m)	grove	[grəʊv]
clareira (f)	clearing	['klɪərɪŋ]

| matagal (m) | thicket | ['θɪkɪt] |
| mato (m) | scrubland | ['skrʌblænd] |

| vereda (f) | footpath | ['fʊtpɑːθ] |
| ravina (f) | gully | ['gʌlɪ] |

| árvore (f) | tree | [triː] |
| folha (f) | leaf | [liːf] |

folhagem (f)	leaves	[liːvz]
queda (f) das folhas	fall of leaves	[fɔːl əv liːvz]
cair (vi)	to fall (vi)	[tə fɔːl]
topo (m)	top	[tɒp]

ramo (m)	branch	[brɑːntʃ]
galho (m)	bough	[baʊ]
botão, rebento (m)	bud	[bʌd]
agulha (f)	needle	[ˈniːdəl]
pinha (f)	pine cone	[paɪn kəʊn]

buraco (m) de árvore	tree hollow	[triː ˈhɒləʊ]
ninho (m)	nest	[nest]
toca (f)	burrow, animal hole	[ˈbʌrəʊ], [ˈænɪməl həʊl]

tronco (m)	trunk	[trʌŋk]
raiz (f)	root	[ruːt]
casca (f) de árvore	bark	[bɑːk]
musgo (m)	moss	[mɒs]

arrancar pela raiz	to uproot (vt)	[tə ˌʌpˈruːt]
cortar (vt)	to chop down	[tə tʃɒp daʊn]
desflorestar (vt)	to deforest (vt)	[tə ˌdiːˈfɒrɪst]
toco, cepo (m)	tree stump	[triː stʌmp]

fogueira (f)	campfire	[ˈkæmpˌfaɪə(r)]
incêndio (m) florestal	forest fire	[ˈfɒrɪst ˈfaɪə(r)]
apagar (vt)	to extinguish (vt)	[tə ɪkˈstɪŋgwɪʃ]

guarda-florestal (m)	forest ranger	[ˈfɒrɪst ˈreɪndʒə]
proteção (f)	protection	[prəˈtekʃən]
proteger (a natureza)	to protect (vt)	[tə prəˈtekt]
caçador (m) furtivo	poacher	[ˈpəʊtʃə(r)]
armadilha (f)	steel trap	[stiːl træp]

| colher (cogumelos, bagas) | to gather, to pick (vt) | [tə ˈgæðə(r)], [tə pɪk] |
| perder-se (vr) | to lose one's way | [tə luːz wʌnz weɪ] |

205. Recursos naturais

recursos (m pl) naturais	natural resources	[ˈnætʃərəl rɪˈsɔːsɪz]
minerais (m pl)	minerals	[ˈmɪnərəlz]
depósitos (m pl)	deposits	[dɪˈpɒzɪts]
jazida (f)	field	[fiːld]

extrair (vt)	to mine (vt)	[tə maɪn]
extração (f)	mining	[ˈmaɪnɪŋ]
minério (m)	ore	[ɔː(r)]
mina (f)	mine	[maɪn]
poço (m) de mina	shaft	[ʃɑːft]
mineiro (m)	miner	[ˈmaɪnə(r)]

| gás (m) | gas | [gæs] |
| gasoduto (m) | gas pipeline | [gæs ˈpaɪplaɪn] |

petróleo (m)	oil, petroleum	[ɔɪl], [pɪ'trəʊlɪəm]
oleoduto (m)	oil pipeline	[ɔɪl 'paɪplaɪn]
poço (m) de petróleo	oil well	[ɔɪl wel]
torre (f) petrolífera	derrick	['derɪk]
petroleiro (m)	tanker	['tæŋkə(r)]

areia (f)	sand	[sænd]
calcário (m)	limestone	['laɪmstəʊn]
cascalho (m)	gravel	['grævəl]
turfa (f)	peat	[pi:t]
argila (f)	clay	[kleɪ]
carvão (m)	coal	[kəʊl]

ferro (m)	iron	['aɪrən]
ouro (m)	gold	[gəʊld]
prata (f)	silver	['sɪlvə(r)]
níquel (m)	nickel	['nɪkəl]
cobre (m)	copper	['kɒpə(r)]

zinco (m)	zinc	[zɪŋk]
manganês (m)	manganese	['mæŋgəni:z]
mercúrio (m)	mercury	['mɜ:kjʊrɪ]
chumbo (m)	lead	[led]

mineral (m)	mineral	['mɪnərəl]
cristal (m)	crystal	['krɪstəl]
mármore (m)	marble	['mɑ:bəl]
urânio (m)	uranium	[jʊ'reɪnjəm]

A Terra. Parte 2

206. Tempo

tempo (m)	weather	['weðə(r)]
previsão (f) do tempo	weather forecast	['weðə 'fɔ:kɑ:st]
temperatura (f)	temperature	['temprətʃə(r)]
termómetro (m)	thermometer	[θə'mɒmɪtə(r)]
barómetro (m)	barometer	[bə'rɒmɪtə(r)]
húmido	humid	['hju:mɪd]
humidade (f)	humidity	[hju:'mɪdətɪ]
calor (m)	heat	[hi:t]
cálido	hot, torrid	[hɒt], ['tɒrɪd]
está muito calor	it's hot	[ɪts hɒt]
está calor	it's warm	[ɪts wɔ:m]
quente	warm	[wɔ:m]
está frio	it's cold	[ɪts kəʊld]
frio	cold	[kəʊld]
sol (m)	sun	[sʌn]
brilhar (vi)	to shine (vi)	[tə ʃaɪn]
de sol, ensolarado	sunny	['sʌnɪ]
nascer (vi)	to come up (vi)	[tə kʌm ʌp]
pôr-se (vr)	to set (vi)	[tə set]
nuvem (f)	cloud	[klaʊd]
nublado	cloudy	['klaʊdɪ]
nuvem (f) preta	rain cloud	[reɪn klaʊd]
escuro, cinzento	somber	['sɒmbə(r)]
chuva (f)	rain	[reɪn]
está a chover	it's raining	[ɪts 'reɪnɪŋ]
chuvoso	rainy	['reɪnɪ]
chuviscar (vi)	to drizzle (vi)	[tə 'drɪzəl]
chuva (f) torrencial	pouring rain	['pɔ:rɪŋ reɪn]
chuvada (f)	downpour	['daʊnpɔ:(r)]
forte (chuva)	heavy	['hevɪ]
poça (f)	puddle	['pʌdəl]
molhar-se (vr)	to get wet	[tə get wet]
nevoeiro (m)	fog, mist	[fɒg], [mɪst]
de nevoeiro	foggy	['fɒgɪ]
neve (f)	snow	[snəʊ]
está a nevar	it's snowing	[ɪts snəʊɪŋ]

207. Tempo extremo. Catástrofes naturais

trovoada (f)	thunderstorm	['θʌndəstɔ:m]
relâmpago (m)	lightning	['laɪtnɪŋ]
relampejar (vi)	to flash (vi)	[tə flæʃ]
trovão (m)	thunder	['θʌndə(r)]
trovejar (vi)	to thunder (vi)	[tə 'θʌndə(r)]
está a trovejar	it's thundering	[ɪts 'θʌndərɪŋ]
granizo (m)	hail	[heɪl]
está a cair granizo	it's hailing	[ɪts heɪlɪŋ]
inundar (vt)	to flood (vt)	[tə flʌd]
inundação (f)	flood	[flʌd]
terremoto (m)	earthquake	['ɜ:θkweɪk]
abalo, tremor (m)	tremor, shock	['tremə(r)], [ʃɒk]
epicentro (m)	epicenter	['epɪsentə(r)]
erupção (f)	eruption	[ɪ'rʌpʃən]
lava (f)	lava	['lɑ:və]
turbilhão (m)	twister	['twɪstə(r)]
tornado (m)	tornado	[tɔ:'neɪdəʊ]
tufão (m)	typhoon	[taɪ'fu:n]
furacão (m)	hurricane	['hʌrɪkən]
tempestade (f)	storm	[stɔ:m]
tsunami (m)	tsunami	[tsu:'nɑ:mɪ]
ciclone (m)	cyclone	['saɪkləʊn]
mau tempo (m)	bad weather	[bæd 'weðə(r)]
incêndio (m)	fire	['faɪə(r)]
catástrofe (f)	disaster	[dɪ'zɑ:stə(r)]
meteorito (m)	meteorite	['mi:tjəraɪt]
avalanche (f)	avalanche	['ævəlɑ:nʃ]
deslizamento (m) de neve	snowslide	['snəʊslaɪd]
nevasca (f)	blizzard	['blɪzəd]
tempestade (f) de neve	snowstorm	['snəʊstɔ:m]

208. Ruídos. Sons

silêncio (m)	quiet, silence	['kwaɪət], ['saɪləns]
som (m)	sound	[saʊnd]
ruído, barulho (m)	noise	[nɔɪz]
fazer barulho	to make noise	[tə ˌmeɪk 'nɔɪz]
ruidoso, barulhento	noisy	['nɔɪzɪ]
alto (adv)	loudly	['laʊdlɪ]
alto (adj)	loud	[laʊd]
constante (ruído, etc.)	constant	['kɒnstənt]

grito (m)	cry, shout	[kraɪ], [ʃaʊt]
gritar (vi)	to cry, to shout (vi)	[tə kraɪ], [tə ʃaʊt]
sussurro (m)	whisper	['wɪspə(r)]
sussurrar (vt)	to whisper (vi, vt)	[tə 'wɪspə(r)]

| latido (m) | barking | ['bɑːkɪŋ] |
| latir (vi) | to bark (vi) | [tə bɑːk] |

gemido (m)	groan	[grəʊn]
gemer (vi)	to groan (vi)	[tə grəʊn]
tosse (f)	cough	[kɒf]
tossir (vi)	to cough (vi)	[tə kɒf]

assobio (m)	whistle	['wɪsəl]
assobiar (vi)	to whistle (vi)	[tə 'wɪsəl]
batida (f)	knock	[nɒk]
bater (vi)	to knock (vi)	[tə nɒk]

| estalar (vi) | to crack (vi) | [tə kræk] |
| estalido (m) | crack | [kræk] |

sirene (f)	siren	['saɪərən]
apito (m)	whistle	['wɪsəl]
apitar (vi)	to whistle (vi)	[tə 'wɪsəl]
buzina (f)	honk	[hɒŋk]
buzinar (vi)	to honk (vi)	[tə hɒŋk]

209. Inverno

inverno (m)	winter	['wɪntə(r)]
de inverno	winter	['wɪntə(r)]
no inverno	in winter	[ɪn 'wɪntə(r)]

neve (f)	snow	[snəʊ]
está a nevar	it's snowing	[ɪts snəʊɪŋ]
queda (f) de neve	snowfall	['snəʊfɔːl]
amontoado (m) de neve	snowdrift	['snəʊdrɪft]

floco (m) de neve	snowflake	['snəʊfleɪk]
bola (f) de neve	snowball	['snəʊbɔːl]
boneco (m) de neve	snowman	['snəʊmæn]
sincelo (m)	icicle	['aɪsɪkəl]

dezembro (m)	December	[dɪ'sembə(r)]
janeiro (m)	January	['dʒænjʊərɪ]
fevereiro (m)	February	['februərɪ]

| gelo (m) | frost | [frɒst] |
| gelado, glacial | frosty | ['frɒstɪ] |

abaixo de zero	below zero	[bɪ'ləʊ 'zɪərəʊ]
geada (f)	first frost	[fɜːst frɒst]
geada (f) branca	hoarfrost	['hɔːˌfrɒst]
frio (m)	cold	[kəʊld]

está frio	it's cold	[ɪts kəʊld]
casaco (m) de peles	fur coat	['fɜːˌkəʊt]
mitenes (f pl)	mittens	['mɪtənz]
adoecer (vi)	to get sick	[tə get sɪk]
constipação (f)	cold	[kəʊld]
constipar-se (vr)	to catch a cold	[tə kætʃ ə 'kəʊld]
gelo (m)	ice	[aɪs]
gelo (m) na estrada	black ice	[blæk 'aɪs]
congelar-se (vr)	to freeze over	[tə friːz 'əʊvə(r)]
bloco (m) de gelo	ice floe	['aɪs fləʊ]
esqui (m)	skis	[skiːz]
esquiador (m)	skier	['skiːə(r)]
esquiar (vi)	to ski (vi)	[tə skiː]
patinar (vi)	to skate (vi)	[tə skeɪt]

Fauna

210. Mamíferos. Predadores

predador (m)	predator	['predətə(r)]
tigre (m)	tiger	['taɪgə(r)]
leão (m)	lion	['laɪən]
lobo (m)	wolf	[wʊlf]
raposa (f)	fox	[fɒks]
jaguar (m)	jaguar	['dʒægjʊə(r)]
leopardo (m)	leopard	['lepəd]
chita (f)	cheetah	['tʃiːtə]
pantera (f)	black panther	[blæk 'pænθə(r)]
puma (m)	puma	['pjuːmə]
leopardo-das-neves (m)	snow leopard	[snəʊ 'lepəd]
lince (m)	lynx	[lɪnks]
coiote (m)	coyote	[kɔɪ'əʊtɪ]
chacal (m)	jackal	['dʒækəl]
hiena (f)	hyena	[haɪ'iːnə]

211. Animais selvagens

animal (m)	animal	['ænɪməl]
besta (f)	beast	[biːst]
esquilo (m)	squirrel	['skwɜːrəl]
ouriço (m)	hedgehog	['hedʒhɒg]
lebre (f)	hare	[heə(r)]
coelho (m)	rabbit	['ræbɪt]
texugo (m)	badger	['bædʒə(r)]
guaxinim (m)	raccoon	[rə'kuːn]
hamster (m)	hamster	['hæmstə(r)]
marmota (f)	marmot	['mɑːmət]
toupeira (f)	mole	[məʊl]
rato (m)	mouse	[maʊs]
ratazana (f)	rat	[ræt]
morcego (m)	bat	[bæt]
arminho (m)	ermine	['ɜːmɪn]
zibelina (f)	sable	['seɪbəl]
marta (f)	marten	['mɑːtɪn]
doninha (f)	weasel	['wiːzəl]
vison (m)	mink	[mɪŋk]

| castor (m) | beaver | ['bi:və(r)] |
| lontra (f) | otter | ['ɒtə(r)] |

cavalo (m)	horse	[hɔ:s]
alce (m)	moose	[mu:s]
veado (m)	deer	[dɪə(r)]
camelo (m)	camel	['kæməl]

bisão (m)	bison	['baɪsən]
auroque (m)	wisent	['wi:zənt]
búfalo (m)	buffalo	['bʌfələʊ]

zebra (f)	zebra	['zi:brə]
antílope (m)	antelope	['æntɪləʊp]
corça (f)	roe deer	[rəʊ dɪə(r)]
gamo (m)	fallow deer	['fæləʊ dɪə(r)]
camurça (f)	chamois	['ʃæmwɑ:]
javali (m)	wild boar	[ˌwaɪld 'bɔ:(r)]

baleia (f)	whale	[weɪl]
foca (f)	seal	[si:l]
morsa (f)	walrus	['wɔ:lrəs]
urso-marinho (m)	fur seal	['fɜ:ˌsi:l]
golfinho (m)	dolphin	['dɒlfɪn]

urso (m)	bear	[beə]
urso (m) branco	polar bear	['pəʊlə ˌbeə(r)]
panda (m)	panda	['pændə]

macaco (em geral)	monkey	['mʌŋkɪ]
chimpanzé (m)	chimpanzee	[ˌtʃɪmpæn'zi:]
orangotango (m)	orangutan	[ɒˌræŋu:'tæn]
gorila (m)	gorilla	[gə'rɪlə]
macaco (m)	macaque	[mə'kɑ:k]
gibão (m)	gibbon	['gɪbən]

elefante (m)	elephant	['elɪfənt]
rinoceronte (m)	rhinoceros	[raɪ'nɒsərəs]
girafa (f)	giraffe	[dʒɪ'rɑ:f]
hipopótamo (m)	hippopotamus	[ˌhɪpə'pɒtəməs]

| canguru (m) | kangaroo | [ˌkæŋgə'ru:] |
| coala (m) | koala | [kəʊ'ɑ:lə] |

mangusto (m)	mongoose	['mɒŋgu:s]
chinchila (m)	chinchilla	[ˌtʃɪn'tʃɪlə]
doninha-fedorenta (f)	skunk	[skʌŋk]
porco-espinho (m)	porcupine	['pɔ:kjʊpaɪn]

212. Animais domésticos

gata (f)	cat	[kæt]
gato (m) macho	tomcat	['tɒmkæt]
cão (m)	dog	[dɒg]

cavalo (m)	horse	[hɔːs]
garanhão (m)	stallion	['stælɪən]
égua (f)	mare	[meə(r)]

vaca (f)	cow	[kaʊ]
touro (m)	bull	[bʊl]
boi (m)	ox	[ɒks]

ovelha (f)	sheep	[ʃiːp]
carneiro (m)	ram	[ræm]
cabra (f)	goat	[gəʊt]
bode (m)	he-goat	['hiː gəʊt]

| burro (m) | donkey | ['dɒŋkɪ] |
| mula (f) | mule | [mjuːl] |

porco (m)	pig, hog	[pɪg], [hɒg]
leitão (m)	piglet	['pɪglɪt]
coelho (m)	rabbit	['ræbɪt]

| galinha (f) | hen | [hen] |
| galo (m) | rooster | ['ruːstə(r)] |

pata (f)	duck	[dʌk]
pato (macho)	drake	[dreɪk]
ganso (m)	goose	[guːs]

| peru (m) | tom turkey, gobbler | [tɒm 'tɜːkɪ], ['gɒblə(r)] |
| perua (f) | turkey | ['tɜːkɪ] |

animais (m pl) domésticos	domestic animals	[də'mestɪk 'ænɪməlz]
domesticado	tame	[teɪm]
domesticar (vt)	to tame (vt)	[tə teɪm]
criar (vt)	to breed (vt)	[tə briːd]

quinta (f)	farm	[fɑːm]
aves (f pl) domésticas	poultry	['pəʊltrɪ]
gado (m)	cattle	['kætəl]
rebanho (m), manada (f)	herd	[hɜːd]

estábulo (m)	stable	['steɪbəl]
pocilga (f)	pigpen	['pɪgpen]
estábulo (m)	cowshed	['kaʊʃed]
coelheira (f)	rabbit hutch	['ræbɪt ˌhʌtʃ]
galinheiro (m)	hen house	['henˌhaʊs]

213. Cães. Raças de cães

cão (m)	dog	[dɒg]
cão pastor (m)	sheepdog	['ʃiːpdɒg]
pastor-alemão (m)	German shepherd	['dʒɜːmən 'ʃepəd]
caniche (m)	poodle	['puːdəl]
teckel (m)	dachshund	['dækshʊnd]
buldogue (m)	bulldog	['bʊldɒg]

boxer (m)	boxer	['bɒksə(r)]
mastim (m)	mastiff	['mæstɪf]
rottweiler (m)	Rottweiler	['rɒt͵vaɪlə(r)]
dobermann (m)	Doberman	['dəʋbəmən]
basset (m)	basset	['bæsɪt]
pastor inglês (m)	bobtail	['bɒbteɪl]
dálmata (m)	Dalmatian	[dæl'meɪʃən]
cocker spaniel (m)	cocker spaniel	['kɒkə 'spænjəl]
terra-nova (m)	Newfoundland	['nju:fəndlənd]
são-bernardo (m)	Saint Bernard	[seɪnt 'bɜ:nəd]
husky (m)	husky	['hʌskɪ]
Chow-chow (m)	Chow Chow	[ʧaʋ ʧaʋ]
spitz alemão (m)	spitz	[spɪts]
carlindogue (m)	pug	[pʌg]

214. Sons produzidos pelos animais

latido (m)	barking	['bɑ:kɪŋ]
latir (vi)	to bark (vi)	[tə bɑ:k]
miar (vi)	to meow (vi)	[tə mi:'aʋ]
ronronar (vi)	to purr (vi)	[tə pɜ:(r)]
mugir (vaca)	to moo (vi)	[tə mu:]
bramir (touro)	to bellow (vi)	[tə 'beləʋ]
rosnar (vi)	to growl (vi)	[tə graʋl]
uivo (m)	howl	[haʋl]
uivar (vi)	to howl (vi)	[tə haʋl]
ganir (vi)	to whine (vi)	[tə waɪn]
balir (vi)	to bleat (vi)	[tə bli:t]
grunhir (porco)	to grunt (vi)	[tə grʌnt]
guinchar (vi)	to squeal (vi)	[tə skwi:l]
coaxar (sapo)	to croak (vi)	[tə krəʋk]
zumbir (inseto)	to buzz (vi)	[tə bʌz]
estridular, ziziar (vi)	to chirp (vi)	[tə ʧɜ:p]

215. Animais jovens

cria (f), filhote (m)	cub	[kʌb]
gatinho (m)	kitten	['kɪtən]
ratinho (m)	baby mouse	['beɪbɪ maʋs]
cãozinho (m)	puppy	['pʌpɪ]
filhote (m) de lebre	leveret	['levərɪt]
coelhinho (m)	baby rabbit	['beɪbɪ 'ræbɪt]
lobinho (m)	wolf cub	['wʋlf kʌb]
raposinho (m)	fox cub	[fɒks kʌb]

ursinho (m)	bear cub	[beə kʌb]
leãozinho (m)	lion cub	['laɪən kʌb]
filhote (m) de tigre	tiger cub	['taɪgə kʌb]
filhote (m) de elefante	elephant calf	['elɪfənt 'kɑ:f]

leitão (m)	piglet	['pɪglɪt]
bezerro (m)	calf	[kɑ:f]
cabrito (m)	kid	[kɪd]
cordeiro (m)	lamb	[læm]
cria (f) de veado	fawn	[fɔ:n]
cria (f) de camelo	young camel	[jʌŋ 'kæməl]

filhote (m) de serpente	baby snake	['beɪbɪ sneɪk]
cria (f) de rã	baby frog	['beɪbɪ frɒg]

cria (f) de ave	baby bird	['beɪbɪ bɜ:d]
pinto (m)	chick	[tʃɪk]
patinho (m)	duckling	['dʌklɪŋ]

216. Pássaros

pássaro (m), ave (f)	bird	[bɜ:d]
pombo (m)	pigeon	['pɪdʒɪn]
pardal (m)	sparrow	['spærəʊ]
chapim-real (m)	tit	[tɪt]
pega-rabuda (f)	magpie	['mægpaɪ]

corvo (m)	raven	['reɪvən]
gralha (f) cinzenta	crow	[krəʊ]
gralha-de-nuca-cinzenta (f)	jackdaw	['dʒækdɔ:]
gralha-calva (f)	rook	[rʊk]

pato (m)	duck	[dʌk]
ganso (m)	goose	[gu:s]
faisão (m)	pheasant	['fezənt]

águia (f)	eagle	['i:gəl]
açor (m)	hawk	[hɔ:k]
falcão (m)	falcon	['fɔ:lkən]
abutre (m)	vulture	['vʌltʃə]
condor (m)	condor	['kɒndɔ:(r)]

cisne (m)	swan	[swɒn]
grou (m)	crane	[kreɪn]
cegonha (f)	stork	[stɔ:k]

papagaio (m)	parrot	['pærət]
beija-flor (m)	hummingbird	['hʌmɪŋˌbɜ:d]
pavão (m)	peacock	['pi:kɒk]

avestruz (m)	ostrich	['ɒstrɪtʃ]
garça (f)	heron	['herən]
flamingo (m)	flamingo	[fləˈmɪŋgəʊ]
pelicano (m)	pelican	['pelɪkən]

rouxinol (m)	**nightingale**	['naɪtɪŋgeɪl]
andorinha (f)	**swallow**	['swɒləʊ]
tordo-zornal (m)	**thrush**	[θrʌʃ]
tordo-músico (m)	**song thrush**	[sɒŋ θrʌʃ]
melro-preto (m)	**blackbird**	['blæk‚bɜːd]
andorinhão (m)	**swift**	[swɪft]
cotovia (f)	**lark**	[lɑːk]
codorna (f)	**quail**	[kweɪl]
pica-pau (m)	**woodpecker**	['wʊd‚pekə(r)]
cuco (m)	**cuckoo**	['kʊkuː]
coruja (f)	**owl**	[aʊl]
corujão, bufo (m)	**eagle owl**	['iːgəl aʊl]
tetraz-grande (m)	**wood grouse**	[wʊd graʊs]
tetraz-lira (m)	**black grouse**	[blæk graʊs]
perdiz-cinzenta (f)	**partridge**	['pɑːtrɪdʒ]
estorninho (m)	**starling**	['stɑːlɪŋ]
canário (m)	**canary**	[kə'neərɪ]
galinha-do-mato (f)	**hazel grouse**	['heɪzəl graʊs]
tentilhão (m)	**chaffinch**	['tʃæfɪntʃ]
dom-fafe (m)	**bullfinch**	['bʊlfɪntʃ]
gaivota (f)	**seagull**	['siːgʌl]
albatroz (m)	**albatross**	['ælbətrɒs]
pinguim (m)	**penguin**	['peŋgwɪn]

217. Pássaros. Canto e sons

cantar (vi)	**to sing** (vi)	[tə sɪŋ]
gritar (vi)	**to call** (vi)	[tə kɔːl]
cantar (o galo)	**to crow** (vi)	[tə krəʊ]
cocorocó (m)	**cock-a-doodle-doo**	[‚kɒkəduː‚del'duː]
cacarejar (vi)	**to cluck** (vi)	[tə klʌk]
crocitar (vi)	**to caw** (vi)	[tə kɔː]
grasnar (vi)	**to quack** (vi)	[tə kwæk]
piar (vi)	**to cheep** (vi)	[tə tʃiːp]
chilrear, gorjear (vi)	**to chirp, to twitter**	[tə tʃɜːp], [tə 'twɪtə(r)]

218. Peixes. Animais marinhos

brema (f)	**bream**	[briːm]
carpa (f)	**carp**	[kɑːp]
perca (f)	**perch**	[pɜːtʃ]
siluro (m)	**catfish**	['kætfɪʃ]
lúcio (m)	**pike**	[paɪk]
salmão (m)	**salmon**	['sæmən]
esturjão (m)	**sturgeon**	['stɜːdʒən]

arenque (m)	herring	['herɪŋ]
salmão (m)	Atlantic salmon	[ət'læntɪk 'sæmən]
cavala, sarda (f)	mackerel	['mækərəl]
solha (f)	flatfish	['flætfɪʃ]

lúcio perca (m)	pike perch	[paɪk pɜ:tʃ]
bacalhau (m)	cod	[kɒd]
atum (m)	tuna	['tu:nə]
truta (f)	trout	[traʊt]

enguia (f)	eel	[i:l]
raia elétrica (f)	electric ray	[ɪ'lektrɪk reɪ]
moreia (f)	moray eel	['mɒreɪ i:l]
piranha (f)	piranha	[pɪ'rɑ:nə]

tubarão (m)	shark	[ʃɑ:k]
golfinho (m)	dolphin	['dɒlfɪn]
baleia (f)	whale	[weɪl]

caranguejo (m)	crab	[kræb]
medusa, alforreca (f)	jellyfish	['dʒelɪfɪʃ]
polvo (m)	octopus	['ɒktəpəs]

estrela-do-mar (f)	starfish	['stɑ:fɪʃ]
ouriço-do-mar (m)	sea urchin	[si: 'ɜ:tʃɪn]
cavalo-marinho (m)	seahorse	['si:hɔ:s]

ostra (f)	oyster	['ɔɪstə(r)]
camarão (m)	shrimp	[ʃrɪmp]
lavagante (m)	lobster	['lɒbstə(r)]
lagosta (f)	spiny lobster	['spaɪnɪ 'lɒbstə(r)]

219. Amfíbios. Répteis

| serpente, cobra (f) | snake | [sneɪk] |
| venenoso | venomous | ['venəməs] |

víbora (f)	viper	['vaɪpə(r)]
cobra-capelo, naja (f)	cobra	['kəubrə]
pitão (m)	python	['paɪθən]
jiboia (f)	boa	['bəuə]

cobra-de-água (f)	grass snake	['grɑ:sˌsneɪk]
cascavel (f)	rattle snake	['rætəl sneɪk]
anaconda (f)	anaconda	[ænə'kɒndə]

lagarto (m)	lizard	['lɪzəd]
iguana (f)	iguana	[ɪ'gwɑ:nə]
varano (m)	monitor lizard	['mɒnɪtə 'lɪzəd]
salamandra (f)	salamander	['sælə ˌmændə(r)]
camaleão (m)	chameleon	[kə'mi:lɪən]
escorpião (m)	scorpion	['skɔ:pɪən]
tartaruga (f)	turtle	['tɜ:təl]
rã (f)	frog	[frɒg]

sapo (m)	**toad**	[təʊd]
crocodilo (m)	**crocodile**	['krɒkədaɪl]

220. Insetos

inseto (m)	**insect, bug**	['ɪnsekt], [bʌg]
borboleta (f)	**butterfly**	['bʌtəflaɪ]
formiga (f)	**ant**	[ænt]
mosca (f)	**fly**	[flaɪ]
mosquito (m)	**mosquito**	[mə'skiːtəʊ]
escaravelho (m)	**beetle**	['biːtəl]
vespa (f)	**wasp**	[wɒsp]
abelha (f)	**bee**	[biː]
mamangava (f)	**bumblebee**	['bʌmbəlbiː]
moscardo (m)	**gadfly**	['gædflaɪ]
aranha (f)	**spider**	['spaɪdə(r)]
teia (f) de aranha	**spiderweb**	['spaɪdəweb]
libélula (f)	**dragonfly**	['drægənflaɪ]
gafanhoto-do-campo (m)	**grasshopper**	['grɑːs,hɒpə(r)]
traça (f)	**moth**	[mɒθ]
barata (f)	**cockroach**	['kɒkrəʊʧ]
carraça (f)	**tick**	[tɪk]
pulga (f)	**flea**	[fliː]
borrachudo (m)	**midge**	[mɪdʒ]
gafanhoto (m)	**locust**	['ləʊkəst]
caracol (m)	**snail**	[sneɪl]
grilo (m)	**cricket**	['krɪkɪt]
pirilampo (m)	**lightning bug**	['laɪtnɪŋ bʌg]
joaninha (f)	**ladybug**	['leɪdɪbʌg]
besouro (m)	**cockchafer**	['kɒk,ʧeɪfə(r)]
sanguessuga (f)	**leech**	[liːʧ]
lagarta (f)	**caterpillar**	['kætəpɪlə(r)]
minhoca (f)	**earthworm**	['ɜːθwɜːm]
larva (f)	**larva**	['lɑːvə]

221. Animais. Partes do corpo

bico (m)	**beak**	[biːk]
asas (f pl)	**wings**	[wɪŋz]
pata (f)	**foot**	[fʊt]
plumagem (f)	**feathers**	['feðəz]
pena, pluma (f)	**feather**	['feðə(r)]
crista (f)	**crest**	[krest]
brânquias, guelras (f pl)	**gills**	[dʒɪls]
ovas (f pl)	**spawn**	[spɔːn]

larva (f)	larva	['lɑ:və]
barbatana (f)	fin	[fɪn]
escama (f)	scales	[skeɪlz]

canino (m)	fang	[fæŋ]
pata (f)	paw	[pɔ:]
focinho (m)	muzzle	['mʌzəl]
boca (f)	maw	[mɔ:]
cauda (f), rabo (m)	tail	[teɪl]
bigodes (m pl)	whiskers	['wɪskəz]

| casco (m) | hoof | [hu:f] |
| corno (m) | horn | [hɔ:n] |

carapaça (f)	carapace	['kærəpeɪs]
concha (f)	shell	[ʃel]
casca (f) de ovo	shell	[ʃel]

| pelo (m) | hair | [heə(r)] |
| pele (f), couro (m) | pelt | [pelt] |

222. Ações dos animais

| voar (vi) | to fly (vi) | [tə flaɪ] |
| dar voltas | to fly in circles | [tə flaɪ ɪn 'sɜ:kəlz] |

| voar (para longe) | to fly away | [tə flaɪ ə'weɪ] |
| bater as asas | to flap the wings | [tə flæp ðə wɪŋz] |

| bicar (vi) | to peck (vi) | [tə pek] |
| incubar (vt) | to sit on eggs | [tə sɪt ɒn egz] |

| sair do ovo | to hatch out (vi) | [tə hætʃ aʊt] |
| fazer o ninho | to build a nest | [tə bɪld ə nest] |

rastejar (vi)	to slither, to crawl (vi)	[tə 'slɪðə(r)], [tə krɔ:l]
picar (vt)	to sting, to bite	[tə stɪŋ], [tə baɪt]
morder (vt)	to bite (vt)	[tə baɪt]

cheirar (vt)	to sniff (vt)	[tə snɪf]
latir (vi)	to bark (vi)	[tə bɑ:k]
silvar (vi)	to hiss (vi)	[tə hɪs]

| assustar (vt) | to scare (vt) | [tə skeə(r)] |
| atacar (vt) | to attack (vt) | [tə ə'tæk] |

roer (vt)	to gnaw (vt)	[tə nɔ:]
arranhar (vt)	to scratch (vt)	[tə skrætʃ]
esconder-se (vr)	to hide (vi)	[tə haɪd]

brincar (vi)	to play (vi)	[tə pleɪ]
caçar (vi)	to hunt (vi, vt)	[tə hʌnt]
hibernar (vi)	to hibernate (vi)	[tə 'haɪbəneɪt]
extinguir-se (vr)	to go extinct	[tə gəʊ ɪk'stɪŋkt]

223. Animais. Habitats

hábitat	**habitat**	['hæbɪtæt]
migração (f)	**migration**	[maɪ'greɪʃən]
montanha (f)	**mountain**	['maʊntɪn]
recife (m)	**reef**	[riːf]
falésia (f)	**cliff**	[klɪf]
floresta (f)	**forest**	['fɒrɪst]
selva (f)	**jungle**	['dʒʌŋgəl]
savana (f)	**savanna**	[sə'vænə]
tundra (f)	**tundra**	['tʌndrə]
estepe (f)	**steppe**	[step]
deserto (m)	**desert**	['dezət]
oásis (m)	**oasis**	[əʊ'eɪsɪs]
mar (m)	**sea**	[siː]
lago (m)	**lake**	[leɪk]
oceano (m)	**ocean**	['əʊʃən]
pântano (m)	**swamp**	[swɒmp]
de água doce	**freshwater**	['freʃˌwɔːtə(r)]
lagoa (f)	**pond**	[pɒnd]
rio (m)	**river**	['rɪvə(r)]
toca (f) do urso	**den**	[den]
ninho (m)	**nest**	[nest]
buraco (m) de árvore	**tree hollow**	[triː 'hɒləʊ]
toca (f)	**burrow**	['bʌrəʊ]
formigueiro (m)	**anthill**	['ænthɪl]

224. Cuidados com os animais

jardim (m) zoológico	**zoo**	[zuː]
reserva (f) natural	**nature preserve**	['neɪtʃə rɪ'zɜːv]
viveiro (m)	**breeder**	['briːdə(r)]
jaula (f) de ar livre	**open-air cage**	['əʊpən eə keɪdʒ]
jaula, gaiola (f)	**cage**	[keɪdʒ]
casinha (f) de cão	**doghouse**	['dɒghaʊs]
pombal (m)	**dovecot**	['dʌvkɒt]
aquário (m)	**fish tank**	[fɪʃ tæŋk]
delfinário (m)	**dolphinarium**	[ˌdɒlfɪ'neərɪəm]
criar (vt)	**to breed** (vt)	[tə briːd]
ninhada (f)	**brood, litter**	[bruːd], ['lɪtə(r)]
domesticar (vt)	**to tame** (vt)	[tə teɪm]
adestrar (vt)	**to train** (vt)	[tə treɪn]
ração (f)	**feed**	[fiːd]
alimentar (vt)	**to feed** (vt)	[tə fiːd]

loja (f) de animais	pet store	['pet stɔ:]
açaime (m)	muzzle	['mʌzəl]
coleira (f)	collar	['kɒlə(r)]
nome (m)	name	[neɪm]
pedigree (m)	pedigree	['pedɪgri:]

225. Animais. Diversos

alcateia (f)	pack	[pæk]
bando (pássaros)	flock	[flɒk]
cardume (peixes)	shoal, school	[ʃəʊl], [sku:l]
manada (cavalos)	herd	[hɜ:d]

| macho (m) | male | [meɪl] |
| fêmea (f) | female | ['fi:meɪl] |

faminto	hungry	['hʌŋgrɪ]
selvagem	wild	[waɪld]
perigoso	dangerous	['deɪndʒərəs]

226. Cavalos

| cavalo (m) | horse | [hɔ:s] |
| raça (f) | breed | [bri:d] |

| potro (m) | foal | [fəʊl] |
| égua (f) | mare | [meə(r)] |

mustangue (m)	mustang	['mʌstæŋ]
pónei (m)	pony	['pəʊnɪ]
cavalo (m) de tiro	draft horse	[drɑ:ft hɔ:s]

| crina (f) | mane | [meɪn] |
| cauda (f) | tail | [teɪl] |

casco (m)	hoof	[hu:f]
ferradura (f)	horseshoe	['hɔ:sʃu:]
ferrar (vt)	to shoe (vt)	[tə ʃu:]
ferreiro (m)	blacksmith	['blæk͵smɪθ]

sela (f)	saddle	['sædəl]
estribo (m)	stirrup	['stɪrəp]
brida (f)	bridle	['braɪdəl]
rédeas (f pl)	reins	[reɪns]
chicote (m)	whip	[wɪp]

cavaleiro (m)	rider	['raɪdə(r)]
colocar sela	to saddle up (vt)	[tə 'sædəl ʌp]
montar no cavalo	to mount a horse	[tə maʊnt ə hɔ:s]

| galope (m) | gallop | ['gæləp] |
| galopar (vi) | to gallop (vi) | [tə 'gæləp] |

trote (m)	**trot**	[trɒt]
a trote	**at a trot**	[ət ə trɒt]
ir a trote	**to go at a trot**	[tə gəʊ ət ə trɒt]
cavalo (m) de corrida	**racehorse**	['reɪʃɔːs]
corridas (f pl)	**horse racing**	[hɔːs 'reɪsɪŋ]
estábulo (m)	**stable**	['steɪbəl]
alimentar (vt)	**to feed** (vt)	[tə fiːd]
feno (m)	**hay**	[heɪ]
dar água	**to water** (vt)	[tə 'wɔːtə(r)]
limpar (vt)	**to wash** (vt)	[tə wɒʃ]
carroça (f)	**horse-drawn cart**	[hɔːs drɔːn kɑːt]
pastar (vi)	**to graze** (vi)	[tə greɪz]
relinchar (vi)	**to neigh** (vi)	[tə neɪ]
dar um coice	**to kick** (vi)	[tə kɪk]

Flora

227. Árvores

árvore (f)	tree	[triː]
decídua	deciduous	[dɪˈsɪdjʊəs]
conífera	coniferous	[kəˈnɪfərəs]
perene	evergreen	[ˈevəgriːn]

macieira (f)	apple tree	[ˈæpəl ˌtriː]
pereira (f)	pear tree	[ˈpeə ˌtriː]
cerejeira (f)	sweet cherry tree	[swiːt ˈʧerɪ triː]
ginjeira (f)	sour cherry tree	[ˈsaʊə ˈʧerɪ triː]
ameixeira (f)	plum tree	[ˈplʌm triː]

bétula (f)	birch	[bɜːʧ]
carvalho (m)	oak	[əʊk]
tília (f)	linden tree	[ˈlɪndən triː]
choupo-tremedor (m)	aspen	[ˈæspən]
bordo (m)	maple	[ˈmeɪpəl]
espruce-europeu (m)	spruce	[spruːs]
pinheiro (m)	pine	[paɪn]
alerce, lariço (m)	larch	[lɑːʧ]
abeto (m)	fir	[fɜː(r)]
cedro (m)	cedar	[ˈsiːdə(r)]

choupo, álamo (m)	poplar	[ˈpɒplə(r)]
tramazeira (f)	rowan	[ˈrəʊən]
salgueiro (m)	willow	[ˈwɪləʊ]
amieiro (m)	alder	[ˈɔːldə(r)]
faia (f)	beech	[biːʧ]
ulmeiro (m)	elm	[elm]
freixo (m)	ash	[æʃ]
castanheiro (m)	chestnut	[ˈʧesnʌt]

magnólia (f)	magnolia	[mægˈnəʊlɪə]
palmeira (f)	palm tree	[pɑːm triː]
cipreste (m)	cypress	[ˈsaɪprəs]

mangue (m)	mangrove	[ˈmæŋgrəʊv]
embondeiro, baobá (m)	baobab	[ˈbeɪəʊˌbæb]
eucalipto (m)	eucalyptus	[ˌjuːkəˈlɪptəs]
sequoia (f)	sequoia	[sɪˈkwɔɪə]

228. Arbustos

arbusto (m)	bush	[bʊʃ]
arbusto (m), moita (f)	shrub	[ʃrʌb]

| videira (f) | grapevine | ['greɪpvaɪn] |
| vinhedo (m) | vineyard | ['vɪnjəd] |

framboeseira (f)	raspberry bush	['rɑːzbərɪ buʃ]
groselheira-vermelha (f)	redcurrant bush	['redkʌrənt buʃ]
groselheira (f) espinhosa	gooseberry bush	['guzbərɪ ˌbuʃ]

acácia (f)	acacia	[ə'keɪʃə]
bérberis (f)	barberry	['bɑːbərɪ]
jasmim (m)	jasmine	['dʒæzmɪn]

junípero (m)	juniper	['dʒuːnɪpə(r)]
roseira (f)	rosebush	['rəʊzbuʃ]
roseira (f) brava	dog rose	['dɒg ˌrəʊz]

229. Cogumelos

cogumelo (m)	mushroom	['mʌʃrʊm]
cogumelo (m) comestível	edible mushroom	['edɪbəl 'mʌʃrʊm]
cogumelo (m) venenoso	poisonous mushroom	['pɔɪzənəs 'mʌʃrʊm]
chapéu (m)	cap	[kæp]
pé, caule (m)	stipe	[staɪp]

boleto (m)	cep	[sep]
boleto (m) alaranjado	orange-cap boletus	['ɒrɪndʒ kæp bə'liːtəs]
míscaro (m) das bétulas	birch bolete	[bɜːtʃ bə'liːtə]
cantarela (f)	chanterelle	[ʃɒntə'rel]
rússula (f)	russula	['rʌsjʊlə]

morchella (f)	morel	[mə'rel]
agário-das-moscas (m)	fly agaric	[flaɪ 'ægərɪk]
cicuta (f) verde	death cap	['deθ ˌkæp]

230. Frutos. Bagas

fruta (f)	fruit	[fruːt]
frutas (f pl)	fruits	[fruːts]
maçã (f)	apple	['æpəl]
pera (f)	pear	[peə(r)]
ameixa (f)	plum	[plʌm]

morango (m)	strawberry	['strɔːbərɪ]
ginja (f)	sour cherry	['saʊə 'tʃerɪ]
cereja (f)	sweet cherry	[swiːt 'tʃerɪ]
uva (f)	grape	[greɪp]

framboesa (f)	raspberry	['rɑːzbərɪ]
groselha (f) preta	blackcurrant	[ˌblæk'kʌrənt]
groselha (f) vermelha	redcurrant	['redkʌrənt]
groselha (f) espinhosa	gooseberry	['guzbərɪ]
oxicoco (m)	cranberry	['krænbərɪ]
laranja (f)	orange	['ɒrɪndʒ]

tangerina (f)	mandarin	['mændərɪn]
ananás (m)	pineapple	['paɪnˌæpəl]
banana (f)	banana	[bə'nɑːnə]
tâmara (f)	date	[deɪt]

limão (m)	lemon	['lemən]
damasco (m)	apricot	['eɪprɪkɒt]
pêssego (m)	peach	[piːtʃ]
kiwi (m)	kiwi	['kiːwiː]
toranja (f)	grapefruit	['greɪpfruːt]

baga (f)	berry	['berɪ]
bagas (f pl)	berries	['berɪːz]
arando (m) vermelho	cowberry	['kaʊberɪ]
morango-silvestre (m)	wild strawberry	['waɪld 'strɔːberɪ]
mirtilo (m)	bilberry	['bɪlberɪ]

231. Flores. Plantas

| flor (f) | flower | ['flaʊə(r)] |
| ramo (m) de flores | bouquet | [bʊ'keɪ] |

rosa (f)	rose	[rəʊz]
tulipa (f)	tulip	['tjuːlɪp]
cravo (m)	carnation	[kɑː'neɪʃən]
gladíolo (m)	gladiolus	[ˌglædɪ'əʊləs]

centáurea (f)	cornflower	['kɔːnflaʊə(r)]
campânula (f)	harebell	['heəbel]
dente-de-leão (m)	dandelion	['dændɪlaɪən]
camomila (f)	camomile	['kæməmaɪl]

aloé (m)	aloe	['æləʊ]
cato (m)	cactus	['kæktəs]
fícus (m)	rubber plant, ficus	['rʌbə plɑːnt], ['faɪkəs]

lírio (m)	lily	['lɪlɪ]
gerânio (m)	geranium	[dʒɪ'reɪnjəm]
jacinto (m)	hyacinth	['haɪəsɪnθ]

mimosa (f)	mimosa	[mɪ'məʊzə]
narciso (m)	narcissus	[nɑː'sɪsəs]
capuchinha (f)	nasturtium	[nəs'tɜːʃəm]

orquídea (f)	orchid	['ɔːkɪd]
peónia (f)	peony	['piːənɪ]
violeta (f)	violet	['vaɪələt]

amor-perfeito (m)	pansy	['pænzɪ]
não-me-esqueças (m)	forget-me-not	[fə'get mi ˌnɒt]
margarida (f)	daisy	['deɪzɪ]

| papoula (f) | poppy | ['pɒpɪ] |
| cânhamo (m) | hemp | [hemp] |

hortelã (f)	mint	['mɪnt]
lírio-do-vale (m)	lily of the valley	['lɪlɪ əv ðə 'vælɪ]
campânula-branca (f)	snowdrop	['snəʊdrɒp]

urtiga (f)	nettle	['netəl]
azeda (f)	sorrel	['sɒrəl]
nenúfar (m)	water lily	['wɔ:tə 'lɪlɪ]
feto (m), samambaia (f)	fern	[fɜ:n]
líquen (m)	lichen	['laɪkən]

estufa (f)	conservatory	[kən'sɜ:vətrɪ]
relvado (m)	lawn	[lɔ:n]
canteiro (m) de flores	flowerbed	['flaʊəbed]

planta (f)	plant	[plɑ:nt]
erva (f)	grass	[grɑ:s]
folha (f) de erva	blade of grass	[bleɪd əv grɑ:s]

folha (f)	leaf	[li:f]
pétala (f)	petal	['petəl]
talo (m)	stem	[stem]
tubérculo (m)	tuber	['tju:bə(r)]

| broto, rebento (m) | young plant | [jʌŋ plɑ:nt] |
| espinho (m) | thorn | [θɔ:n] |

florescer (vi)	to blossom (vi)	[tə 'blɒsəm]
murchar (vi)	to fade (vi)	[tə feɪd]
cheiro (m)	smell	[smel]
cortar (flores)	to cut (vt)	[tə kʌt]
colher (uma flor)	to pick (vt)	[tə pɪk]

232. Cereais, grãos

grão (m)	grain	[greɪn]
cereais (plantas)	cereal crops	['sɪərɪəl krɒps]
espiga (f)	ear	[ɪə(r)]

trigo (m)	wheat	[wi:t]
centeio (m)	rye	[raɪ]
aveia (f)	oats	[əʊts]

| milho-miúdo (m) | millet | ['mɪlɪt] |
| cevada (f) | barley | ['bɑ:lɪ] |

milho (m)	corn	[kɔ:n]
arroz (m)	rice	[raɪs]
trigo-sarraceno (m)	buckwheat	['bʌkwi:t]

ervilha (f)	pea	[pi:]
feijão (m)	kidney bean	['kɪdnɪ bi:n]
soja (f)	soy	[sɔɪ]
lentilha (f)	lentil	['lentɪl]
fava (f)	beans	[bi:nz]

233. Vegetais. Verduras

| legumes (m pl) | vegetables | ['vedʒtəbəlz] |
| verduras (f pl) | greens | [griːnz] |

tomate (m)	tomato	[tə'meɪtəʊ]
pepino (m)	cucumber	['kjuːkʌmbə(r)]
cenoura (f)	carrot	['kærət]
batata (f)	potato	[pə'teɪtəʊ]
cebola (f)	onion	['ʌnjən]
alho (m)	garlic	['gɑːlɪk]

couve (f)	cabbage	['kæbɪdʒ]
couve-flor (f)	cauliflower	['kɒlɪˌflaʊə(r)]
couve-de-bruxelas (f)	Brussels sprouts	['brʌsəlz ˌspraʊts]
brócolos (m pl)	broccoli	['brɒkəlɪ]

beterraba (f)	beet	[biːt]
beringela (f)	eggplant	['egplɑːnt]
curgete (f)	zucchini	[zuː'kiːnɪ]
abóbora (f)	pumpkin	['pʌmpkɪn]
nabo (m)	turnip	['tɜːnɪp]

salsa (f)	parsley	['pɑːslɪ]
funcho, endro (m)	dill	[dɪl]
alface (f)	lettuce	['letɪs]
aipo (m)	celery	['selərɪ]
espargo (m)	asparagus	[ə'spærəgəs]
espinafre (m)	spinach	['spɪnɪdʒ]

ervilha (f)	pea	[piː]
fava (f)	beans	[biːnz]
milho (m)	corn	[kɔːn]
feijão (m)	kidney bean	['kɪdnɪ biːn]

pimentão (m)	pepper	['pepə(r)]
rabanete (m)	radish	['rædɪʃ]
alcachofra (f)	artichoke	['ɑːtɪʃəʊk]

GEOGRAFIA REGIONAL

Países. Nacionalidades

234. Europa Ocidental

Europa (f)	Europe	['jʊərəp]
União (f) Europeia	European Union	[ˌjʊərə'piːən 'juːnɪən]
europeu (m)	European	[ˌjʊərə'piːən]
europeu	European	[ˌjʊərə'piːən]
Áustria (f)	Austria	['ɒstrɪə]
austríaco (m)	Austrian	['ɒstrɪən]
austríaca (f)	Austrian	['ɒstrɪən]
austríaco	Austrian	['ɒstrɪən]
Grã-Bretanha (f)	Great Britain	[greɪt 'brɪtən]
Inglaterra (f)	England	['ɪŋglənd]
inglês (m)	British	['brɪtɪʃ]
inglesa (f)	British	['brɪtɪʃ]
inglês	English, British	['ɪŋglɪʃ], ['brɪtɪʃ]
Bélgica (f)	Belgium	['beldʒəm]
belga (m)	Belgian	['beldʒən]
belga (f)	Belgian	['beldʒən]
belga	Belgian	['beldʒən]
Alemanha (f)	Germany	['dʒɜːmənɪ]
alemão (m)	German	['dʒɜːmən]
alemã (f)	German	['dʒɜːmən]
alemão	German	['dʒɜːmən]
Países (m pl) Baixos	Netherlands	['neðələndz]
Holanda (f)	Holland	['hɒlənd]
holandês (m)	Dutch	[dʌtʃ]
holandesa (f)	Dutch	[dʌtʃ]
holandês	Dutch	[dʌtʃ]
Grécia (f)	Greece	[griːs]
grego (m)	Greek	[griːk]
grega (f)	Greek	[griːk]
grego	Greek	[griːk]
Dinamarca (f)	Denmark	['denmɑːk]
dinamarquês (m)	Dane	[deɪn]
dinamarquesa (f)	Dane	[deɪn]
dinamarquês	Danish	['deɪnɪʃ]
Irlanda (f)	Ireland	['aɪələnd]
irlandês (m)	Irish	['aɪrɪʃ]

irlandesa (f)	Irish	['aɪrɪʃ]
irlandês	Irish	['aɪrɪʃ]
Islândia (f)	Iceland	['aɪslənd]
islandês (m)	Icelander	['aɪsləndə(r)]
islandesa (f)	Icelander	['aɪsləndə(r)]
islandês	Icelandic	[aɪs'lændɪk]
Espanha (f)	Spain	[speɪn]
espanhol (m)	Spaniard	['spænjəd]
espanhola (f)	Spaniard	['spænjəd]
espanhol	Spanish	['spænɪʃ]
Itália (f)	Italy	['ɪtəlɪ]
italiano (m)	Italian	[ɪ'tæljən]
italiana (f)	Italian	[ɪ'tæljən]
italiano	Italian	[ɪ'tæljən]
Chipre (m)	Cyprus	['saɪprəs]
cipriota (m)	Cypriot	['sɪprɪət]
cipriota (f)	Cypriot	['sɪprɪət]
cipriota	Cypriot	['sɪprɪət]
Malta (f)	Malta	['mɔːltə]
maltês (m)	Maltese	[ˌmɔːl'tiːz]
maltesa (f)	Maltese	[ˌmɔːl'tiːz]
maltês	Maltese	[ˌmɔːl'tiːz]
Noruega (f)	Norway	['nɔːweɪ]
norueguês (m)	Norwegian	[nɔː'wiːdʒən]
norueguesa (f)	Norwegian	[nɔː'wiːdʒən]
norueguês	Norwegian	[nɔː'wiːdʒən]
Portugal (m)	Portugal	['pɔːtʃʊgəl]
português (m)	Portuguese	[ˌpɔːtʃʊ'giːz]
portuguesa (f)	Portuguese	[ˌpɔːtʃʊ'giːz]
português	Portuguese	[ˌpɔːtʃʊ'giːz]
Finlândia (f)	Finland	['fɪnlənd]
finlandês (m)	Finn	[fɪn]
finlandesa (f)	Finn	[fɪn]
finlandês	Finnish	['fɪnɪʃ]
França (f)	France	[frɑːns]
francês (m)	French	[frentʃ]
francesa (f)	French	[frentʃ]
francês	French	[frentʃ]
Suécia (f)	Sweden	['swiːdən]
sueco (m)	Swede	[swiːd]
sueca (f)	Swede	[swiːd]
sueco	Swedish	['swiːdɪʃ]
Suíça (f)	Switzerland	['swɪtsələnd]
suíço (m)	Swiss	[swɪs]
suíça (f)	Swiss	[swɪs]

suíço	Swiss	[swɪs]
Escócia (f)	Scotland	['skɒtlənd]
escocês (m)	Scottish	['skɒtɪʃ]
escocesa (f)	Scottish	['skɒtɪʃ]
escocês	Scottish	['skɒtɪʃ]
Vaticano (m)	Vatican	['vætɪkən]
Liechtenstein (m)	Liechtenstein	['lɪktənstaɪn]
Luxemburgo (m)	Luxembourg	['lʌksəmbɜːg]
Mónaco (m)	Monaco	['mɒnəkəʊ]

235. Europa Central e de Leste

Albânia (f)	Albania	[æl'beɪnɪə]
albanês (m)	Albanian	[æl'beɪnɪən]
albanesa (f)	Albanian	[æl'beɪnɪən]
albanês	Albanian	[æl'beɪnɪən]
Bulgária (f)	Bulgaria	[bʌl'geərɪə]
búlgaro (m)	Bulgarian	[bʌl'geərɪən]
búlgara (f)	Bulgarian	[bʌl'geərɪən]
búlgaro	Bulgarian	[bʌl'geərɪən]
Hungria (f)	Hungary	['hʌŋgərɪ]
húngaro (m)	Hungarian	[hʌŋ'geərɪən]
húngara (f)	Hungarian	[hʌŋ'geərɪən]
húngaro	Hungarian	[hʌŋ'geərɪən]
Letónia (f)	Latvia	['lætvɪə]
letão (m)	Latvian	['lætvɪən]
letã (f)	Latvian	['lætvɪən]
letão	Latvian	['lætvɪən]
Lituânia (f)	Lithuania	[ˌlɪθjʊ'eɪnjə]
lituano (m)	Lithuanian	[ˌlɪθjʊ'eɪnjən]
lituana (f)	Lithuanian	[ˌlɪθjʊ'eɪnjən]
lituano	Lithuanian	[ˌlɪθjʊ'eɪnjən]
Polónia (f)	Poland	['pəʊlənd]
polaco (m)	Pole	[pəʊl]
polaca (f)	Pole	[pəʊl]
polaco	Polish	['pəʊlɪʃ]
Roménia (f)	Romania	[ru:'meɪnɪə]
romeno (m)	Romanian	[ru:'meɪnɪən]
romena (f)	Romanian	[ru:'meɪnɪən]
romeno	Romanian	[ru:'meɪnɪən]
Sérvia (f)	Serbia	['sɜːbɪə]
sérvio (m)	Serbian	['sɜːbɪən]
sérvia (f)	Serbian	['sɜːbɪən]
sérvio	Serbian	['sɜːbɪən]
Eslováquia (f)	Slovakia	[slə'vækɪə]
eslovaco (m)	Slovak	['sləʊvæk]

eslovaca (f)	Slovak	['sləʊvæk]
eslovaco	Slovak	['sləʊvæk]

Croácia (f)	Croatia	[krəʊˈeɪʃə]
croata (m)	Croatian	[krəʊˈeɪʃən]
croata (f)	Croatian	[krəʊˈeɪʃən]
croata	Croatian	[krəʊˈeɪʃən]

República (f) Checa	Czech Republic	[ʧek rɪˈpʌblɪk]
checo (m)	Czech	[ʧek]
checa (f)	Czech	[ʧek]
checo	Czech	[ʧek]

Estónia (f)	Estonia	[eˈstəʊnjə]
estónio (m)	Estonian	[eˈstəʊnjən]
estónia (f)	Estonian	[eˈstəʊnjən]
estónio	Estonian	[eˈstəʊnjən]

Bósnia e Herzegovina (f)	Bosnia and Herzegovina	['bɒznɪə ənd ˌheətsəgəˈviːnə]
Macedónia (f)	Macedonia	[ˌmæsɪˈdəʊnɪə]
Eslovénia (f)	Slovenia	[sləˈviːnɪə]
Montenegro (m)	Montenegro	[ˌmɒntɪˈniːgrəʊ]

236. Países da ex-URSS

Azerbaijão (m)	Azerbaijan	[ˌæzəbaɪˈdʒɑːn]
azeri (m)	Azerbaijani	[ˌæzəbaɪˈdʒɑːnɪ]
azeri (f)	Azerbaijani	[ˌæzəbaɪˈdʒɑːnɪ]
azeri, azerbaijano	Azerbaijani, Azeri	[ˌæzəbaɪˈdʒɑːnɪ], [əˈzerɪ]

Arménia (f)	Armenia	[ɑːˈmiːnɪə]
arménio (m)	Armenian	[ɑːˈmiːnɪən]
arménia (f)	Armenian	[ɑːˈmiːnɪən]
arménio	Armenian	[ɑːˈmiːnɪən]

Bielorrússia (f)	Belarus	[ˌbeləˈruːs]
bielorrusso (m)	Belarusian	[ˌbeləˈrʌʃən]
bielorrussa (f)	Belarusian	[ˌbeləˈrʌʃən]
bielorrusso	Belarusian	[ˌbeləˈrʌʃən]

Geórgia (f)	Georgia	[ˈdʒɔːdʒə]
georgiano (m)	Georgian	[ˈdʒɔːdʒən]
georgiana (f)	Georgian	[ˈdʒɔːdʒən]
georgiano	Georgian	[ˈdʒɔːdʒən]

Cazaquistão (m)	Kazakhstan	[ˌkæzækˈstɑːn]
cazaque (m)	Kazakh	[ˈkæzæk]
cazaque (f)	Kazakh	[ˈkæzæk]
cazaque	Kazakh	[ˈkæzæk]

Quirguistão (m)	Kirghizia	[kɜːˈgɪzɪə]
quirguiz (m)	Kirghiz	[kɜːˈgɪz]
quirguiz (f)	Kirghiz	[kɜːˈgɪz]
quirguiz	Kirghiz	[kɜːˈgɪz]

Moldávia (f)	Moldavia	[mɒl'deɪvɪə]
moldavo (m)	Moldavian	[mɒl'deɪvɪən]
moldava (f)	Moldavian	[mɒl'deɪvɪən]
moldavo	Moldavian	[mɒl'deɪvɪən]

Rússia (f)	Russia	['rʌʃə]
russo (m)	Russian	['rʌʃən]
russa (f)	Russian	['rʌʃən]
russo	Russian	['rʌʃən]

Tajiquistão (m)	Tajikistan	[tɑːˌdʒɪkɪ'stɑːn]
tajique (m)	Tajik	[tɑː'dʒɪːk]
tajique (f)	Tajik	[tɑː'dʒɪːk]
tajique	Tajik	[tɑː'dʒɪːk]

Turquemenistão (m)	Turkmenistan	[ˌtɜːkmenɪ'stɑːn]
turcomeno (m)	Turkmen	['tɜːkmən]
turcomena (f)	Turkmen	['tɜːkmən]
turcomeno	Turkmenian	[ˌtɜːk'menɪən]

Uzbequistão (f)	Uzbekistan	[ʊzˌbekɪ'stɑːn]
uzbeque (m)	Uzbek	['ʊzbek]
uzbeque (f)	Uzbek	['ʊzbek]
uzbeque	Uzbek	['ʊzbek]

Ucrânia (f)	Ukraine	[juː'kreɪn]
ucraniano (m)	Ukrainian	[juː'kreɪnjən]
ucraniana (f)	Ukrainian	[juː'kreɪnjən]
ucraniano	Ukrainian	[juː'kreɪnjən]

237. Asia

| Ásia (f) | Asia | ['eɪʒə] |
| asiático | Asian | ['eɪʒən] |

Vietname (m)	Vietnam	[ˌvjet'nɑːm]
vietnamita (m)	Vietnamese	[ˌvjetnə'miːz]
vietnamita (f)	Vietnamese	[ˌvjetnə'miːz]
vietnamita	Vietnamese	[ˌvjetnə'miːz]

Índia (f)	India	['ɪndɪə]
indiano (m)	Indian	['ɪndɪən]
indiana (f)	Indian	['ɪndɪən]
indiano	Indian	['ɪndɪən]

Israel (m)	Israel	['ɪzreɪəl]
israelita (m)	Israeli	[ɪz'reɪlɪ]
israelita (f)	Israeli	[ɪz'reɪlɪ]
israelita	Israeli	[ɪz'reɪlɪ]

judeu (m)	Jew	[dʒuː]
judia (f)	Jewess	['dʒuːɪs]
judeu	Jewish	['dʒuːɪʃ]
China (f)	China	['tʃaɪnə]

chinês (m)	Chinese	[ˌtʃaɪˈniːz]
chinesa (f)	Chinese	[ˌtʃaɪˈniːz]
chinês	Chinese	[ˌtʃaɪˈniːz]

coreano (m)	Korean	[kəˈrɪən]
coreana (f)	Korean	[kəˈrɪən]
coreano	Korean	[kəˈrɪən]

Líbano (m)	Lebanon	[ˈlebənən]
libanês (m)	Lebanese	[ˌlebəˈniːz]
libanesa (f)	Lebanese	[ˌlebəˈniːz]
libanês	Lebanese	[ˌlebəˈniːz]

Mongólia (f)	Mongolia	[mɒŋˈɡəʊlɪə]
mongol (m)	Mongolian	[mɒŋˈɡəʊlɪən]
mongol (f)	Mongolian	[mɒŋˈɡəʊlɪən]
mongol	Mongolian	[mɒŋˈɡəʊlɪən]

Malásia (f)	Malaysia	[məˈleɪzɪə]
malaio (m)	Malaysian	[məˈleɪzɪən]
malaia (f)	Malaysian	[məˈleɪzɪən]
malaio	Malaysian	[məˈleɪzɪən]

Paquistão (m)	Pakistan	[ˈpækɪstæn]
paquistanês (m)	Pakistani	[ˌpækɪˈstænɪ]
paquistanesa (f)	Pakistani	[ˌpækɪˈstænɪ]
paquistanês	Pakistani	[ˌpækɪˈstænɪ]

Arábia (f) Saudita	Saudi Arabia	[ˈsaʊdɪ əˈreɪbɪə]
árabe (m)	Arab	[ˈærəb]
árabe (f)	Arab	[ˈærəb]
árabe	Arab, Arabic, Arabian	[ˈærəb], [ˈærəbɪk], [əˈreɪbɪən]

Tailândia (f)	Thailand	[ˈtaɪlænd]
tailandês (m)	Thai	[taɪ]
tailandesa (f)	Thai	[taɪ]
tailandês	Thai	[taɪ]

Taiwan (m)	Taiwan	[ˌtaɪˈwɑːn]
taiwanês (m)	Taiwanese	[ˌtaɪwəˈniːz]
taiwanesa (f)	Taiwanese	[ˌtaɪwəˈniːz]
taiwanês	Taiwanese	[ˌtaɪwəˈniːz]

Turquia (f)	Turkey	[ˈtɜːkɪ]
turco (m)	Turk	[tɜːk]
turca (f)	Turk	[tɜːk]
turco	Turkish	[ˈtɜːkɪʃ]

Japão (m)	Japan	[dʒəˈpæn]
japonês (m)	Japanese	[ˌdʒæpəˈniːz]
japonesa (f)	Japanese	[ˌdʒæpəˈniːz]
japonês	Japanese	[ˌdʒæpəˈniːz]

Afeganistão (m)	Afghanistan	[æfˈɡænɪˌstæn]
Bangladesh (m)	Bangladesh	[ˌbæŋɡləˈdeʃ]
Indonésia (f)	Indonesia	[ˌɪndəˈniːzjə]

Jordânia (f)	Jordan	['dʒɔːdən]
Iraque (m)	Iraq	[ɪ'rɑːk]
Irão (m)	Iran	[ɪ'rɑːn]
Camboja (f)	Cambodia	[kæm'bəudjə]
Kuwait (m)	Kuwait	[ku'weɪt]

Laos (m)	Laos	[laʊs]
Myanmar (m), Birmânia (f)	Myanmar	[ˌmaɪæn'mɑː(r)]
Nepal (m)	Nepal	[nɪ'pɔːl]
Emirados Árabes Unidos	United Arab Emirates	[juː'naɪtɪd 'ærəb 'emərəts]

Síria (f)	Syria	['sɪrɪə]
Palestina (f)	Palestine	['pælɪˌstaɪn]
Coreia do Sul (f)	South Korea	[sauθ kə'rɪə]
Coreia do Norte (f)	North Korea	[nɔːθ kə'rɪə]

238. América do Norte

Estados Unidos da América	United States of America	[juː'naɪtɪd steɪts əv ə'merɪkə]
americano (m)	American	[ə'merɪkən]
americana (f)	American	[ə'merɪkən]
americano	American	[ə'merɪkən]

Canadá (m)	Canada	['kænədə]
canadiano (m)	Canadian	[kə'neɪdjən]
canadiana (f)	Canadian	[kə'neɪdjən]
canadiano	Canadian	[kə'neɪdjən]

México (m)	Mexico	['meksɪkəʊ]
mexicano (m)	Mexican	['meksɪkən]
mexicana (f)	Mexican	['meksɪkən]
mexicano	Mexican	['meksɪkən]

239. América Central do Sul

Argentina (f)	Argentina	[ˌɑːdʒən'tiːnə]
argentino (m)	Argentinian	[ˌɑːdʒən'tɪnɪən]
argentina (f)	Argentinian	[ˌɑːdʒən'tɪnɪən]
argentino	Argentinian	[ˌɑːdʒən'tɪnɪən]

Brasil (m)	Brazil	[brə'zɪl]
brasileiro (m)	Brazilian	[brə'zɪljən]
brasileira (f)	Brazilian	[brə'zɪljən]
brasileiro	Brazilian	[brə'zɪljən]

Colômbia (f)	Colombia	[kə'lɒmbɪə]
colombiano (m)	Colombian	[kə'lɒmbɪən]
colombiana (f)	Colombian	[kə'lɒmbɪən]
colombiano	Colombian	[kə'lɒmbɪən]

| Cuba (f) | Cuba | ['kjuːbə] |
| cubano (m) | Cuban | ['kjuːbən] |

| cubana (f) | Cuban | ['kju:bən] |
| cubano | Cuban | ['kju:bən] |

Chile (m)	Chile	['ʧɪlɪ]
chileno (m)	Chilean	['ʧɪlɪən]
chilena (f)	Chilean	['ʧɪlɪən]
chileno	Chilean	['ʧɪlɪən]

Bolívia (f)	Bolivia	[bə'lɪvɪə]
Venezuela (f)	Venezuela	[ˌvenɪ'zweɪlə]
Paraguai (m)	Paraguay	['pærəgwaɪ]
Peru (m)	Peru	[pə'ru:]

Suriname (m)	Suriname	[ˌsʊərɪ'næm]
Uruguai (m)	Uruguay	['jʊərəgwaɪ]
Equador (m)	Ecuador	['ekwədɔ:(r)]

Bahamas (f pl)	The Bahamas	[ðə bə'hɑːməz]
Haiti (m)	Haiti	['heɪtɪ]
República (f) Dominicana	Dominican Republic	[də'mɪnɪkən rɪ'pʌblɪk]
Panamá (m)	Panama	['pænəmɑ:]
Jamaica (f)	Jamaica	[dʒə'meɪkə]

240. Africa

Egito (m)	Egypt	['i:dʒɪpt]
egípcio (m)	Egyptian	[ɪ'dʒɪpʃən]
egípcia (f)	Egyptian	[ɪ'dʒɪpʃən]
egípcio	Egyptian	[ɪ'dʒɪpʃən]

Marrocos	Morocco	[mə'rɒkəʊ]
marroquino (m)	Moroccan	[mə'rɒkən]
marroquina (f)	Moroccan	[mə'rɒkən]
marroquino	Moroccan	[mə'rɒkən]

Tunísia (f)	Tunisia	[tju:'nɪzɪə]
tunisino (m)	Tunisian	[tju:'nɪzɪən]
tunisina (f)	Tunisian	[tju:'nɪzɪən]
tunisino	Tunisian	[tju:'nɪzɪən]

Gana (f)	Ghana	['gɑ:nə]
Zanzibar (m)	Zanzibar	[ˌzænzɪ'bɑ:(r)]
Quénia (f)	Kenya	['kenjə]
Líbia (f)	Libya	['lɪbɪə]
Madagáscar (m)	Madagascar	[ˌmædə'gæskə(r)]

Namíbia (f)	Namibia	[nə'mɪbɪə]
Senegal (m)	Senegal	[ˌsenɪ'gɔ:l]
Tanzânia (f)	Tanzania	[ˌtænzə'nɪə]
África do Sul (f)	South Africa	[saʊθ 'æfrɪkə]

africano (m)	African	['æfrɪkən]
africana (f)	African	['æfrɪkən]
africano	African	['æfrɪkən]

241. Austrália. Oceania

Austrália (f)	Australia	[ɒ'streɪljə]
australiano (m)	Australian	[ɒ'streɪljən]
australiana (f)	Australian	[ɒ'streɪljən]
australiano	Australian	[ɒ'streɪljən]
Nova Zelândia (f)	New Zealand	[nju: 'zi:lənd]
neozelandês (m)	New Zealander	[nju: 'zi:ləndə]
neozelandesa (f)	New Zealander	[nju: 'zi:ləndə]
neozelandês	New Zealand	[nju: 'zi:lənd]
Tasmânia (f)	Tasmania	[tæz'meɪnjə]
Polinésia Francesa (f)	French Polynesia	[frentʃ ˌpɒlɪ'ni:zjə]

242. Cidades

Amesterdão	Amsterdam	[ˌæmstə'dæm]
Ancara	Ankara	['æŋkərə]
Atenas	Athens	['æθɪnz]
Bagdade	Baghdad	[bæg'dæd]
Banguecoque	Bangkok	[ˌbæŋ'kɒk]
Barcelona	Barcelona	[ˌbɑ:sɪ'ləʊnə]
Beirute	Beirut	[ˌbeɪ'ru:t]
Berlim	Berlin	[bɜ:'lɪn]
Bombaim	Mumbai	[mʊm'bai]
Bona	Bonn	[bɒn]
Bordéus	Bordeaux	[bɔ:'dəʊ]
Bratislava	Bratislava	[ˌbrætɪ'slɑ:və]
Bruxelas	Brussels	['brʌsəlz]
Bucareste	Bucharest	[ˌbu:kə'rest]
Budapeste	Budapest	[ˌbju:də'pest]
Cairo	Cairo	['kaɪərəʊ]
Calcutá	Kolkata	[koʊl'kɑ:tɑ:]
Chicago	Chicago	[ʃɪ'kɑ:gəʊ]
Cidade do México	Mexico City	['meksɪkəʊ 'sɪtɪ]
Copenhaga	Copenhagen	[ˌkəʊpən'heɪgən]
Dar es Salaam	Dar-es-Salaam	[ˌdɑ:ressə'lɑ:m]
Deli	Delhi	['delɪ]
Dubai	Dubai	[ˌdu:'baɪ]
Dublin, Dublim	Dublin	['dʌblɪn]
Düsseldorf	Düsseldorf	[ˌdju:səl'dɔ:f]
Estocolmo	Stockholm	['stɒkhəʊm]
Florença	Florence	['flɒrəns]
Frankfurt	Frankfurt	['fræŋkfɜt]
Genebra	Geneva	[dʒɪ'ni:və]
Haia	The Hague	[ðə heɪg]
Hamburgo	Hamburg	['hæmbɜ:g]

| Hanói | Hanoi | [hæ'nɔɪ] |
| Havana | Havana | [hə'vænə] |

Helsínquia	Helsinki	[hel'sɪŋkɪ]
Hiroshima	Hiroshima	[hɪ'rɒʃɪmə]
Hong Kong	Hong Kong	[ˌhɒŋ'kɒŋ]
Istambul	Istanbul	[ˌɪstæn'bʊl]
Jerusalém	Jerusalem	[dʒə'ru:sələm]
Kiev	Kyiv	['ki:ev]
Kuala Lumpur	Kuala Lumpur	[ˌkwɑ:lə'lʊmˌpʊə(r)]
Lisboa	Lisbon	['lɪzbən]
Londres	London	['lʌndən]
Los Angeles	Los Angeles	[lɒs'ændʒɪli:z]
Lion	Lyons	[li:ɔ̃]

Madrid	Madrid	[mə'drɪd]
Marselha	Marseille	[mɑ:'seɪ]
Miami	Miami	[maɪ'æmɪ]
Montreal	Montreal	[ˌmɒntrɪ'ɔ:l]
Moscovo	Moscow	['mɒskəʊ]
Munique	Munich	['mju:nɪk]

Nairóbi	Nairobi	[naɪ'rəʊbɪ]
Nápoles	Naples	['neɪpəlz]
Nice	Nice	['ni:s]
Nova York	New York	[nju: 'jɔ:k]

Oslo	Oslo	['ɒzləʊ]
Ottawa	Ottawa	['ɒtəwə]
Paris	Paris	['pærɪs]
Pequim	Beijing	[ˌbeɪ'dʒɪŋ]
Praga	Prague	[prɑ:g]

Rio de Janeiro	Rio de Janeiro	['ri:əʊ də dʒə'nɪərəʊ]
Roma	Rome	[rəʊm]
São Petersburgo	Saint Petersburg	[sənt 'pi:təzbɜ:g]
Seul	Seoul	[səʊl]
Singapura	Singapore	[ˌsɪŋə'pɔ:(r)]
Sydney	Sydney	['sɪdnɪ]

Taipé	Taipei	[taɪ'peɪ]
Tóquio	Tokyo	['təʊkjəʊ]
Toronto	Toronto	[tə'rɒntəʊ]
Varsóvia	Warsaw	['wɔ:sɔ:]
Veneza	Venice	['venɪs]
Viena	Vienna	[vɪ'enə]

| Washington | Washington | ['wɒʃɪŋtən] |
| Xangai | Shanghai | [ˌʃæŋ'haɪ] |

243. Política. Governo. Parte 1

| política (f) | politics | ['pɒlətɪks] |
| político | political | [pə'lɪtɪkəl] |

político (m)	politician	[ˌpɒlɪ'tɪʃən]
estado (m)	state	[steɪt]
cidadão (m)	citizen	['sɪtɪzən]
cidadania (f)	citizenship	['sɪtɪzənʃɪp]

| brasão (m) de armas | national emblem | ['næʃənəl 'embləm] |
| hino (m) nacional | national anthem | ['næʃənəl 'ænθəm] |

governo (m)	government	['gʌvənmənt]
Chefe (m) de Estado	head of state	[hed əv steɪt]
parlamento (m)	parliament	['pɑːləmənt]
partido (m)	party	['pɑːtɪ]

| capitalismo (m) | capitalism | ['kæpɪtəlɪzəm] |
| capitalista | capitalist | ['kæpɪtəlɪst] |

| socialismo (m) | socialism | ['səʊʃəlɪzəm] |
| socialista | socialist | ['səʊʃəlɪst] |

comunismo (m)	communism	['kɒmjʊnɪzəm]
comunista	communist	['kɒmjʊnɪst]
comunista (m)	communist	['kɒmjʊnɪst]

democracia (f)	democracy	[dɪ'mɒkrəsɪ]
democrata (m)	democrat	['deməkræt]
democrático	democratic	[ˌdemə'krætɪk]
Partido (m) Democrático	Democratic party	[ˌdemə'krætɪk 'pɑːtɪ]

| liberal (m) | liberal | ['lɪbərəl] |
| liberal | liberal | ['lɪbərəl] |

| conservador (m) | conservative | [kən'sɜːvətɪv] |
| conservador | conservative | [kən'sɜːvətɪv] |

república (f)	republic	[rɪ'pʌblɪk]
republicano (m)	republican	[rɪ'pʌblɪkən]
Partido (m) Republicano	Republican party	[rɪ'pʌblɪkən 'pɑːtɪ]

eleições (f pl)	elections	[ɪ'lekʃənz]
eleger (vt)	to elect (vt)	[tə ɪ'lekt]
eleitor (m)	elector, voter	[ɪ'lektə(r)], ['vəʊtə(r)]
campanha (f) eleitoral	election campaign	[ɪ'lekʃən kæm'peɪn]

votação (f)	voting	['vəʊtɪŋ]
votar (vi)	to vote (vi)	[tə vəʊt]
direito (m) de voto	right to vote	['raɪt tə ˌvəʊt]

candidato (m)	candidate	['kændɪdət]
candidatar-se (vi)	to run for ...	[tə rʌn fɔː(r)]
campanha (f)	campaign	[kæm'peɪn]

| da oposição | opposition | [ˌɒpə'zɪʃən] |
| oposição (f) | opposition | [ˌɒpə'zɪʃən] |

| visita (f) | visit | ['vɪzɪt] |
| visita (f) oficial | official visit | [ə'fɪʃəl 'vɪzɪt] |

internacional	international	[ˌɪntə'næʃənəl]
negociações (f pl)	negotiations	[nɪˌɡəʊʃɪ'eɪʃənz]
negociar (vi)	to negotiate (vi)	[tə nɪ'ɡəʊʃɪeɪt]

244. Política. Governo. Parte 2

sociedade (f)	society	[sə'saɪətɪ]
constituição (f)	constitution	[ˌkɒnstɪ'tjuːʃən]
poder (ir para o ~)	power	['paʊə(r)]
corrupção (f)	corruption	[kə'rʌpʃən]

lei (f)	law	[lɔː]
legal	legal	['liːɡəl]

justiça (f)	justice	['dʒʌstɪs]
justo	just, fair	[dʒʌst], [feə(r)]

comité (m)	committee	[kə'mɪtɪ]
projeto-lei (m)	bill	[bɪl]
orçamento (m)	budget	['bʌdʒɪt]
política (f)	policy	['pɒləsɪ]
reforma (f)	reform	[rɪ'fɔːm]
radical	radical	['rædɪkəl]

força (f)	power	['paʊə(r)]
poderoso	powerful	['paʊəfʊl]
partidário (m)	supporter	[sə'pɔːtə(r)]
influência (f)	influence	['ɪnflʊəns]

regime (m)	regime	[reɪ'ʒiːm]
conflito (m)	conflict	['kɒnflɪkt]
conspiração (f)	conspiracy	[kən'spɪrəsɪ]
provocação (f)	provocation	[ˌprɒvə'keɪʃən]

derrubar (vt)	to overthrow (vt)	[tə ˌəʊvə'θrəʊ]
derrube (m), queda (f)	overthrow	['əʊvəθrəʊ]
revolução (f)	revolution	[ˌrevə'luːʃən]

golpe (m) de Estado	coup d'état	[ˌkuː deɪ'taː]
golpe (m) militar	military coup	['mɪlɪtərɪ kuː]

crise (f)	crisis	['kraɪsɪs]
recessão (f) económica	economic recession	[ˌiːkə'nɒmɪk rɪ'seʃən]
manifestante (m)	demonstrator	['demənˌstreɪtə(r)]
manifestação (f)	demonstration	[ˌdemən'streɪʃən]
lei (f) marcial	martial law	['mɑːʃəl lɔː]
base (f) militar	military base	['mɪlɪtərɪ beɪs]

estabilidade (f)	stability	[stə'bɪlətɪ]
estável	stable	['steɪbəl]

exploração (f)	exploitation	[ˌeksplɔɪ'teɪʃən]
explorar (vt)	to exploit (vt)	[tə ɪk'splɔɪt]
racismo (m)	racism	['reɪsɪzəm]

racista (m)	racist	['reɪsɪst]
fascismo (m)	fascism	['fæʃɪzəm]
fascista (m)	fascist	['fæʃɪst]

245. Países. Diversos

estrangeiro (m)	foreigner	['fɒrənə(r)]
estrangeiro	foreign	['fɒrən]
no estrangeiro	abroad	[ə'brɔːd]

emigrante (m)	emigrant	['emɪɡrənt]
emigração (f)	emigration	[ˌemɪ'ɡreɪʃən]
emigrar (vi)	to emigrate (vi)	[tə 'emɪɡreɪt]

Ocidente (m)	the West	[ðə west]
Oriente (m)	the East	[ði iːst]
Extremo Oriente (m)	the Far East	[ðə 'fɑːriːst]
civilização (f)	civilization	[ˌsɪvɪlaɪ'zeɪʃən]
humanidade (f)	humanity	[hjuː'mænətɪ]
mundo (m)	the world	[ðɪ wɜːld]
paz (f)	peace	[piːs]
mundial	worldwide	['wɜːldwaɪd]

pátria (f)	homeland	['həʊmlænd]
povo (m)	people	['piːpəl]
população (f)	population	[ˌpɒpju'leɪʃən]
gente (f)	people	['piːpəl]
nação (f)	nation	['neɪʃən]
geração (f)	generation	[dʒenə'reɪʃən]
território (m)	territory	['terətrɪ]
região (f)	region	['riːdʒən]
estado (m)	state	[steɪt]

tradição (f)	tradition	[trə'dɪʃən]
costume (m)	custom	['kʌstəm]
ecologia (f)	ecology	[ɪ'kɒlədʒɪ]

índio (m)	Indian	['ɪndɪən]
cigano (m)	Gypsy	['dʒɪpsɪ]
cigana (f)	Gypsy	['dʒɪpsɪ]
cigano	Gypsy	['dʒɪpsɪ]

império (m)	empire	['empaɪə(r)]
colónia (f)	colony	['kɒlənɪ]
escravidão (f)	slavery	['sleɪvərɪ]
invasão (f)	invasion	[ɪn'veɪʒən]
fome (f)	famine	['fæmɪn]

246. Grupos religiosos mais importantes. Confissões

| religião (f) | religion | [rɪ'lɪdʒən] |
| religioso | religious | [rɪ'lɪdʒəs] |

crença (f)	belief	[bɪ'li:f]
crer (vt)	to believe (vi)	[tə bɪ'li:v]
crente (m)	believer	[bɪ'li:və(r)]

| ateísmo (m) | atheism | ['eɪθɪɪzəm] |
| ateu (m) | atheist | ['eɪθɪɪst] |

cristianismo (m)	Christianity	[ˌkrɪstɪ'ænətɪ]
cristão (m)	Christian	['krɪstʃən]
cristão	Christian	['krɪstʃən]

catolicismo (m)	Catholicism	[kə'θɒlɪsɪzəm]
católico (m)	Catholic	['kæθlɪk]
católico	Catholic	['kæθlɪk]

protestantismo (m)	Protestantism	['prɒtɪstənˌtɪzəm]
Igreja (f) Protestante	Protestant Church	['prɒtɪstənt ʧɜ:ʧ]
protestante (m)	Protestant	['prɒtɪstənt]

ortodoxia (f)	Orthodoxy	['ɔ:θədɒksɪ]
Igreja (f) Ortodoxa	Orthodox Church	['ɔ:θədɒks ʧɜ:ʧ]
ortodoxo (m)	Orthodox	['ɔ:θədɒks]

presbiterianismo (m)	Presbyterianism	[ˌprezbɪ'tɪərɪənɪzəm]
Igreja (f) Presbiteriana	Presbyterian Church	[ˌprezbɪ'tɪərɪən ʧɜ:ʧ]
presbiteriano (m)	Presbyterian	[ˌprezbɪ'tɪərɪən]

| Igreja (f) Luterana | Lutheranism | ['lu:θərənɪzəm] |
| luterano (m) | Lutheran | ['lu:θərən] |

| Igreja (f) Batista | Baptist Church | ['bæptɪst ʧɜ:ʧ] |
| batista (m) | Baptist | ['bæptɪst] |

| Igreja (f) Anglicana | Anglican Church | ['æŋglɪkən ʧɜ:ʧ] |
| anglicano (m) | Anglican | ['æŋglɪkən] |

| mormonismo (m) | Mormonism | ['mɔ:mənɪzəm] |
| mórmon (m) | Mormon | ['mɔ:mən] |

| Judaísmo (m) | Judaism | ['dʒu:deɪˌɪzəm] |
| judeu (m) | Jew | [dʒu:] |

| budismo (m) | Buddhism | ['bʊdɪzəm] |
| budista (m) | Buddhist | ['bʊdɪst] |

| hinduísmo (m) | Hinduism | ['hɪndu:ɪzəm] |
| hindu (m) | Hindu | ['hɪndu:] |

Islão (m)	Islam	['ɪzlɑ:m]
muçulmano (m)	Muslim	['mʊzlɪm]
muçulmano	Muslim	['mʊzlɪm]

Xiismo (m)	Shiah Islam	['ʃi:ə 'ɪzlɑ:m]
xiita (m)	Shiite	['ʃi:aɪt]
sunismo (m)	Sunni Islam	['sʌnɪ 'ɪzlɑ:m]
sunita (m)	Sunnite	['sʌnaɪt]

247. Religiões. Padres

padre (m)	priest	[pri:st]
Papa (m)	the Pope	[ðə pəʊp]
monge (m)	monk, friar	[mʌŋk], ['fraɪə(r)]
freira (f)	nun	[nʌn]
pastor (m)	pastor	['pɑ:stə(r)]
abade (m)	abbot	['æbət]
vigário (m)	vicar	['vɪkə(r)]
bispo (m)	bishop	['bɪʃəp]
cardeal (m)	cardinal	['kɑ:dɪnəl]
pregador (m)	preacher	['pri:tʃə(r)]
sermão (m)	preaching	['pri:tʃɪŋ]
paroquianos (pl)	parishioners	[pə'rɪʃənəz]
crente (m)	believer	[bɪ'li:və(r)]
ateu (m)	atheist	['eɪθɪɪst]

248. Fé. Cristianismo. Islão

Adão	Adam	['ædəm]
Eva	Eve	[i:v]
Deus (m)	God	[gɒd]
Senhor (m)	the Lord	[ðə lɔ:d]
Todo Poderoso (m)	the Almighty	[ði ɔ:l'maɪtɪ]
pecado (m)	sin	[sɪn]
pecar (vi)	to sin (vi)	[tə sɪn]
pecador (m)	sinner	['sɪnə(r)]
pecadora (f)	sinner	['sɪnə(r)]
inferno (m)	hell	[hel]
paraíso (m)	paradise	['pærədaɪs]
Jesus	Jesus	['dʒi:zəs]
Jesus Cristo	Jesus Christ	['dʒi:zəs kraɪst]
Espírito (m) Santo	the Holy Spirit	[ðə 'həʊlɪ 'spɪrɪt]
Salvador (m)	the Savior	[ðə 'seɪvjə(r)]
Virgem Maria (f)	the Virgin Mary	[ðə 'vɜ:dʒɪn 'meərɪ]
Diabo (m)	the Devil	[ðə 'devəl]
diabólico	devil's	['devəlz]
Satanás (m)	Satan	['seɪtən]
satânico	satanic	[sə'tænɪk]
anjo (m)	angel	['eɪndʒəl]
anjo (m) da guarda	guardian angel	['gɑ:djən 'eɪndʒəl]
angélico	angelic	[æn'dʒelɪk]

apóstolo (m)	apostle	[ə'pɒsəl]
arcanjo (m)	archangel	['ɑːkˌeɪndʒəl]
anticristo (m)	the Antichrist	[ði 'æntɪˌkraɪst]

Igreja (f)	Church	[ʧɜːʧ]
Bíblia (f)	Bible	['baɪbəl]
bíblico	biblical	['bɪblɪkəl]

Velho Testamento (m)	Old Testament	[əʊld 'testəmənt]
Novo Testamento (m)	New Testament	[njuː 'testəmənt]
Evangelho (m)	Gospel	['gɒspəl]
Sagradas Escrituras (f pl)	Holy Scripture	['həʊlɪ 'skrɪpʧə(r)]
Céu (m)	Heaven	['hevən]

mandamento (m)	Commandment	[kə'mɑːndmənt]
profeta (m)	prophet	['prɒfɪt]
profecia (f)	prophecy	['prɒfɪsɪ]

Alá	Allah	['ælə]
Maomé	Mohammed	[mə'hæmɪd]
Corão, Alcorão (m)	the Koran	[ðə kə'rɑːn]

mesquita (f)	mosque	[mɒsk]
mulá (m)	mullah	['mʌlə]
oração (f)	prayer	[preə(r)]
rezar, orar (vi)	to pray (vi, vt)	[tə preɪ]

peregrinação (f)	pilgrimage	['pɪlgrɪmɪʤ]
peregrino (m)	pilgrim	['pɪlgrɪm]
Meca (f)	Mecca	['mekə]

igreja (f)	church	[ʧɜːʧ]
templo (m)	temple	['tempəl]
catedral (f)	cathedral	[kə'θiːdrəl]
gótico	Gothic	['gɒθɪk]
sinagoga (f)	synagogue	['sɪnəgɒg]
mesquita (f)	mosque	[mɒsk]

capela (f)	chapel	['ʧæpəl]
abadia (f)	abbey	['æbɪ]
convento (m)	convent	['kɒnvənt]
mosteiro (m)	monastery	['mɒnəstərɪ]

sino (m)	bell	[bel]
campanário (m)	bell tower	[bel 'taʊə(r)]
repicar (vi)	to ring (vi)	[tə rɪŋ]

cruz (f)	cross	[krɒs]
cúpula (f)	cupola	['kjuːpələ]
ícone (m)	icon	['aɪkɒn]

alma (f)	soul	[səʊl]
destino (m)	fate	[feɪt]
mal (m)	evil	['iːvəl]
bem (m)	good	[gʊd]
vampiro (m)	vampire	['væmpaɪə(r)]

bruxa (f)	witch	[wɪʧ]
demónio (m)	demon	['di:mən]
espírito (m)	spirit	['spɪrɪt]
redenção (f)	redemption	[rɪ'dempʃən]
redimir (vt)	to redeem (vt)	[tə rɪ'di:m]
missa (f)	church service, mass	[ʧɜ:ʧ 'sɜ:vɪs], [mæs]
celebrar a missa	to say mass	[tə seɪ mæs]
confissão (f)	confession	[kən'feʃən]
confessar-se (vr)	to confess (vi)	[tə kən'fes]
santo (m)	saint	[seɪnt]
sagrado	sacred	['seɪkrɪd]
água (f) benta	holy water	['həʊlɪ 'wɔ:tə(r)]
ritual (m)	ritual	['rɪʧʊəl]
ritual	ritual	['rɪʧʊəl]
sacrifício (m)	sacrifice	['sækrɪfaɪs]
superstição (f)	superstition	[ˌsu:pə'stɪʃən]
supersticioso	superstitious	[ˌsu:pə'stɪʃəs]
vida (f) depois da morte	afterlife	['ɑ:ftəlaɪf]
vida (f) eterna	eternal life	[ɪ'tɜ:nəl laɪf]

TEMAS DIVERSOS

249. Várias palavras úteis

ajuda (f)	help	[help]
barreira (f)	barrier	['bærɪə(r)]
base (f)	base	[beɪs]
categoria (f)	category	['kætəgərɪ]
causa (f)	cause	[kɔ:z]
coincidência (f)	coincidence	[kəʊ'ɪnsɪdəns]
coisa (f)	thing	[θɪŋ]
começo (m)	beginning	[bɪ'gɪnɪŋ]
cómodo (ex. poltrona ~a)	comfortable	['kʌmfətəbəl]
comparação (f)	comparison	[kəm'pærɪsən]
compensação (f)	compensation	[ˌkɒmpen'seɪʃən]
crescimento (m)	growth	[grəʊθ]
desenvolvimento (m)	development	[dɪ'veləpmənt]
diferença (f)	difference	['dɪfrəns]
efeito (m)	effect	[ɪ'fekt]
elemento (m)	element	['elɪmənt]
equilíbrio (m)	balance	['bæləns]
erro (m)	mistake	[mɪ'steɪk]
esforço (m)	effort	['efət]
estilo (m)	style	[staɪl]
exemplo (m)	example	[ɪg'zɑ:mpəl]
facto (m)	fact	[fækt]
fim (m)	end	[end]
forma (f)	shape	[ʃeɪp]
frequente	frequent	['fri:kwənt]
fundo (ex. ~ verde)	background	['bækgraʊnd]
género (tipo)	kind	[kaɪnd]
grau (m)	degree	[dɪ'gri:]
ideal (m)	ideal	[aɪ'dɪəl]
labirinto (m)	labyrinth	['læbərɪnθ]
modo (m)	way	[weɪ]
momento (m)	moment	['məʊmənt]
objeto (m)	object	['ɒbdʒɪkt]
obstáculo (m)	obstacle	['ɒbstəkəl]
original (m)	original	[ɒ'rɪdʒɪnəl]
padrão	standard	['stændəd]
padrão (m)	standard	['stændəd]
paragem (pausa)	stop, pause	[stɒp], [pɔ:z]
parte (f)	part	[pɑ:t]

partícula (f)	particle	['pɑːtɪkəl]
pausa (f)	pause	[pɔːz]
posição (f)	position	[pə'zɪʃən]
princípio (m)	principle	['prɪnsɪpəl]

problema (m)	problem	['prɒbləm]
processo (m)	process	['prəʊses]
progresso (m)	progress	['prəʊgres]
propriedade (f)	property, quality	['prɒpəti], ['kwɒlɪti]

reação (f)	reaction	[rɪ'ækʃən]
risco (m)	risk	[rɪsk]
ritmo (m)	tempo, rate	['tempəʊ], [reɪt]
segredo (m)	secret	['siːkrɪt]
série (f)	series	['sɪəriːz]

sistema (m)	system	['sɪstəm]
situação (f)	situation	[ˌsɪtjuˈeɪʃən]
solução (f)	solution	[sə'luːʃən]
tabela (f)	table, chart	['teɪbəl], [ʧɑːt]
termo (ex. ~ técnico)	term	[tɜːm]

tipo (m)	type	[taɪp]
urgente	urgent	['ɜːdʒənt]
urgentemente	urgently	['ɜːdʒəntlɪ]
utilidade (f)	utility	[juːˈtɪlətɪ]

variante (f)	variant	['veərɪənt]
variedade (f)	choice	[ʧɔɪs]
verdade (f)	truth	[truːθ]
vez (f)	turn	[tɜːn]
zona (f)	zone	[zəʊn]

250. Modificadores. Adjetivos. Parte 1

aberto	open	['əʊpən]
afiado	sharp	[ʃɑːp]
agradável	pleasant	['plezənt]
agradecido	grateful	['greɪtful]
alegre	cheerful	['ʧɪəful]

alto (ex. voz ~a)	loud	[laʊd]
amargo	bitter	['bɪtə(r)]
amplo	spacious	['speɪʃəs]
antigo	ancient	['eɪnʃənt]
apertado (sapatos ~s)	tight	[taɪt]

arriscado	risky	['rɪskɪ]
artificial	artificial	[ˌɑːtɪ'fɪʃəl]
azedo	sour	['saʊə(r)]

baixo (voz ~a)	low	[ləʊ]
barato	cheap	[ʧiːp]
belo	beautiful	['bjuːtɪful]

bom	good	[gʊd]
bondoso	good	[gʊd]
bonito	beautiful	['bju:tɪfʊl]
bronzeado	tan	[tæn]
burro, estúpido	stupid	['stju:pɪd]
calmo	calm, quiet	[kɑ:m], ['kwaɪət]

cansado	tired	['taɪəd]
cansativo	tiring	['taɪərɪŋ]
carinhoso	caring	['keərɪŋ]
caro	expensive	[ɪk'spensɪv]
cego	blind	[blaɪnd]

central	central	['sentrəl]
cerrado (ex. nevoeiro ~)	thick	[θɪk]
cheio (ex. copo ~)	full	[fʊl]
civil	civil	['sɪvəl]

clandestino	clandestine	[klæn'destɪn]
claro	light	[laɪt]
claro (explicação ~a)	clear	[klɪə(r)]
compatível	compatible	[kəm'pætəbəl]

comum, normal	ordinary	['ɔ:dənrɪ]
congelado	frozen	['frəʊzən]
conjunto	joint	[dʒɔɪnt]
considerável	significant	[sɪg'nɪfɪkənt]
contente	contented	[kən'tentɪd]

contínuo	prolonged	[prə'lɒŋd]
contrário (ex. o efeito ~)	opposite	['ɒpəzɪt]
correto (resposta ~a)	right, correct	[raɪt], [kə'rekt]
cru (não cozinhado)	raw	[rɔ:]
curto	short	[ʃɔ:t]

de curta duração	short	[ʃɔ:t]
de sol, ensolarado	sunny	['sʌnɪ]
de trás	back, rear	[bæk], [rɪə(r)]
denso (fumo, etc.)	dense	[dens]
desanuviado	cloudless	['klaʊdlɪs]

descuidado	careless	['keəlɪs]
difícil	difficult	['dɪfɪkəlt]
difícil, complexo	difficult	['dɪfɪkəlt]
direito	right	[raɪt]

distante	distant	['dɪstənt]
doce (açucarado)	sweet	[swi:t]
doce (água)	fresh	[freʃ]
doente	ill, sick	[ɪl], [sɪk]

duro (material ~)	hard	[hɑ:d]
educado	polite	[pə'laɪt]
encantador	nice	[naɪs]
enigmático	mysterious	[mɪ'stɪərɪəs]
enorme	huge	[hju:dʒ]

escuro (quarto ~)	**dark**	[dɑ:k]
especial	**special**	['speʃəl]
esquerdo	**left**	[left]
estrangeiro	**foreign**	['fɒrən]
estreito	**narrow**	['næreʊ]
exato	**exact**	[ɪg'zækt]
excelente	**excellent**	['eksələnt]
excessivo	**excessive**	[ɪk'sesɪv]
externo	**exterior**	[ɪk'stɪərɪə(r)]
fácil	**easy**	['i:zɪ]
faminto	**hungry**	['hʌŋgrɪ]
fechado	**closed**	[kləʊzd]
feliz	**happy**	['hæpɪ]
fértil (terreno ~)	**fertile**	['fɜ:taɪl]
forte (pessoa ~)	**strong**	[strɒŋ]
fraco (luz ~a)	**dim, faint**	[dɪm], [feɪnt]
frágil	**fragile**	['frædʒəl]
fresco	**cool**	[ku:l]
fresco (pão ~)	**fresh**	[freʃ]
frio	**cold**	[kəʊld]
gordo	**fatty**	['fætɪ]
gostoso	**tasty**	['teɪstɪ]
grande	**big**	[bɪg]
gratuito, grátis	**free**	[fri:]
grosso (camada ~a)	**thick**	[θɪk]
hostil	**hostile**	['hɒstəl]
húmido	**humid**	['hju:mɪd]

251. Modificadores. Adjetivos. Parte 2

igual	**the same, equal**	[ðə seɪm], ['i:kwəl]
imóvel	**immobile**	[ɪ'məʊbaɪl]
importante	**important**	[ɪm'pɔ:tənt]
impossível	**impossible**	[ɪm'pɒsəbəl]
incompreensível	**incomprehensible**	[ˌɪnkɒmprɪ'hensəbəl]
indigente	**destitute**	['destɪtju:t]
indispensável	**indispensable**	[ˌɪndɪ'spensəbəl]
inexperiente	**inexperienced**	[ˌɪnɪk'spɪərɪənst]
infantil	**children's**	['tʃɪldrənz]
ininterrupto	**continuous**	[kən'tɪnjʊəs]
insignificante	**insignificant**	[ˌɪnsɪg'nɪfɪkənt]
inteiro (completo)	**whole**	[həʊl]
inteligente	**clever**	['klevə(r)]
interno	**interior**	[ɪn'tɪərɪə(r)]
jovem	**young**	[jʌŋ]
largo (caminho ~)	**wide**	[waɪd]

| legal | legal | ['li:gəl] |
| leve | light | [laɪt] |

limitado	limited	['lɪmɪtɪd]
limpo	clean	[kli:n]
líquido	liquid	['lɪkwɪd]
liso	smooth	[smu:ð]
liso (superfície ~a)	even	['i:vən]

livre	free	[fri:]
longo (ex. cabelos ~s)	long	[lɒŋ]
maduro (ex. fruto ~)	ripe	[raɪp]
magro	thin	[θɪn]
magro (pessoa)	skinny	['skɪnɪ]

mais próximo	the nearest	[ðə 'nɪərəst]
mais recente	past	[pɑ:st]
mate, baço	matt, matte	[mæt]
mau	bad	[bæd]
meticuloso	meticulous	[mɪ'tɪkjʊləs]

míope	nearsighted	[ˌnɪə'saɪtɪd]
mole	soft	[sɒft]
molhado	wet	[wet]
moreno	swarthy	['swɔːðɪ]
morto	dead	[ded]

não difícil	not difficult	[nɒt 'dɪfɪkəlt]
não é clara	unclear	[ˌʌn'klɪə(r)]
não muito grande	not big	[nɒt bɪg]
natal (país ~)	native	['neɪtɪv]
necessário	needed	[ni:dəd]

negativo	negative	['negətɪv]
nervoso	nervous	['nɜ:vəs]
normal	normal	['nɔ:məl]
novo	new	[nju:]
o mais importante	the most important	[ðə məʊst ɪm'pɔːtənt]

obrigatório	obligatory	[ə'blɪgətrɪ]
original	original	[ɒ'rɪdʒɪnəl]
passado	last	[lɑ:st]
pequeno	small	[smɔ:l]
perigoso	dangerous	['deɪndʒərəs]

permanente	permanent	['pɜ:mənənt]
perto	nearby	['nɪəbaɪ]
pesado	heavy	['hevɪ]
pessoal	personal	['pɜ:sənəl]
plano (ex. ecrã ~ a)	flat	[flæt]

pobre	poor	[pʊə(r)]
pontual	punctual	['pʌŋktʃʊəl]
possível	possible	['pɒsəbəl]
pouco fundo	shallow	['ʃæləʊ]
presente (ex. momento ~)	present	['prezənt]

prévio	previous	['pri:vjəs]
primeiro (principal)	principal	['prɪnsɪpəl]
principal	main, principal	[meɪn], ['prɪnsɪpəl]
privado	private	['praɪvɪt]
provável	probable	['prɒbəbəl]
próximo	close	[kləʊs]
público	public	['pʌblɪk]
quente (cálido)	hot	[hɒt]
quente (morno)	warm	[wɔ:m]
rápido	fast, quick	[fɑ:st], [kwɪk]
raro	rare	[reə(r)]
remoto, longínquo	far	[fɑ:(r)]
reto	straight	[streɪt]
salgado	salty	['sɔ:ltɪ]
satisfeito	satisfied	['sætɪsfaɪd]
seco	dry	[draɪ]
seguinte	next	[nekst]
seguro	safe	[seɪf]
similar	similar	['sɪmɪlə(r)]
simples	simple, easy	['sɪmpəl], ['i:zɪ]
soberbo	superb	[su:'pɜ:b]
sólido	solid	['sɒlɪd]
sombrio	gloomy	['glu:mɪ]
sujo	dirty	['dɜ:tɪ]
superior	the highest	[ðə 'haɪəst]
suplementar	additional	[ə'dɪʃənəl]
terno, afetuoso	tender	['tendə(r)]
tranquilo	quiet	['kwaɪət]
transparente	transparent	[træns'pærənt]
triste (pessoa)	sad	[sæd]
triste (um ar ~)	sad	[sæd]
último	last, final	[lɑ:st], ['faɪnəl]
único	unique	[ju:'ni:k]
usado	second hand	['sekənd ˌhænd]
vazio (meio ~)	empty	['emptɪ]
velho	old	[əʊld]
vizinho	neighboring	['neɪbərɪŋ]

500 VERBOS PRINCIPAIS

252. Verbos A-B

aborrecer-se (vr)	to be bored	[tə bi bɔːd]
abraçar (vt)	to hug (vt)	[tə hʌg]
abrir (~ a janela)	to open (vt)	[tə 'əʊpən]
acalmar (vt)	to calm down (vt)	[tə kɑːm daʊn]
acariciar (vt)	to stroke (vt)	[tə strəʊk]
acenar (vt)	to wave (vt)	[tə weɪv]
acender (~ uma fogueira)	to light (vt)	[tə laɪt]
achar (vt)	to think (vi, vt)	[tə θɪŋk]
acompanhar (vt)	to accompany (vt)	[tə ə'kʌmpənɪ]
aconselhar (vt)	to advise (vt)	[tə əd'vaɪz]
acordar (despertar)	to wake sb	[tə weɪk]
acrescentar (vt)	to add (vt)	[tə æd]
acusar (vt)	to accuse (vt)	[tə ə'kjuːz]
adestrar (vt)	to train (vt)	[tə treɪn]
adivinhar (vt)	to guess (vt)	[tə ges]
admirar (vt)	to admire (vi)	[tə əd'maɪə(r)]
advertir (vt)	to warn (vt)	[tə wɔːn]
afirmar (vt)	to affirm (vt)	[tə ə'fɜːm]
afogar-se (pessoa)	to drown (vi)	[tə draʊn]
afugentar (vt)	to drive sb away	[tə draɪv ... ə'weɪ]
agir (vi)	to act (vi)	[tə ækt]
agitar, sacudir (objeto)	to shake (vt)	[tə ʃeɪk]
agradecer (vt)	to thank (vt)	[tə θæŋk]
ajudar (vt)	to help (vt)	[tə help]
alcançar (objetivos)	to attain (vt)	[tə ə'teɪn]
alimentar (dar comida)	to feed (vt)	[tə fiːd]
almoçar (vi)	to have lunch	[tə hæv lʌntʃ]
alugar (~ o barco, etc.)	to hire (vt)	[tə 'haɪə(r)]
alugar (~ um apartamento)	to rent (vt)	[tə rent]
amar (pessoa)	to love (vt)	[tə lʌv]
amarrar (vt)	to tie up (vt)	[tə taɪ ʌp]
ameaçar (vt)	to threaten (vt)	[tə 'θretən]
amputar (vt)	to amputate (vt)	[tə 'æmpjʊteɪt]
anotar (escrever)	to note (vt)	[tə nəʊt]
anular, cancelar (vt)	to cancel (vt)	[tə 'kænsəl]
apagar (com apagador, etc.)	to rub out (vt)	[tə rʌb aʊt]
apagar (um incêndio)	to extinguish (vt)	[tə ɪk'stɪŋgwɪʃ]
apaixonar-se de ...	to fall in love	[tə fɔːl ɪn lʌv]

aparecer (vi)	to appear (vi)	[tə ə'pɪə(r)]
aplaudir (vi)	to applaud (vi, vt)	[tə ə'plɔ:d]
apoiar (vt)	to support (vt)	[tə sə'pɔ:t]
apontar para …	to aim (vt)	[tə eɪm]
apresentar (alguém a alguém)	to introduce (vt)	[tə ˌɪntrə'dju:s]
apresentar (Gostaria de ~)	to present (vt)	[tə prɪ'zent]
apressar (vt)	to rush (vt)	[tə rʌʃ]
apressar-se (vr)	to hurry (vi)	[tə 'hʌrɪ]
aproximar-se (vr)	to approach (vt)	[tə ə'prəʊtʃ]
aquecer (vt)	to heat (vt)	[tə hi:t]
arrancar (vt)	to tear off, to rip off (vt)	[tə teər ɒf], [tə rɪp ɒf]
arranhar (gato, etc.)	to scratch (vt)	[tə skrætʃ]
arrepender-se (vr)	to regret (vi)	[tə rɪ'gret]
arriscar (vt)	to take a risk	[tə ˌteɪk ə 'rɪsk]
arrumar, limpar (vt)	to clean up	[tə kli:n ʌp]
aspirar a …	to aspire (vi)	[tə ə'spaɪə(r)]
assinar (vt)	to sign (vt)	[tə saɪn]
assistir (vt)	to assist (vt)	[tə ə'sɪst]
atacar (vt)	to attack (vt)	[tə ə'tæk]
atar (vt)	to tie to …	[tə taɪ tu]
atirar (vi)	to shoot (vi)	[tə ʃu:t]
atracar (vi)	to berth, to moor	[tə bɜ:θ], [tə mɔ:(r)]
aumentar (vi)	to increase (vi)	[tə ɪn'kri:s]
aumentar (vt)	to increase (vt)	[tə ɪn'kri:s]
avançar (sb. trabalhos, etc.)	to progress (vi)	[tə prə'gres]
avistar (vt)	to glimpse (vt)	[tə glɪmps]
baixar (guindaste)	to lower (vt)	[tə 'ləʊə(r)]
barbear-se (vr)	to shave (vi)	[tə ʃeɪv]
basear-se em …	to be based	[tə bi 'beɪst]
bastar (vi)	to be enough	[tə bi ɪ'nʌf]
bater (espancar)	to beat (vt)	[tə bi:t]
bater (vi)	to knock (vi)	[tə nɒk]
bater-se (vr)	to fight (vi)	[tə faɪt]
beber, tomar (vt)	to drink (vi, vt)	[tə drɪŋk]
brilhar (vi)	to shine (vi)	[tə ʃaɪn]
brincar, jogar (crianças)	to play (vi)	[tə pleɪ]
buscar (vt)	to look for …	[tə lʊk fɔ:(r)]

253. Verbos C-D

caçar (vi)	to hunt (vi, vt)	[tə hʌnt]
calar-se (parar de falar)	to stop talking	[tə stɒp 'tɔ:kɪŋ]
calcular (vt)	to count (vt)	[tə kaʊnt]
carregar (o caminhão)	to load (vt)	[tə ləʊd]
carregar (uma arma)	to load (vt)	[tə ləʊd]

casar-se (vr)	to get married	[tə get 'mærɪd]
causar (vt)	to be a cause of ...	[tə bi ə kɔ:z ɔv]
cavar (vt)	to dig (vt)	[tə dɪg]
ceder (não resistir)	to give in	[tə gɪv 'ɪn]
cegar, ofuscar (vt)	to blind (vt)	[tə blaɪnd]
censurar (vt)	to reproach (vt)	[tə rɪ'prəʊtʃ]
cessar (vt)	to stop (vt)	[tə stɒp]
chamar (~ por socorro)	to call (vt)	[tə kɔ:l]
chamar (dizer em voz alta o nome)	to call (vt)	[tə kɔ:l]
chegar (a algum lugar)	to reach (vt)	[tə ri:tʃ]
chegar (sb. comboio, etc.)	to arrive (vi)	[tə ə'raɪv]
cheirar (tem o cheiro)	to smell (vi)	[tə smel]
cheirar (uma flor)	to smell (vt)	[tə smel]
chorar (vi)	to cry (vi)	[tə kraɪ]
citar (vt)	to quote (vt)	[tə kwəʊt]
colher (flores)	to pick (vt)	[tə pɪk]
colocar (vt)	to put (vt)	[tə pʊt]
combater (vi, vt)	to battle (vi)	[tə 'bætəl]
começar (vt)	to start (vt)	[tə stɑ:t]
comer (vt)	to eat (vi, vt)	[tə i:t]
comparar (vt)	to compare (vt)	[tə kəm'peə(r)]
compensar (vt)	to compensate (vt)	[tə 'kɒmpenseɪt]
competir (vi)	to compete (vi)	[tə kəm'pi:t]
complicar (vt)	to complicate (vt)	[tə 'kɒmplɪkeɪt]
compor (vt)	to compose (vt)	[tə kəm'pəʊz]
comportar-se (vr)	to behave (vi)	[tə bɪ'heɪv]
comprar (vt)	to buy (vt)	[tə baɪ]
compreender (vt)	to understand (vt)	[tə‚ʌndə'stænd]
comprometer (vt)	to compromise (vt)	[tə 'kɒmprəmaɪz]
concentrar-se (vr)	to concentrate (vi)	[tə 'kɒnsəntreɪt]
concordar (dizer "sim")	to agree (vi)	[tə ə'gri:]
condecorar (dar medalha)	to award (vt)	[tə ə'wɔ:d]
conduzir (~ o carro)	to drive a car	[tə draɪv ə kɑ:]
confessar-se (criminoso)	to confess (vi)	[tə kən'fes]
confiar (vt)	to trust (vt)	[tə trʌst]
confundir (equivocar-se)	to confuse (vt)	[tə kən'fju:z]
conhecer (vt)	to know (vt)	[tə nəʊ]
conhecer-se (vr)	to make the acquaintance	[tə meɪk ðə ə'kweɪntəns]
consertar (vt)	to put in order	[tə pʊt ɪn 'ɔ:də(r)]
consultar ...	to consult (vt)	[tə kən'sʌlt]
contagiar-se com ...	to get infected with ...	[tə get ɪn'fektɪd wɪð]
contar (vt)	to tell (vt)	[tə tel]
contar com ...	to count on ...	[tə kaʊnt ɒn]
continuar (vt)	to continue (vt)	[tə kən'tɪnju:]
contratar (vt)	to hire (vt)	[tə 'haɪə(r)]

controlar (vt)	to control (vt)	[tə kən'trəʊl]
convencer (vt)	to convince (vt)	[tə kən'vɪns]
convidar (vt)	to invite (vt)	[tə ɪn'vaɪt]
cooperar (vi)	to cooperate (vi)	[tə kəʊ'ɒpəˌreɪt]
coordenar (vt)	to coordinate (vt)	[tə kəʊ'ɔ:dɪneɪt]
corar (vi)	to blush (vi)	[tə blʌʃ]
correr (vi)	to run (vi)	[tə rʌn]
corrigir (vt)	to correct (vt)	[tə kə'rekt]
cortar (com um machado)	to chop off	[tə ʧɒp ɒf]
cortar (vt)	to cut off	[tə kʌt 'ɒf]
cozinhar (vt)	to make, to cook	[tə meɪk], [tə kʊk]
crer (pensar)	to believe (vt)	[tə bɪ'li:v]
criar (vt)	to create (vt)	[tə kri:'eɪt]
cultivar (vt)	to grow (vt)	[tə grəʊ]
cuspir (vi)	to spit (vi)	[tə spɪt]
custar (vt)	to cost (vt)	[tə kɒst]
dar banho, lavar (vt)	to give a bath	[tə gɪv ə bɑ:θ]
datar (vi)	to date from	[tə deɪt frəm]
decidir (vt)	to decide (vt)	[tə dɪ'saɪd]
decorar (enfeitar)	to decorate (vt)	[tə 'dekəreɪt]
dedicar (vt)	to dedicate (vt)	[tə 'dedɪkeɪt]
defender (vt)	to defend (vt)	[tə dɪ'fend]
defender-se (vr)	to defend oneself	[tə dɪ'fend wʌn'self]
deixar (~ a mulher)	to leave, to abandon	[tə li:v], [tə ə'bændən]
deixar (esquecer)	to leave (vt)	[tə li:v]
deixar (permitir)	to allow, to permit	[tə ə'laʊ], [tə pə'mɪt]
deixar cair (vt)	to drop (vt)	[tə drɒp]
denominar (vt)	to name, to call (vt)	[tə neɪm], [tə kɔ:l]
denunciar (vt)	to denounce (vt)	[tə dɪ'naʊns]
depender de … (vi)	to depend on …	[tə dɪ'pend ɒn]
derramar (vt)	to spill (vt)	[tə spɪl]
derramar-se (vr)	to spill out (vi)	[tə spɪl aʊt]
desaparecer (vi)	to disappear (vi)	[tə ˌdɪsə'pɪə(r)]
desatar (vt)	to untie (vt)	[tə ˌʌn'taɪ]
desatracar (vi)	to cast off	[tə kɑ:st ɒf]
descansar (um pouco)	to take a rest	[tə teɪk ə rest]
descer (para baixo)	to come down	[tə kʌm daʊn]
descobrir (novas terras)	to discover (vt)	[tə dɪ'skʌvə(r)]
descolar (avião)	to take off (vi)	[tə teɪk ɒf]
desculpar (vt)	to excuse (vt)	[tə ɪk'skju:z]
desculpar-se (vr)	to apologize (vi)	[tə ə'pɒlədʒaɪz]
desejar (vt)	to desire (vt)	[tə dɪ'zaɪə(r)]
desempenhar (vt)	to play (vi, vt)	[tə pleɪ]
desligar (vt)	to turn off (vt)	[tə tɜːn ɒf]
desprezar (vt)	to despise (vt)	[tə dɪ'spaɪz]
destruir (documentos, etc.)	to destroy (vt)	[tə dɪ'strɔɪ]

| dever (vi) | must (v aux) | [mʌst] |
| devolver (vt) | to send back (vt) | [tə send bæk] |

direcionar (vt)	to direct (vt)	[tə dɪ'rekt]
dirigir (~ uma empresa)	to manage (vt)	[tə 'mænɪdʒ]
dirigir-se	to address (vt)	[tə ə'dres]
(a um auditório, etc.)		
discutir (notícias, etc.)	to discuss (vt)	[tə dɪs'kʌs]

distribuir (folhetos, etc.)	to distribute (vt)	[tə dɪ'strɪbjuːt]
distribuir (vt)	to hand out	[tə hænd aʊt]
divertir (vt)	to entertain (vt)	[tə ˌentə'teɪn]
divertir-se (vr)	to enjoy oneself	[tə ɪn'dʒɔɪ wʌn'self]

dividir (mat.)	to divide (vt)	[tə dɪ'vaɪd]
dizer (vt)	to say (vt)	[tə seɪ]
dobrar (vt)	to double (vt)	[tə 'dʌbəl]
duvidar (vt)	to doubt (vi)	[tə daʊt]

254. Verbos E-J

elaborar (uma lista)	to compile (vt)	[tə kəm'paɪl]
elevar-se acima de …	to tower (vi)	[tə 'taʊə(r)]
eliminar (um obstáculo)	to remove (vt)	[tə rɪ'muːv]
embrulhar (com papel)	to wrap (vt)	[tə ræp]

emergir (submarino)	to surface (vi)	[tə 'sɜːfɪs]
emitir (vt)	to emit (vt)	[tə ɪ'mɪt]
empreender (vt)	to undertake (vt)	[tə ˌʌndə'teɪk]
empurrar (vt)	to push (vt)	[tə pʊʃ]

encabeçar (vt)	to head (vt)	[tə hed]
encher (~ a garrafa, etc.)	to fill (vt)	[tə fɪl]
encontrar (achar)	to find (vt)	[tə faɪnd]
enganar (vt)	to deceive (vi, vt)	[tə dɪ'siːv]

ensinar (vt)	to teach (vt)	[tə tiːtʃ]
entrar (na sala, etc.)	to enter (vt)	[tə 'entə(r)]
enviar (uma carta)	to send (vt)	[tə send]
equipar (vt)	to equip (vt)	[tə ɪ'kwɪp]

errar (vi)	to make a mistake	[tə meɪk ə mɪ'steɪk]
escolher (vt)	to choose (vt)	[tə tʃuːz]
esconder (vt)	to hide (vt)	[tə haɪd]
escrever (vt)	to write (vt)	[tə raɪt]

escutar (vt)	to listen (vi)	[tə 'lɪsən]
escutar atrás da porta	to eavesdrop (vi)	[tə 'iːvzdrɒp]
esmagar (um inseto, etc.)	to crush, to squash (vt)	[tə krʌʃ], [tə skwɒʃ]
esperar (contar com)	to expect (vt)	[tə ɪk'spekt]

esperar (o autocarro, etc.)	to wait (vt)	[tə weɪt]
esperar (ter esperança)	to hope (vi, vt)	[tə həʊp]
espreitar (vi)	to peep, to spy on	[tə piːp], [tə spaɪ ɒn]

| esquecer (vt) | to forget (vi, vt) | [tə fə'get] |
| estar | to be lying | [tə bi 'laɪɪŋ] |

estar convencido	to be convinced	[tə bi kən'vɪnst]
estar deitado	to lie (vi)	[tə laɪ]
estar perplexo	to be perplexed	[tə bi pə'plekst]

estar sentado	to sit (vi)	[tə sɪt]
estremecer (vi)	to shudder (vi)	[tə 'ʃʌdə(r)]
estudar (vt)	to study (vt)	[tə 'stʌdɪ]
evitar (vt)	to avoid (vt)	[tə ə'vɔɪd]

examinar (vt)	to examine (vt)	[tə ɪg'zæmɪn]
exigir (vt)	to demand (vt)	[tə dɪ'mɑ:nd]
existir (vi)	to exist (vi)	[tə ɪg'zɪst]
explicar (vt)	to explain (vt)	[tə ɪk'spleɪn]

expressar (vt)	to express (vt)	[tə ɪk'spres]
expulsar (vt)	to expel (vt)	[təɪk'spel]
facilitar (vt)	to make easier	[tə meɪk 'i:zɪə]
falar com …	to talk to …	[tə tɔ:k tu:]

faltar a …	to miss (vt)	[tə mɪs]
fascinar (vt)	to charm (vt)	[tə ʧɑ:m]
fatigar (vt)	to tire (vt)	[tə 'taɪə(r)]
fazer (vt)	to do (vt)	[tə du:]

fazer lembrar	to remind (vt)	[tə rɪ'maɪnd]
fazer piadas	to joke, to be kidding	[tə dʒəʊk], [tə bi 'kɪdɪŋ]
fazer uma tentativa	to have a try	[tə hæv ə traɪ]
fechar (vt)	to close (vt)	[tə kləʊz]
felicitar (dar os parabéns)	to congratulate (vt)	[tə kən'grætʃʊleɪt]

ficar cansado	to get tired	[tə get 'taɪəd]
ficar em silêncio	to keep silent	[tə ki:p 'saɪlənt]
ficar pensativo	to be lost in thought	[tə bi lɒst ɪn θɔ:t]
forçar (vt)	to force (vt)	[tə fɔ:s]
formar (vt)	to form (vt)	[tə fɔ:m]

fotografar (vt)	to take pictures	[tə ˌteɪk 'pɪktʃəz]
gabar-se (vr)	to boast (vi)	[tə bəʊst]
garantir (vt)	to guarantee (vt)	[tə ˌgærən'ti:]
gostar (apreciar)	to like (vt)	[tə laɪk]

gostar (vt)	to love (vt)	[tə lʌv]
gritar (vi)	to shout (vi)	[tə ʃaʊt]
guardar (cartas, etc.)	to keep (vt)	[tə ki:p]
guardar (no armário, etc.)	to put away (vt)	[tə pʊt ə'weɪ]
guerrear (vt)	to be at war	[tə bi ət wɔ:]

herdar (vt)	to inherit (vt)	[tə ɪn'herɪt]
iluminar (vt)	to light up	[tə ˌlaɪt 'ʌp]
imaginar (vt)	to imagine (vt)	[tə ɪ'mædʒɪn]
imitar (vt)	to imitate (vt)	[tə 'ɪmɪteɪt]
implorar (vt)	to implore (vt)	[tə ɪm'plɔ:(r)]
importar (vt)	to import (vt)	[tə ɪm'pɔ:t]

indicar (orientar)	**to point** (vt)	[tə pɔɪnt]
indignar-se (vr)	**to be indignant**	[tə bi ɪn'dɪgnənt]
infetar, contagiar (vt)	**to infect** (vt)	[tə ɪn'fekt]
influenciar (vt)	**to influence** (vt)	[tə 'ɪnflʊəns]
informar (fazer saber)	**to inform** (vt)	[tə ɪn'fɔ:m]
informar (vt)	**to inform** (vt)	[tə ɪn'fɔ:m]
informar-se (~ sobre)	**to inquire** (vt)	[tə ɪn'kwaɪə(r)]
inscrever (na lista)	**to enter** (vt)	[tə 'entə(r)]
inserir (vt)	**to insert** (vt)	[tə ɪn's3:t]
insinuar (vt)	**to insinuate** (vt)	[tə ɪn'sɪnjʊeɪt]
insistir (vi)	**to insist** (vi, vt)	[tə ɪn'sɪst]
inspirar (vt)	**to inspire** (vt)	[tə ɪn'spaɪə(r)]
instruir (vt)	**to instruct** (vt)	[tə ɪn'strʌkt]
insultar (vt)	**to insult** (vt)	[tə ɪn'sʌlt]
interessar (vt)	**to interest** (vt)	[tə 'ɪntrəst]
interessar-se (vr)	**to be interested in ...**	[tə bi 'ɪntrestɪd ɪn]
intervir (vi)	**to intervene** (vi)	[tə ˌɪntə'vi:n]
invejar (vt)	**to be envious**	[tə bi 'envɪəs]
inventar (vt)	**to invent** (vt)	[tə ɪn'vent]
ir (a pé)	**to go** (vi)	[tə gəʊ]
ir (de carro, etc.)	**to go** (vi)	[tə gəʊ]
ir nadar	**to go for a swim**	[tə gəʊ fɔrə swɪm]
ir para a cama	**to go to bed**	[tə gəʊ tə bed]
irritar (vt)	**to irritate** (vt)	[tə 'ɪrɪteɪt]
irritar-se (vr)	**to get irritated**	[tə get 'ɪrɪteɪtɪd]
isolar (vt)	**to isolate** (vt)	[tə 'aɪsəleɪt]
jantar (vi)	**to have dinner**	[tə hæv 'dɪnə(r)]
jogar, atirar (vt)	**to throw** (vt)	[tə θrəʊ]
juntar, unir (vt)	**to unite** (vt)	[tə ju:'naɪt]
juntar-se a ...	**to join** (vt)	[tə dʒɔɪn]

255. Verbos L-P

lançar (novo projeto)	**to launch** (vt)	[tə lʌntʃ]
lavar (vt)	**to wash** (vt)	[tə wɒʃ]
lavar a roupa	**to do the laundry**	[tə du: ðə 'lɔ:ndrɪ]
lavar-se (vr)	**to take a bath**	[tə teɪk ə bɑ:θ]
lembrar (vt)	**to remember** (vt)	[tə rɪ'membə(r)]
ler (vt)	**to read** (vi, vt)	[tə ri:d]
levantar-se (vr)	**to get up**	[tə get ʌp]
levar (ex. leva isso daqui)	**to take away**	[tə teɪk ə'weɪ]
libertar (cidade, etc.)	**to liberate** (vt)	[tə 'lɪbəreɪt]
ligar (o radio, etc.)	**to switch on** (vt)	[tə swɪtʃ ɒn]
limitar (vt)	**to limit** (vt)	[tə 'lɪmɪt]
limpar (eliminar sujeira)	**to clean** (vt)	[tə kli:n]

limpar (vt)	to clean (vt)	[tə kliːn]
lisonjear (vt)	to flatter (vt)	[tə 'flætə(r)]
livrar-se de …	to get rid of …	[tə get rɪd əv]
lutar (combater)	to fight (vi)	[tə faɪt]
lutar (desp.)	to wrestle (vt)	[tə 'resəl]
marcar (com lápis, etc.)	to mark (vt)	[tə mɑːk]
matar (vt)	to kill (vt)	[tə kɪl]
memorizar (vt)	to memorize (vt)	[tə 'meməraɪz]
mencionar (vt)	to mention (vt)	[tə 'menʃən]
mentir (vi)	to lie (vi)	[tə laɪ]
merecer (vt)	to deserve (vt)	[tə dɪ'zɜːv]
mergulhar (vi)	to dive (vi)	[tə daɪv]
misturar (combinar)	to mix (vt)	[tə mɪks]
morar (vt)	to live (vi)	[tə lɪv]
mostrar (vt)	to show (vt)	[tə ʃəʊ]
mover (arredar)	to move (vt)	[tə muːv]
mudar (modificar)	to change (vt)	[tə tʃeɪndʒ]
multiplicar (vt)	to multiply (vt)	[tə 'mʌltɪplaɪ]
nadar (vi)	to swim (vi)	[tə swɪm]
negar (vt)	to deny (vt)	[tə dɪ'naɪ]
negociar (vi)	to negotiate (vi)	[tə nɪ'gəʊʃɪeɪt]
nomear (função)	to appoint (vt)	[tə ə'pɔɪnt]
obedecer (vt)	to obey (vi, vt)	[tə ə'beɪ]
objetar (vt)	to object (vi, vt)	[tə əb'dʒekt]
observar (vt)	to observe (vt)	[tə əb'zɜːv]
ofender (vt)	to offend (vt)	[tə ə'fend]
olhar (vt)	to look (vi)	[tə lʊk]
omitir (vt)	to omit (vt)	[tə ə'mɪt]
ordenar (mil.)	to order (vt)	[tə 'ɔːdə(r)]
organizar (evento, etc.)	to organize (vt)	[tə 'ɔːgənaɪz]
ousar (vt)	to dare (vi)	[tə deə(r)]
ouvir (vt)	to hear (vt)	[tə hɪə(r)]
pagar (vt)	to pay (vi, vt)	[tə peɪ]
parar (para descansar)	to stop (vt)	[tə stɒp]
parecer-se (vr)	to look like	[tə lʊk laɪk]
participar (vi)	to participate (vi)	[tə pɑː'tɪsɪpeɪt]
partir (~ para o estrangeiro)	to leave (vi)	[tə liːv]
passar (vt)	to pass through	[tə pɑːs θruː]
passar a ferro	to iron (vt)	[tə 'aɪrən]
pecar (vi)	to sin (vi)	[tə sɪn]
pedir (comida)	to order (vi, vt)	[tə 'ɔːdə(r)]
pedir (um favor, etc.)	to ask (vt)	[tə ɑːsk]
pegar (tomar com a mão)	to catch (vt)	[tə kætʃ]
pegar (tomar)	to take (vt)	[tə teɪk]
pendurar (cortinas, etc.)	to hang (vt)	[tə hæŋ]
penetrar (vt)	to penetrate (vt)	[tə 'penɪtreɪt]

| pensar (vt) | to think (vi, vt) | [tə θɪŋk] |
| pentear-se (vr) | to comb one's hair | [tə kəʊm wʌns heə] |

perceber (ver)	to notice (vt)	[tə 'nəʊtɪs]
perder (o guarda-chuva, etc.)	to lose (vt)	[tə luːz]
perdoar (vt)	to forgive (vt)	[tə fə'gɪv]
permitir (vt)	to permit (vt)	[tə pə'mɪt]

pertencer a ...	to belong to ...	[tə bɪ'lɒŋ tuː]
perturbar (vt)	to disturb (vt)	[tə dɪ'stɜːb]
pesar (ter o peso)	to weigh (vt)	[tə weɪ]
pescar (vt)	to fish (vi)	[tə fɪʃ]

planear (vt)	to plan (vt)	[tə plæn]
poder (vi)	can (v aux)	[kæn]
pôr (posicionar)	to place (vt)	[tə pleɪs]
possuir (vt)	to own (vt)	[tə əʊn]

predominar (vi, vt)	to prevail (vt)	[tə prɪ'veɪl]
preferir (vt)	to prefer (vt)	[tə prɪ'fɜː(r)]
preocupar (vt)	to worry (vt)	[tə 'wʌrɪ]
preocupar-se (vr)	to be worried	[tə bi 'wʌrɪd]
preocupar-se (vr)	to worry (vi)	[tə 'wʌrɪ]

preparar (vt)	to prepare (vt)	[tə prɪ'peə(r)]
preservar (ex. ~ a paz)	to preserve (vt)	[tə prɪ'zɜːv]
prever (vt)	to expect (vt)	[tə ɪk'spekt]
privar (vt)	to deprive (vt)	[tə dɪ'praɪv]

proibir (vt)	to forbid (vt)	[tə fə'bɪd]
projetar, criar (vt)	to design (vt)	[tə dɪ'zaɪn]
prometer (vt)	to promise (vt)	[tə 'prɒmɪs]
pronunciar (vt)	to pronounce (vt)	[tə prə'naʊns]

propor (vt)	to propose (vt)	[tə prə'pəʊz]
proteger (a natureza)	to protect (vt)	[tə prə'tekt]
protestar (vi)	to protest (vi)	[tə 'prəʊtest]
provar (~ a teoria, etc.)	to prove (vt)	[tə pruːv]

provocar (vt)	to provoke (vt)	[tə prə'vəʊk]
publicitar (vt)	to advertise (vt)	[tə 'ædvətaɪz]
punir, castigar (vt)	to punish (vt)	[tə 'pʌnɪʃ]
puxar (vt)	to pull (vt)	[tə pʊl]

256. Verbos Q-Z

quebrar (vt)	to break (vt)	[tə breɪk]
queimar (vt)	to burn (vt)	[tə bɜːn]
queixar-se (vr)	to complain (vi, vt)	[tə kəm'pleɪn]
querer (desejar)	to want (vt)	[tə wɒnt]

rachar-se (vr)	to crack (vi)	[tə kræk]
realizar (vt)	to realize (vt)	[tə 'rɪəlaɪz]
recomendar (vt)	to recommend (vt)	[tə ˌrekə'mend]

reconhecer (identificar)	to recognize (vt)	[tə 'rekəgnaız]
reconhecer (o erro)	to acknowledge (vt)	[tə ək'nɒlıʤ]
recordar, lembrar (vt)	to remember (vt)	[tə rı'membə(r)]
recuperar-se (vr)	to recover (vi)	[tə rı'kʌvə(r)]
recusar (vt)	to refuse (vt)	[tə rı'fju:z]
reduzir (vt)	to reduce (vt)	[tə rı'dju:s]
refazer (vt)	to redo (vt)	[tə ˌri:'du:]
reforçar (vt)	to reinforce (vt)	[tə ˌri:ın'fɔ:s]
refrear (vt)	to restrain (vt)	[tə rı'streın]
regar (plantas)	to water (vt)	[tə 'wɔ:tə(r)]
remover (~ uma mancha)	to remove (vt)	[tə rı'mu:v]
reparar (vt)	to repair (vt)	[tə rı'peə(r)]
repetir (dizer outra vez)	to repeat (vt)	[tə rı'pi:t]
reportar (vt)	to report (vt)	[tə rı'pɔ:t]
repreender (vt)	to scold (vt)	[tə skəʋld]
reservar (~ um quarto)	to reserve, to book	[tə rı'zɜ:v], [tə bʋk]
resolver (o conflito)	to settle (vt)	[tə 'setəl]
resolver (um problema)	to solve (vt)	[tə sɒlv]
respirar (vi)	to breathe (vi)	[tə bri:ð]
responder (vi, vt)	to answer (vi, vt)	[tə 'ɑ:nsə(r)]
rezar, orar (vi)	to pray (vi, vt)	[tə preı]
rir (vi)	to laugh (vi)	[tə lɑ:f]
romper-se (corda, etc.)	to snap (vi)	[tə snæp]
roubar (vt)	to steal (vt)	[tə sti:l]
saber (vt)	to know (vt)	[tə nəʋ]
sair (~ de casa)	to go out	[tə gəʋ aʋt]
sair (livro)	to come out	[tə kʌm aʋt]
salvar (vt)	to save (vt)	[tə seıv]
satisfazer (vt)	to satisfy (vt)	[tə 'sætısfaı]
saudar (vt)	to greet (vt)	[tə gri:t]
secar (vt)	to dry (vt)	[tə draı]
seguir ...	to follow ...	[tə 'fɒləʋ]
selecionar (vt)	to select (vt)	[tə sı'lekt]
semear (vt)	to sow (vi, vt)	[tə səʋ]
sentar-se (vr)	to sit down (vi)	[tə sıt daʋn]
sentenciar (vt)	to sentence (vt)	[tə 'sentəns]
sentir (~ perigo)	to sense (vt)	[tə sens]
ser diferente	to differ (vi)	[tə 'dıfə(r)]
ser indispensável	to be required	[tə bi rı'kwaıəd]
ser necessário	to be needed	[tə bi 'ni:dıd]
ser preservado	to be preserved	[tə bi prı'zɜ:vd]
ser, estar	to be (vi)	[tə bi:]
servir (restaurant, etc.)	to serve (vt)	[tə sɜ:v]
servir (roupa)	to fit (vt)	[tə fıt]
significar (palavra, etc.)	to mean (vt)	[tə mi:n]
significar (vt)	to signify, to mean	[tə 'sıgnıfaı], [tə mi:n]

simplificar (vt)	to simplify (vt)	[tə 'sɪmplɪfaɪ]
sobrestimar (vt)	to overestimate (vt)	[tə ˌəʊvərˈestɪmeɪt]
sofrer (vt)	to suffer (vi)	[tə 'sʌfə(r)]
sonhar (vi)	to dream (vi)	[tə driːm]
sonhar (vt)	to dream (vi)	[tə driːm]
soprar (vi)	to blow (vi)	[tə bləʊ]
sorrir (vi)	to smile (vi)	[tə smaɪl]
subestimar (vt)	to underestimate (vt)	[tə ˌʌndəˈrestɪmeɪt]
sublinhar (vt)	to underline (vt)	[tə ˌʌndəˈlaɪn]
sujar-se (vr)	to get dirty (vi)	[tə get 'dɜːtɪ]
supor (vt)	to suppose (vt)	[tə səˈpəʊz]
suportar (as dores)	to stand (vt)	[tə stænd]
surpreender (vt)	to surprise (vt)	[tə səˈpraɪz]
surpreender-se (vr)	to be surprised	[tə bi səˈpraɪzd]
suspeitar (vt)	to suspect (vt)	[tə səˈspekt]
suspirar (vi)	to sigh (vi)	[tə saɪ]
tentar (vt)	to try (vt)	[tə traɪ]
ter (vt)	to have (vt)	[tə hæv]
ter medo	to be afraid	[tə bi əˈfreɪd]
terminar (vt)	to finish (vt)	[tə 'fɪnɪʃ]
tirar (vt)	to take off (vt)	[tə teɪk ɒf]
tirar cópias	to make multiple copies	[tə meɪk 'mʌltɪpəl 'kɒpɪs]
tirar uma conclusão	to draw a conclusion	[tə drɔː ə kənˈkluːʒən]
tocar (com as mãos)	to touch (vt)	[tə tʌtʃ]
tomar emprestado	to borrow (vt)	[tə 'bɒrəʊ]
tomar nota	to write down	[tə ˌraɪt 'daʊn]
tomar o pequeno-almoço	to have breakfast	[tə hæv 'brekfəst]
tornar-se (ex. ~ conhecido)	to become, to get	[tə bɪˈkʌm], [tə get]
trabalhar (vi)	to work (vi)	[tə wɜːk]
traduzir (vt)	to translate (vt)	[tə trænsˈleɪt]
transformar (vt)	to transform (vt)	[tə trænsˈfɔːm]
tratar (a doença)	to treat (vt)	[tə triːt]
trazer (vt)	to bring sth	[tə brɪŋ]
treinar (pessoa)	to train (vt)	[tə treɪn]
treinar-se (vr)	to train (vi)	[tə treɪn]
tremer (de frio)	to shiver (vi)	[tə 'ʃɪvə(r)]
trocar (vt)	to exchange sth	[tə ɪksˈtʃeɪndʒ]
trocar, mudar (vt)	to change (vt)	[tə tʃeɪndʒ]
usar (uma palavra, etc.)	to use (vt)	[tə juːz]
utilizar (vt)	to make use of ...	[tə meɪk juːz əv ...]
vacinar (vt)	to vaccinate (vt)	[tə 'væksɪneɪt]
vender (vt)	to sell (vt)	[tə sel]
verter (encher)	to pour (vt)	[tə pɔː(r)]
vingar (vt)	to avenge (vt)	[tə əˈvendʒ]
virar (ex. ~ à direita)	to turn (vi)	[tə tɜːn]
virar (pedra, etc.)	to turn over (vt)	[tə 'tɜːnˌəʊvə(r)]
virar as costas	to turn away (vi)	[tə tɜːn əˈweɪ]

viver (vi)	**to live** (vi)	[tə lɪv]
voar (vi)	**to fly** (vi)	[tə flaɪ]
voltar (vi)	**to return** (vi)	[tə rɪ'tɜ:n]
votar (vi)	**to vote** (vi)	[tə vəʊt]
zangar (vt)	**to make angry**	[tə meɪk 'æŋgrɪ]
zangar-se com ...	**to be angry with ...**	[tə bi: 'æŋgrɪ wɪð]
zombar (vt)	**to mock** (vi, vt)	[tə mɒk]

www.ingramcontent.com/pod-product-compliance
Lightning Source LLC
Chambersburg PA
CBHW071333090426
42738CB00012B/2881